Faite de beaux rêves...

Benoît, Mylène, Annabel, Camille et Jacob

xxx.

DICTIONNAIRE DES RÊVES DE A À Z

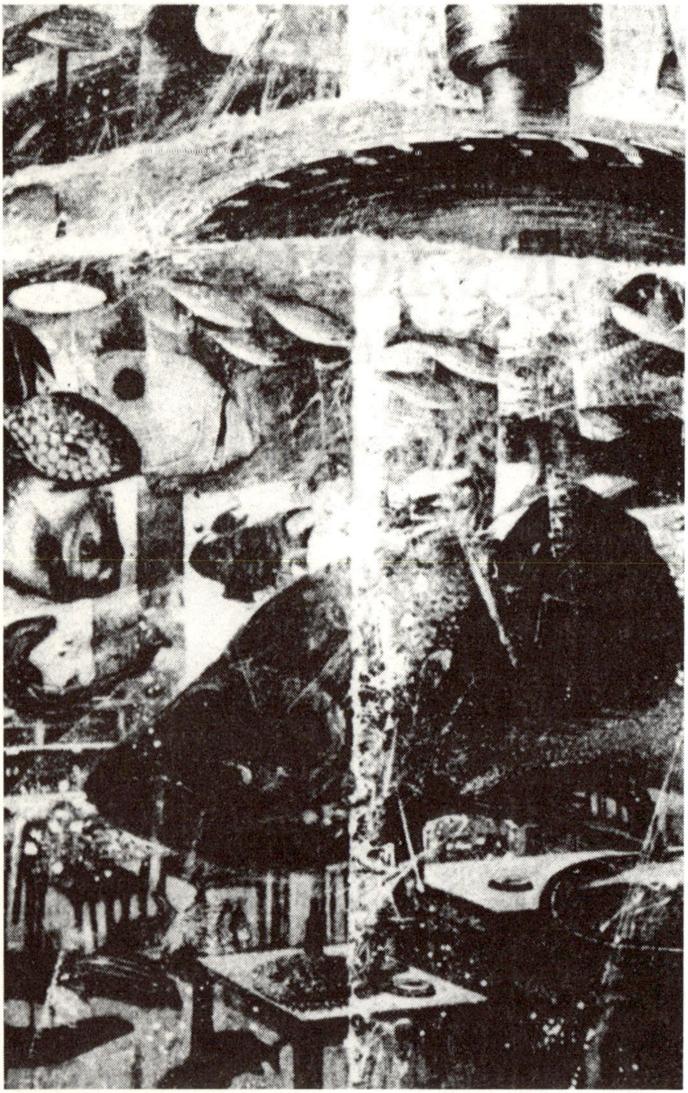

Les visions du rêve — des combinaisons variées à l'infini
Les visions qui s'offrent dans le rêve au cerveau humain sont d'une variété extraordinaire, extrêmement bigarrées, souvent confuses et entremêlées — même si la personne qui a rêvé ne peut s'en souvenir plus tard.

Dr Hanns Kurth

DICTIONNAIRE DES RÊVES DE A À Z

Le guide complet pour l'analyse et l'interprétation des rêves

QUÉBEC AMÉRIQUE

Catalogage avant publication de Bibliothèque et Archives nationales du Québec et Bibliothèque et Archives Canada

Kurth, Hanns
Dictionnaire des rêves
Réédition.

Traduction de : Lexikon der Traumsymbole.

ISBN 978-2-7644-0648-9
1. Rêves - Dictionnaires français. 2. Rêves - Interprétation - Dictionnaires français. I. Titre.
BF1092.K87 2008 154.6'303 C2008-941097-1

Conseil des Arts du Canada Canada Council for the Arts

SODEC Québec

Nous reconnaissons l'aide financière du gouvernement du Canada par l'entremise du Programme d'aide au développement de l'industrie de l'édition (PADIÉ) pour nos activités d'édition.

Gouvernement du Québec – Programme de crédit d'impôt pour l'édition de livres – Gestion SODEC.

Les Éditions Québec Amérique bénéficient du programme de subvention globale du Conseil des Arts du Canada. Elles tiennent également à remercier la SODEC pour son appui financier.

Québec Amérique
329, rue de la Commune Ouest, 3e étage
Montréal (Québec) Canada H2Y 2E1
Téléphone : 514 499-3000, télécopieur : 514 499-3010

Dépôt légal : 3e trimestre 2008
Bibliothèque nationale du Québec
Bibliothèque nationale du Canada

Titre original : Lexikon der Traumsymbole
Traduction française : R. J. Guiton, 1982
Conception graphique de la couverture : Louis Beaudoin

www.quebec-amerique.com

Imprimé au Canada

TABLE DES MATIÈRES

Première partie: LES RÊVES ET LE LANGAGE DU RÊVE

Introduction générale 11
Questionnaire pour l'interprétation des rêves 45

Deuxième partie: ANALYSES DES RÊVES

Rêves d'accouchement 49
Traumatismes de la première enfance 50
Rêves de dragons et de bêtes 53
Rêves de sorcières et de fantômes 57
Rêves de réincarnation 61
Rêves où l'on coupe 64
Rêves de vol et de chute 67
Rêves au pseudo-seuil de la réalité 70
Rêves prémonitoires — annonçant des maladies . 72
Rêves d'inventions 78
Rêves de double vue — qui anticipent sur l'avenir 80
Rêves suscités par des désirs refoulés ou satisfaisant ceux-ci 84
Rêves d'agression et de poursuite 88
Rêves de morts et de mort 92
Rêves musicaux et en couleurs 97

Troisième partie: RÉPERTOIRE DES SYMBOLES DU RÊVE

Index alphabétique de A à Z 103

PREMIÈRE PARTIE

LES RÊVES ET LE LANGAGE DU RÊVE

INTRODUCTION GÉNÉRALE

Après que le fondateur de la psychanalyse, Sigmund Freud (1856-1939), professeur de médecine à Vienne, eut publié en 1899 son ouvrage sur l'analyse du rêve, qui conféra le prestige d'une science à l'interprétation, jadis si réprouvée, du rêve, on vit paraître une foule de publications traitant plus ou moins de l'analyse des rêves et des processus physiologiques concomitants. Certes, plusieurs monographies ont réuni et expliqué divers symboles. Mais jusqu'à ce jour, on ne disposait pas d'un lexique complet, de A à Z, des symboles du rêve. Le présent lexique est le résultat d'activités pratiques s'étendant sur des années, ainsi que d'un examen critique des ouvrages les plus importants sur ce sujet.

Je fais débuter ce livre par quelques remarques théoriques, susceptibles de faciliter l'accès à l'univers du rêve, au langage du rêve, et de faire mieux comprendre l'interprétation des symboles du rêve.

Le « rêve », au sens premier du terme, est une image trompeuse, mais remarquons-le dès l'abord : tout songe n'est pas nécessairement un mensonge. Le rêve est un processus physiologique qui se déroule pendant le demi-sommeil et qui peut soit avoir un caractère de réalité, soit être marqué par un fantastique prodigieux. Quand nous avons des cauchemars, nous sommes souvent tourmentés par des visions effroyables, qui parfois même peuvent encore préoccuper notre conscience après notre réveil.

Les rêves sont en relation étroite avec les actes et les pensées de l'homme. Les peuples qui vivaient à l'état de nature s'en étaient déjà rendu compte; c'est pourquoi ils attribuaient au rêve des vertus de seconde vue et de prophétie. Depuis que l'art existe, la littérature, la musique et les arts plastiques sont aussi des moyens d'exprimer les visions de rêve auxquelles l'artiste réfléchit. Il n'est pas étonnant que l'on ait entrepris très tôt d'interpréter les rêves. Les conceptions des âges les plus reculés en matière de magie, de religion et de psychologie se retrouvent dans ces interprétations. Pour nous, aujourd'hui, les « clefs des songes » de l'antiquité constituent des sources précieuses pour l'histoire de la pensée humaine.

L'interprétation des rêves (ou oniromancie), qui était déjà un art consommé chez les peuples de l'antiquité classique, a poursuivi ses progrès jusqu'aux temps modernes. Le Siècle des lumières a rejeté l'interprétation des rêves dans le domaine de la superstition. Il a fallu attendre Freud pour l'en tirer. Freud lui a donné un fondement scientifique et lui a rendu son prestige antérieur. Médecin, il a su discerner que les rêves avaient un sens important pour la vie, qu'ils reflétaient l'intérieur de l'homme et permettaient des déductions sur son état psychologique et physique. Ses théories, fondées scientifiquement, ont ouvert des voies nouvelles à la recherche psychologique à partir du phénomène du rêve et de son interprétation. On a essayé d'expliquer le rêve par des stimulations psychologiques internes, des résidus de représentations et de souvenirs appartenant à la réalité quotidienne de la conscience. On s'est imaginé que le contenu du rêve était fourni par des désirs refoulés, qui se manifestaient ultérieurement dans le rêve sous la forme de symboles. On a utilisé les études exactes de médecins et de psychologues sur les formes des manifestations de l'inconscient et établi une relation entre le langage symbolique du rêve et le symbolisme général qui apparaît dans la vie psychologique, l'art et la religion des peuples.

À côté des nombreuses langues propres aux divers peuples, il existe *un langage unique, universel, celui du rêve.* Les rêves des primitifs, des peuples qui ont produit les grandes civilisations de l'Antiquité, des Égyptiens, des Grecs et des Romains, sont les mêmes que ceux de nos contemporains, à Tokyo ou à Moscou, à Londres ou à New York, au Cap ou à Hambourg. Le langage du rêve est resté constant à travers les siècles et les millénaires.

Le *langage symbolique* du rêve est constitué par des signes, des chiffres qu'il faut interpréter pour en saisir le sens et la portée. Les faits de conscience se présentent dans le rêve sous la forme de visions. Le sujet qui rêve sent et perçoit ces choses ; il apprend ainsi, en général, davantage sur soi-même et sur autrui qu'à l'état éveillé. On pourrait comparer le sujet qui rêve à un poète, car il découvre, comme celui-ci, un langage plus élevé, lui permettant d'exprimer ce qu'il ressent et ses états d'âme. Le sujet qui dort est créateur quand il rêve ; son imagination créatrice surpasse souvent les facultés dont il dispose à l'état éveillé.

Mais les rêves, pour la plupart, ne se laissent pas intégrer à notre conscience quand nous ne dormons pas. C'est pourquoi nous les oublions ou, plus exactement, nous nous efforçons de les refouler. Le rêve nous fournit une information qu'en général, nous ne voulons ou ne pouvons pas comprendre. « Un rêve incompris est semblable à une lettre incomprise », dit le Talmud. Mais, comme le langage du rêve et son symbolisme sont restés constants chez tous les peuples et dans tous les temps, nous nous trouvons en présence d'une langue universelle qui peut être et a été effectivement déchiffrée — par l'oniromancie.

L'état de veille est à l'opposé du sommeil. Le sujet à l'état de veille, c'est l'homme qui travaille, qui traite des affaires, qui se défend, qui doit lutter pour survivre et qui se trouve confronté aux contraintes politiques et sociales. Ce sujet croit devoir se comporter « raisonnablement », aussi raisonnablement que les autres, comme on l'attend de lui. Il se sent heureux ou triste parce qu'il croit être heureux ou triste. Il ne pense pas d'une manière absurde comme il peut le faire dans le rêve parce qu'il n'y a de place que pour ce qui est licite. C'est pour cette raison que l'homme, à l'état de veille, est exposé à l'erreur. Dans le rêve, par contre, il vit tout ce qu'il ne peut faire ou plutôt croit ne pas pouvoir faire à l'état de veille.

Quand nous dormons, nous nous libérons de toutes les contraintes extérieures. Nous n'avons besoin ni de nous adapter ni de nous défendre. La pensée et le sentiment atteignent, pendant le sommeil, un état de subjectivité extrême, parce que le sujet qui rêve ne connaît pas de finalité et que le subconscient émerge. Quand il rêve, l'homme retourne à l'état de nature et revient à ses origines.

Mais les rêves ne sont pas tous agréables ; ils ne procurent pas tous du plaisir et n'apportent pas tous la solution des problèmes qu'ils posent. Les rêves peuvent aussi être inconfortables, aussi inconfortables que la vérité. Beaucoup de rêves dissimulent des désirs insatisfaits. Ils tendent à procurer la satisfaction de ces désirs. La mémoire se révèle souvent capable de performances prodigieuses en pareil cas.

Souvent, les rêves nous paraissent désordonnés, mais c'est parce que nous ne sommes pas capables d'établir un système de repérage pour nous orienter et comprendre. Nous ne voulons ni concéder ni comprendre que la réalité qui nous entoure à l'état de veille peut nous tromper parce que nous la tenons pour plus « vraie » que la vérité sans fard du rêve. C'est là une notion d'une importance sans doute capitale car elle fait vaciller toutes nos normes, apparemment si bien assises. Platon, philosophe grec qui vivait au 4e siècle avant notre ère, l'a bien dit: « L'homme vertueux rêve à ce que le méchant fait. »

Comme nous le verrons plus tard, il y a des rêves courts et des rêves plus longs. Un rêve correspondant à quelque chose de vécu peut couvrir quelques minutes. Une succession rapide d'images qui constituent une réaction à une perturbation venant de l'extérieur, une réponse à un bruit, au sentiment que la couverture glisse, une réponse aussi à des coups frappés à la porte ou à la fenêtre — voilà l'affaire de quelques secondes car les images projetées sont disponibles dans notre cerveau. Le cerveau sait d'avance comment il peut et doit réagir à telle ou telle stimulation en fonction de l'état dans lequel se trouve la personne qui dort. D'ailleurs, dans un film, nous voyons aussi se dérouler en trente ou quarante minutes une action qui s'étend sur une durée beaucoup plus longue.

À l'opposé des rêves superficiels, les *rêves profonds*, les rêves considérés comme importants, peuvent avoir une durée relativement longue. Ils sont vécus effectivement par le sujet. Le temps, l'espace n'y jouent aucun rôle, pas plus que la pesanteur ou la structure atomique de la matière. En rêve, l'homme est capable de s'affranchir de toutes les lois régissant la réalité et de surmonter tous les obstacles dont il ne pourrait venir à bout à l'état de veille.

Les plus simples des stimulations qui nous assaillent pendant le sommeil sont celles qui s'adressent à nos cinq sens: la vue, l'ouïe, le toucher, l'odorat et le goût.

On ne peut guère parler d'un rêve profond et vécu par le sujet qui dort si celui-ci doit être réveillé par les coups frappés à la porte, mais ne veut pas être réveillé du fait qu'il voit en rêve un feu d'artifice et prend plaisir à entendre détoner les fusées aux mille couleurs. Si l'on cesse de frapper à la porte, si le feu d'artifice rêvé suffit à couvrir l'appel: « Sors maintenant de tes rêves et lève-toi! », tout est en ordre. Rien n'est en ordre, naturellement, car le rêveur reste au lit et laisse passer l'heure. Mais le rêve, néanmoins, sans qu'il s'agisse d'une expérience profondément vécue, a rempli son rôle et sauvegardé le sommeil. Si les coups frappés à la porte sont perçus comme des détonations, la lueur du jour naissant, dans cet exemple, tandis qu'elle pénètre à travers la fenêtre, peut susciter l'image d'un beau feu d'artifice. Le jour, entre les paupières du sujet qui dort, a agi sur la rétine. De la même façon que pour l'ouïe, notre cerveau, quand une stimulation lui est transmise par les autres sens, exerce une action sur le centre de commande du sommeil.

C'est ainsi que l'odorat, sous l'effet d'une sensation agréable, suscite chez le sujet qui dort des rêves dans lesquels il voit des bouquets de fleurs magnifiques. Il suffit par exemple de recourir tout simplement à un parfum que l'on approche du nez du sujet qui dort pour causer cette réaction. Inversement, des odeurs désagréables peuvent stimuler des réactions de notre odorat se traduisant par des rêves violents. Ces derniers, toutefois, entraînent plus vite que les rêves agréables le réveil du sujet.

Un pied découvert et exposé au froid transpose le sujet qui dort dans un paysage hivernal, le contraint en rêve à traverser pieds nus un champ de neige. La couverture qui glisse peut être ressentie comme une avalanche ou un glissement de terrain. Le bras qui pend à l'extérieur du lit est ressenti comme une chute du corps entier. L'estomac trop plein est cause de cauchemars.

Les médecins de l'Antiquité grecque avaient déjà reconnu que les premiers symptômes d'une maladie physique pouvaient être discernés dans les rêves du patient avant l'apparition des critères externes du diagnostic. Quiconque a déjà été gravement malade, s'est débattu dans un accès de fièvre et a eu des rêves effrayants sait qu'effectivement, les visions auxquelles les rêves d'un organisme malade donne lieu sont autres que celles d'un organisme sain. Ce phénomène s'explique par les changements intervenus dans la température et la composition du sang. Les visions tourmentées des rêves fébriles sont la preuve de processus qui se produisent dans un organisme ayant perdu son équilibre, d'une tension artérielle anormale et d'une température soit trop haute, soit trop basse. Il va de soi que ces facteurs exercent une action sur le cerveau et sur les activités du moi profond pendant le sommeil.

Des médecins, des neurologues surtout, ont peu à peu, au cours des décennies, réussi à dresser une liste de ce que l'on appelle les symboles du rêve, de symboles qui se sont trouvés sans cesse confirmés et dont on peut tirer des conclusions bien déterminées avec certitude. Ces symboles, eux aussi, figurent dans le lexique ci-après.

Du grand nombre des rêves, il en est peu qui méritent un examen plus approfondi car ils n'ont pas tous, comme on l'a déjà expliqué, de signification plus profonde. C'est dans le subconscient qu'il faut chercher la cause des rêves qui ne sont suscités ni par des stimulations extérieures ni par des stimulations internes. En pareil cas, si l'on va au fond des choses, on constate qu'il s'agit en fait d'une *activité compensatrice de la vie affective*. L'homme essaie de s'orienter dans le chaos de ses visions; mais il lui arrive souvent de se perdre en attendant du rêve plus que celui-ci peut donner. Par ailleurs, il ignore des « informations » importantes et refoule, en disant ce qui n'est pas vrai, ce qui vient d'émerger du subconscient. Voilà pourquoi ce lexique des rêves doit également permettre d'opérer une distinction entre les rêves importants et ceux qui ne le sont pas.

Il y a un phénomène étrange qui occupe une place spéciale dans la science du rêve: c'est le *rêve prophétique* durant lequel le sujet qui dort voit des choses qui arrivent effectivement plus tard ou qui arrivent au moment même où le sujet rêve d'elles. C'est là, sans aucun doute, un domaine intéressant, bien que marginal, de la recherche scientifique, dont la parapsychologie s'occupe aujourd'hui. Un certain nombre de ces rêves de seconde vue ont été examinés. Dans quelques cas, il a été possible de confirmer qu'ils étaient authentiques et vrais.

La recherche scientifique a constaté par ailleurs que des *traumatismes datant de la première enfance* (des chocs psychiques) peuvent se manifester plus tard dans les rêves des adultes, c'est-à-dire émerger du subconscient, sans que le sujet qui rêve soit en mesure de se souvenir, au niveau de la conscience claire, du choc jadis ressenti. Un tel traumatisme peut résulter d'un trouble de l'équilibre psychique, causé chez le bébé ou le jeune enfant par des facteurs externes ou un sentiment d'aversion. Il se produit une sorte de stase affective. Si ce trouble n'est pas éliminé de bonne heure, des déficiences durables peuvent en résulter. La peur, l'angoisse, le refus instinctif peuvent donner lieu à des névroses qui sont des catastrophes pour la vie du sujet.

La pratique de la psychothérapie a même pu apporter la preuve que quelques cauchemars des adultes ont pour origine un *traumatisme remontant à la naissance* et «dormant» dans le subconscient. Ce genre de névroses innées est relativement fréquent. Dans certains cas, des cauchemars accompagnés d'une sensation d'étouffement ou d'agoraphobie ont pu être expliqués par des accouchements difficiles. Mais ce que l'on appelle les micro-rêves, sous l'effet desquels le jeune enfant reste pendant un certain temps, peut affecter plus tard les rêves des adultes. Une étudiante âgée de vingt-deux ans, par exemple, a raconté un rêve qu'elle ne parvenait pas à expliquer. Quelque chose qui se déplaçait dans un mouvement giratoire, décrivant des cercles de plus en plus petits, se rapprochait d'elle de plus en plus et finalement, tombait sur elle avec un grand bruit; elle en ressentait une vive peur. Les questions posées aux parents ont fait ressortir que son père, alors qu'elle n'était encore âgée que de quelques jours, avait tracé de la main des cercles de plus en plus petits devant son visage pour attirer son attention sur lui. Et finalement, avec une sorte de sifflement, il avait chatouillé l'enfant sous le menton. L'enfant, chaque fois, avait tressailli de peur. Naturellement, cette étudiante n'en avait pas gardé le souvenir. Elle avait oublié ce traumatisme de son plus jeune âge. Mais celui-ci, des profondeurs du subconscient, s'était frayé une voie jusque dans ses rêves d'adulte.

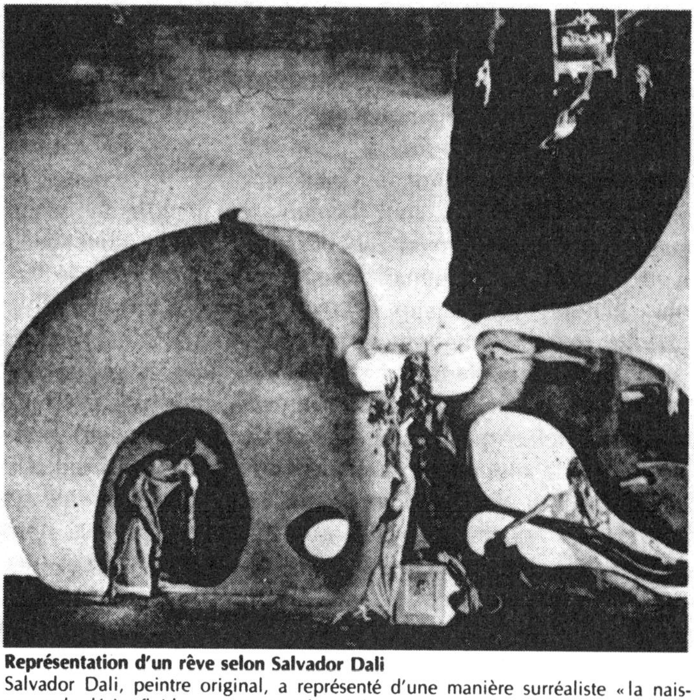

Représentation d'un rêve selon Salvador Dali
Salvador Dali, peintre original, a représenté d'une manière surréaliste « la naissance de désirs fluides », correspondant à la vision embryonnaire d'un sujet dans ses rêves.

Le sentiment qu'a un bébé, au cours de ses premières semaines, de se trouver extrêmement mal et le souvenir, sans cesse renaissant, de traumatismes causés par un défaut de soins et de chaleur maternels sont à l'origine d'une propension ultérieure à sursauter, à avoir peur de l'obscurité, ainsi que de l'impression de ne pas pouvoir lever la tête. Ces sensations d'angoisse se manifestent avec une acuité permanente dès que l'obscurité, la fatigue et un contrôle moins rigoureux de la conscience interviennent durant la nuit.

Des recherches récentes ont prouvé que les enfants rêvent autrement que les adultes et que les bébés rêvent avant même leur naissance. On pense généralement que le bébé, avant sa naissance, fait le même rêve que sa mère ou un rêve similaire. Le parallélisme est indiqué par la similitude des mouvements involontaires des yeux — sur lesquels je reviendrai ultérieurement plus en détail — et par le rythme du cœur qui, chez l'enfant non encore né, réagit aussi vivement aux rêves que, par exemple, le cœur de la mère qui a un cauchemar. Il semble que plus tard, le thymus, glande située devant la trachée et qui s'atrophie chez l'adulte, exerce une influence déterminante sur les rêves spécifiques de l'enfant.

Chez le bébé qui dort, on peut observer des réactions très nettes telles que des sourires ou des gémissements soudains qui, la plupart du temps, sont suivis d'un réveil. Les enfants rêvent plus et d'une manière plus intense que les adultes, les nouveau-nés plus que les jeunes enfants. Alors que les bébés peu après leur naissance peuvent rester jusqu'à neuf heures dans un sommeil traversé par des rêves, les adultes, sur vingt-quatre heures, ne rêvent qu'une heure ou deux. Comme le bébé n'a pas encore « vécu », ses rêves et ses visions doivent nécessairement être différents de ceux de l'enfant d'un âge moyen et, à plus forte raison, de ceux de l'adulte. Le fait que le bébé rêve peut être prouvé par des méthodes scientifiques recourant à des techniques appropriées. Selon quelques chercheurs connus, le rêve de l'enfant en bas âge se nourrit de souvenirs remontant aux périodes antérieures de l'évolution dont l'humanité est issue.

Peut-être faut-il voir ici la clef du phénomène de la *réincarnation*. Comment pourrait-on expliquer autrement que des enfants prétendent avoir déjà vécu? En nombre extraordinairement élevé, des personnes, arrivant par hasard dans un lieu qu'elles ne connaissaient pas, ont eu la certitude d'y avoir été auparavant. Et elles ont eu le « souvenir » de détails qui ne les avaient même pas frappées dès l'arrivée et qu'elles ont trouvés seulement après une recherche longue et appliquée. Il en va de même de certains objets et de certains événements, dont les sujets affirment les avoir possédés ou vécus. Tout récemment, le professeur Ian Stevenson, un chercheur américain, a publié les résultats sensationnels de ses travaux. Il avait réuni au total six cents comptes-rendus de réincarnation, provenant du monde entier, notamment de Ceylan, du Brésil, du Liban et même de l'Alaska. On y constate que les rêves de réincarnation ne se produisent que chez les enfants de neuf ans au maximum.

Le parapsychologue américain Gerald Glaskin utilise avec succès une méthode qu'il a forgée lui-même pour susciter des rêves qui pourraient être interprétés comme des souvenirs d'une autre vie. C'est Jacqueline Parkhurst, parapsychologue anglaise vivant en Australie, qui a la première eu l'idée de susciter des rêves-souvenirs. La méthode est simple: elle consiste à faire masser le sujet par deux aides et, en même temps, à procéder à des exercices spirituels. Lorsque Glaskin lut la description rédigée par Mme Parkhurst, il resta tout d'abord sceptique. Mais en procédant à un essai sur lui-même, il se retrouva, dit-il, dans une civilisation de l'ancienne Égypte qui lui était inconnue jusque-là. Plus tard, en feuilletant un ouvrage sur l'histoire de l'architecture de l'ancienne Égypte, il découvrit des dessins d'édifices correspondant à ceux qu'il croyait avoir vus pendant qu'il se trouvait dans « l'état de conscience élargie ».

Dans le commentaire qu'il a donné de la technique de Mme Parkhurst, Glaskin a dit « rêver consciemment » ; le rêve se déroulait à la façon d'un film. Toutefois, Glaskin était à la fois celui qui projetait et celui qui voyait le film. Le résultat est une vision à trois dimensions dans laquelle on joue soi-même le rôle principal.

Selon la méthode conçue par Mme Parkhurst, le sujet doit être étendu sur le dos, avec un coussin sous la tête, et avoir ôté ses souliers. Un aide masse les chevilles du sujet, un autre, avec force, la « zone du troisième œil » au milieu du front. On procède au massage avec le bord de la main demi-fermé « jusqu'à ce qu'un vrai bourdonnement se produise dans la tête ». Après un moment de détente, les exercices spirituels commencent. Leur objet est de faire franchir à la conscience ses limites normales.

Des médecins spécialistes ont fait des réserves et conseillé de ne pas prendre pour sujets des personnes nerveuses ou instables. Si les visions suscitées par les massages et les exercices atteignent trop d'intensité, ils estiment que l'expérience ne doit pas être poursuivie.

Les jeunes enfants rêvent souvent avec plus d'intensité que les adultes. Leurs rêves, en pareil cas, ne révèlent pas seulement des conflits de l'âme enfantine, ils constituent souvent aussi des signes psychologiques importants. La recherche moderne, dans le domaine du rêve, a mis au point des méthodes montrant que les enfants, même les tout petits, ainsi que les animaux, ont des rêves logiques qui leur font traverser tous les sommets de la joie et toutes les profondeurs de l'angoisse.

Comme il a déjà été souligné, les visions du rêve ne cessent de se répéter. Depuis un nombre incalculable de générations, ce sont toujours les mêmes images que l'on voit ou dont on rêve. Même si l'on n'a jamais raconté à des enfants des contes dans lesquels figurent des dragons, des monstres ou des paysages préhistoriques, il est possible qu'ils en rêvent. Dans la plupart des cas, ces rêves ne se produisent plus à un âge plus avancé.

Les jeunes enfants, de trois à cinq ans, sont souvent attaqués ou poursuivis par des bêtes sauvages. Très souvent par des lions, des tigres, des dragons, des crocodiles, fréquemment aussi par des chiens. Les enfants ont peur d'être assaillis ou blessés. Or souvent, la bête est seulement le symbole de quelque chose de grand et de puissant — en général, d'un éducateur bruyant et sévère dont l'enfant a peur. Ces bêtes peuvent avoir les caractéristiques de mâles ou de femelles — les vaches et les araignées appartiennent à la seconde catégorie. Les sorcières, par définition, appartiennent au sexe féminin. Si l'on a fait cette distinction, on peut en déduire que la personne dont l'enfant a peur est soit un homme, soit une femme.

L'enfant, au cours de son développement, passe par une série de phases au cours desquelles il acquiert une indépendance croissante. La phase dans laquelle le bébé ou le jeune enfant a besoin de protection cède bientôt la place à celle de l'indocilité, dans laquelle l'enfant cherche de plus en plus à trouver et à affirmer sa propre personnalité. Si cet effort de libération est entravé, il en résulte immanquablement des *rêves d'angoisse*. Dans le cas où l'évolution est freinée, l'enfant reste craintif et timide. Ses rêves d'angoisse peuvent donner lieu à une affection chronique — dont le symptôme est la nervosité.

L'angoisse des enfants de cinq à sept ans est caractérisée en outre par la peur que quelque chose doive être coupé. De tels rêves se traduisent dans la vie pratique par le refus de se laisser couper les ongles des doigts et des orteils et les cheveux. C'est la phase de la sexualité inconsciente, dans laquelle le rôle déterminé par le sexe est mis en question. La peur d'être châtré se manifeste chez presque tous les garçons normaux, qui essaient ainsi de refouler leurs penchants érotiques. Mais les fillettes du même âge ont elles aussi des rêves dans lesquels quelque chose doit être coupé. C'est ainsi qu'une fillette de six ans rêvait d'un roi dont la barbe était coupée par une sorcière; là-dessus, le roi se métamorphosait en un soulier. La barbe et le soulier, dans les rêves des enfants, sont les symboles de l'appartenance à l'un ou l'autre sexe. Sigmund Freud l'a déjà noté.

Dans les rêves d'angoisse des enfants de sept à dix ans, la commande des forces motrices pose souvent un problème insurmontable. Il en résulte des rêves dans lesquels l'enfant, sur une trottinette, sur une bicyclette ou dans une voiture, dont la direction a été perdue, se déplace à toute vitesse vers un abîme. Plus tard, ce sont les rêves typiques de vol et de chute sur lesquels je reviendrai.

Les enfants de treize à seize ans ont souvent des *rêves obsédants*. Nous entendons par là des rêves qui donnent lieu à une situation contraignante chez la personne à son réveil. Celle-ci se comporte alors d'une manière tout à fait inhabituelle, différente de son comportement normal. Elle est soumise à une contrainte intérieure qui lui ordonne d'exécuter tel ou tel acte. Il existe toujours une relation entre cet acte et celui dont il a été question dans le rêve. Normalement, le corps de la personne qui dort ne participe que peu à l'action du rêve. L'enfant, tout comme l'adulte, peut courir, lutter, combattre, bondir en rêve, sans que les zones du cerveau qui, à l'état de veille, commandent les mouvements du corps, prennent une part active à l'action rêvée. Ce qui manque, c'est par conséquent le couplage de la vision avec les centres réglant le mouvement. À l'issue d'un rêve obsédant, la personne qui vient de se réveiller peut, par exemple, hors de tout contrôle de la raison, sauter par une fenêtre, du fait qu'elle n'est plus en mesure de distinguer le rêve de la réalité.

Nous opérons, par conséquent, une distinction entre les *rêves suscités par des désirs ou satisfaisant ceux-ci* d'une part et les rêves obsédants ou oppressants d'autre part. Tous, ils peuvent être causés tant par des stimulations sensorielles extérieures, sentiment de bien-être ou de malaise physique, que par des choses vécues pendant la journée et refoulées ou par des conflits intimes, ainsi que par des traumatismes du premier âge qui émergent du subconscient et s'expriment dans le langage symbolique du rêve. Les rêves peuvent provoquer de l'angoisse, de la joie, du bien-être, de la jouissance, ils peuvent même apporter un soulagement à l'âme quand, par exemple, une menace est vécue en rêve et, de la sorte, extraite des profondeurs du subconscient et rendue inopérante. Car un conflit entre des forces opposées, dans l'âme de l'homme (« J'ai deux âmes, hélas! en ma poitrine », a dit Goethe) peut conduire à une catastrophe si l'on ne parvient pas à placer ces forces sous contrôle. Tout ce qui a été refoulé et n'est pas encore remonté au niveau de la conscience claire, se situe dans l'inconscient. Si l'on n'est pas venu à bout d'une telle chose, si on ne l'a pas vraiment dépassée, elle cherche à remonter à la surface. Si un désir — parce qu'il ne peut être satisfait, qu'il n'est pas permis de le satisfaire en raison des normes en usage — ne trouve pas sa satisfaction dans la vie quotidienne, l'âme s'aide elle-même par un détour et parvient ainsi à satisfaire ce désir. L'âme trouve dans le sommeil des visions de remplacement, mais elle se rend bientôt compte que celles-ci sont une tromperie et les mêmes conflits réapparaissent sous une forme semblable.

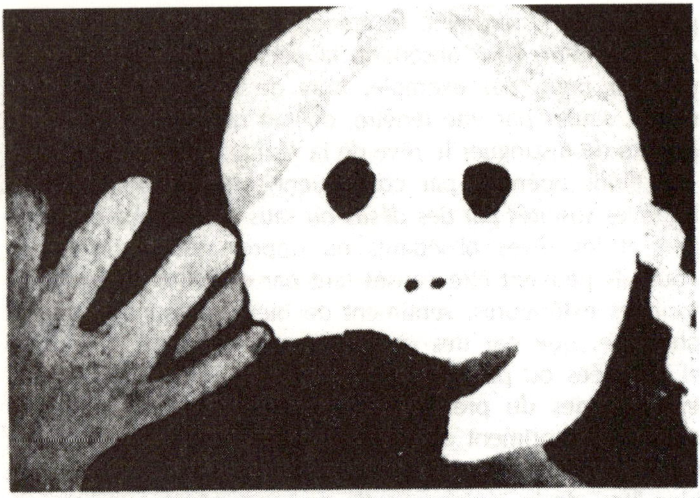

Ce qu'un enfant a vu en rêve
Un enfant a représenté sous cette forme un rêve qui revenait sans cesse : celui de devoir manger des betteraves rouges qu'il n'aimait pas. Cette contrainte était devenue pour l'enfant une idée fixe qui se concrétisa dans cette vision, où elle chercha et trouva une expression primitive.

Ce qui, dans le rêve, remplace la réalité est souvent très chiffré, surtout quand il s'agit de choses que l'on prend grand soin de cacher et dont on n'ose pas parler. Le rêve cherche des visions de remplacement qui souvent sont chiffrées au point de devenir méconnaissables. On ne peut pas discerner à première vue la relation qui existe entre la réalité, les conflits psychiques du sujet qui rêve et les symboles ou les projections de remplacement. Or, il est évident qu'une interprétation correcte du message chiffré que contiennent les visions du rêve ouvre la voie à la guérison du sujet psychiquement malade. Il n'est pas rare que des problèmes soient évoqués et résolus au cours de toute une série de rêves quand un seul rêve ne suffit pas à donner ce résultat.

Les *rêves sexuels* appartiennent en général aux groupes de rêves suscités par la circulation sanguine et par des stimulations externes et internes. Mais beaucoup de psychanalystes se refusent à l'admettre, par « fidélité » sans doute à Sigmund Freud, qui a déduit les connaissances fondamentales de la psychanalyse du rêve sexuel et, plus généralement, du problème sexuel.

Il convient de souligner ici que la femme rêve d'une manière complètement différente de celle de l'homme. Il y a chez la femme des rêves qui reviennent sans cesse, souvent à intervalles réguliers, et que l'on n'a jamais observés chez l'homme, à l'exception des cas où l'homme a une vie psychique nettement féminine et douce. C'est ainsi, par exemple, que les rêves en couleurs sont un phénomène que l'on observe surtout chez les femmes. Ce fait a son importance, car la vie intérieure de la femme est plus intense que celle de l'homme — sa vie affective est plus active. Une enquête statistique a démontré, en outre, que le daltonisme est cinq fois plus fréquent chez les hommes que chez les femmes. C'est dans des cas très rares seulement que celles-ci sont victimes de cette « maladie du siècle ». La sensibilité de la rétine aux couleurs et le sens de la couleur sont nettement plus développés dans le cerveau de la femme que dans celui de l'homme. C'est ainsi que le psychologue spécialiste du rêve aboutit aux conclusions suivantes :

Comme la femme est plus sensible aux couleurs que l'homme, elle a des *rêves en couleurs* même dans les cas où l'homme rêve en noir et blanc. Comme l'imagination et la sensibilité de la femme sont beaucoup plus intenses, la femme rêve non seulement plus souvent et avec plus d'intensité, mais aussi beaucoup plus souvent que l'homme en couleurs.

Les couleurs sont des ondes lumineuses, des rayons lumineux se réfractant sur une surface — ce sont toujours des faits psychiques. Quand, dans le rêve, elles remontent de notre vie intérieure à la surface, quand elles sont l'expression de certains états de notre vie intérieure, nous pouvons discerner dans les couleurs vues en rêve des explications de processus psychiques importants. La signification des diverses couleurs est expliquée dans le lexique ci-après.

Il en va des odeurs comme des couleurs. Il y a des rêves qui concernent indiscutablement l'odorat. Bien que l'univers du rêve ne connaisse pas les limitations du temps et de l'espace, les couleurs, les odeurs et les sentiments prennent une place prépondérante dans le subconscient et sont perçus dans le rêve.

Les femmes rêvent aussi plus souvent de choses désagréables que les hommes. Leurs rêves sont caractérisés par des sentiments d'angoisse et des cauchemars. Quand de tels rêves se produisent subitement, il faut en chercher la cause, en général, dans une perturbation de la circulation. De même, les femmes sont portées à rêver avec intensité au moment de la nouvelle lune et de la pleine lune, même si elles ne peuvent plus se souvenir ensuite en détail de ce qu'elles ont vu en rêve.

Les *rêves «musicaux»* eux aussi sont beaucoup plus fréquents chez la femme que chez l'homme. Il n'y a pas lieu de s'en étonner, car nous savons qu'il existe une parenté étroite entre les sons et les couleurs et qu'ils peuvent souvent se substituer les uns aux autres.

Nous résumerons ci-dessous les principales catégories de rêves en mentionnant ce qui les caractérise et quand ils se produisent :

- *Rêves d'agression*
  La personne qui rêve qu'une tierce personne en malmène une autre (en général antipathique) : rêves d'enfants, d'adolescents et d'adultes.

- *Rêves acoustiques*
  Ils sont suscités en majeure partie par des stimulations extérieures; rêves d'enfants, d'adolescents et d'adultes; par contre, les rêves nettement musicaux ne se produisent la plupart du temps que chez les femmes.

- *Rêves d'angoisse*
  Ils peuvent avoir des causes diverses et, selon les âges, des symboles différents : rêves d'enfants, d'adolescents et d'adultes.

- *Rêves de soulagement*
  Dans de tels rêves, le subconscient refoulé émerge. Le subconscient remonte souvent à la plus jeune enfance. Le rêve procure une vision de remplacement (la satisfaction d'un désir) irréalisable à l'état de veille : rêves d'enfants, d'adolescents et d'adultes.

- *Rêves de chute*
  La personne qui rêve croit tomber dans un abîme sans fin : rêves d'enfants à partir de dix ans, d'adolescents, quelquefois aussi d'adultes.

- *Rêves en couleurs*
  La personne qui rêve voit des images non seulement en noir et blanc, mais aussi en couleurs : rêves surtout de femmes, mais aussi pouvant être suscités artificiellement par des stupéfiants.

- *Rêves de vol*
  La personne qui rêve peut, avec ou sans l'aide de moyens techniques, voler dans l'air : rêves surtout d'enfants à partir de dix ans.

- *Rêves d'accouchement*
  Le subconscient traduit le processus d'un accouchement (en général difficile) dans le langage symbolique du rêve (= « ma tête est piquée sur une fourche à fumier » = accouchement au forceps) : rêves d'enfants à partir de dix ans, mais aussi d'adolescents et d'adultes.

- *Rêves d'odeurs*
  La personne qui rêve perçoit une ou plusieurs odeurs avec intensité : rêves de femmes surtout; toutefois, de tels rêves peuvent aussi êtres suscités artificiellement, quand on rapproche un parfum fort du nez de la personne qui dort (stimulation externe).

- *Rêves de sorcières et de fantômes*
  La sorcière est exclusivement le symbole d'un être féminin existant effectivement, tandis que le fantôme peut être soit masculin, soit féminin : rêves fréquents chez les enfants, moins fréquents chez les adolescents, rares chez les adultes.

- *Rêves d'identification*
  La personne qui rêve croit avoir une autre personnalité (historique en général) : rêves rares chez les enfants, plus fréquents chez les adolescents, plus rares chez les adultes.

- *Rêves musicaux*
  On croit entendre des sons ou même des morceaux entiers de musique : rêves fréquent surtout chez les femmes.

- *Rêves de réincarnation*
  La personne qui rêve croit avoir déjà vécu, et, par conséquent, être née une seconde fois dans son état physique et intellectuel actuel : rêves rares, en général chez des enfants au-dessous de neuf ans.

- *Rêves sexuels*
  Ils sont souvent consécutifs à une activité sexuelle effective, mais sont provoqués aussi par des représentations suscitant des désirs ou par la circulation sanguine, par des stimulations externes ou internes : rêves d'enfants, d'adolescents et d'adultes, avec des caractères spécifiques selon les âges.
- *Rêves où l'on coupe*
  Découlent d'une peur inconsciente de la castration : rêves surtout de garçons, plus rarement de fillettes, de cinq à sept ans.
- *Rêves de bêtes*
  Il faut distinguer les animaux masculins (lion, tigre, loup, chien) des féminins (araignée, vache) : rêves d'enfants et d'adolescents, plus rares chez les adultes.
- *Rêves de mort*
  La personne qui rêve se voit mourir ou, plus souvent, voit mourir un proche, dont elle souhaite secrètement la mort dans son subconscient, parce que ce proche l'empêche de réaliser ses désirs; à l'état de veille, la personne qui a ainsi rêvé peut toutefois le regretter profondément : rêves d'enfants, d'adolescents et d'adultes, avec des caractères spécifiques selon les âges.
- *Rêves originels*
  Dans ces rêves, les dragons et les paysages préhistoriques jouent un rôle : rêves presque exclusivement de jeunes enfants jusqu'à six ans.
- *Rêves prémonitoires*
  Le début d'une maladie peut être indiqué par des symboles; mais des complications psychiques, datant éventuellement de la première enfance, peuvent s'exprimer ainsi : rêves d'enfants, d'adolescents et d'adultes.

- *Rêves de double vue*
  La personne qui rêve apprend ce qui se trouve ou ce qui se passe effectivement au même moment dans un autre lieu, ou ce qui se passera ultérieurement : rêves rares chez les enfants, se rencontrent chez les adolescents et les adultes, en général en relation avec des proches.

- *Rêves obsédants*
  La personne n'est plus en mesure de distinguer le rêve de la réalité. Peu après son réveil, elle se laisse entraîner à des actions apparemment absurdes — bien qu'elle connaisse la différence entre le rêve et la réalité! Rêves d'adolescents surtout, entre treize et seize ans.

Considérons maintenant ce qui, dans le rêve, est mesurable par des moyens scientifiques. La modification de la conscience commence avec la fatigue et la perte de la conscience d'être éveillé; elle prend fin quand le stade du sommeil profond est atteint. Mais les différentes phases de cette modification n'ont pas de limites distinctes. Nous commençons à nous séparer de la réalité extérieure quand la fatigue nous ferme les yeux; à ce moment, nous ne percevons plus qu'indistinctement ce qui se passe autour de nous. Des images tirées de notre expérience vécue, du passé, s'imposent à nous. Toutefois, ces images sont assez souvent différentes des visions du rêve, qui nous paraissent illogiques, discontinues, sans relation avec les choses que nous pouvons ou tentons de pouvoir connaître, juger ou mesurer. Ce que l'on vit en rêve est d'un fantastique qui s'affranchit en général des lois naturelles auxquelles nous sommes soumis quand nous sommes éveillés. Nous éprouvons alors des sentiments qui nous sont étrangers par ailleurs. C'est cet état, qui fait partie du sommeil, que nous appelons le rêve.

Le rêve sous l'aspect d'une nostalgie sexuelle
La vision de rêve ci-dessus est l'œuvre de Paul Devaux, impressionniste belge qui, à l'âge de 36 ans, sous le titre de « L'Écho », a peint selon une technique d'un académisme curieusement méticuleux ce qu'il vivait et voyait en rêve.

L'analyse scientifique du rêve s'efforce aujourd'hui d'établir un lien logique entre la personne qui rêve et ce qu'elle vit en rêve. Elle s'efforce, en d'autres termes, d'exploiter et d'expliquer ce dont le sujet se souvient à son réveil. Règle générale, la personne qui revient de ses rêves à la réalité quotidienne a beaucoup de peine à se souvenir des détails de ce qu'elle a vécu en rêve. Elle ne peut raconter que peu de choses, car notre mémoire possède surtout la faculté de reproduire la structure logique du vécu. Or, les rêves échappent à un tel déterminisme, sans compter que beaucoup de rêves paraissent si inconcevables qu'à l'état éveillé, la conscience n'est plus en mesure de les retenir. C'est là précisément ce qui fait la difficulté de l'analyse du rêve, qui ne peut se passer de la mémoire du sujet réveillé, alors que celui-ci ne peut rendre qu'imparfaitement ce qu'il a vu en rêve.

La science a mis au point maintenant des instruments physiques de mesure et des analyses chimiques d'une extrême précision. Leur utilisation permet de prouver quand un sujet rêve et avec quelle intensité. Selon certaines indications ainsi recueillies, il semble possible que, durant le sommeil, les rêves soient à même de mobiliser les substances dont le cerveau et les muscles ont besoin et qui sont accumulées dans le corps. Des essais effectués sur divers sujets ont paru indiquer que, pendant le rêve, le taux d'hormones telles que l'adrénaline et l'ACTH augmente pendant le rêve. Or, on sait que ces hormones peuvent activer les réserves de l'organisme en graisse et en sucre. Le fait que les rêves peuvent entraîner la sécrétion de certaines hormones est éventuellement susceptible d'expliquer certains incidents de nature cardiaque qui se produisent pendant la nuit, des incidents, par conséquent, qui modifient le rythme des pulsations du cœur. La sécrétion d'adrénaline et de noradrénaline, dans cette hypothèse,

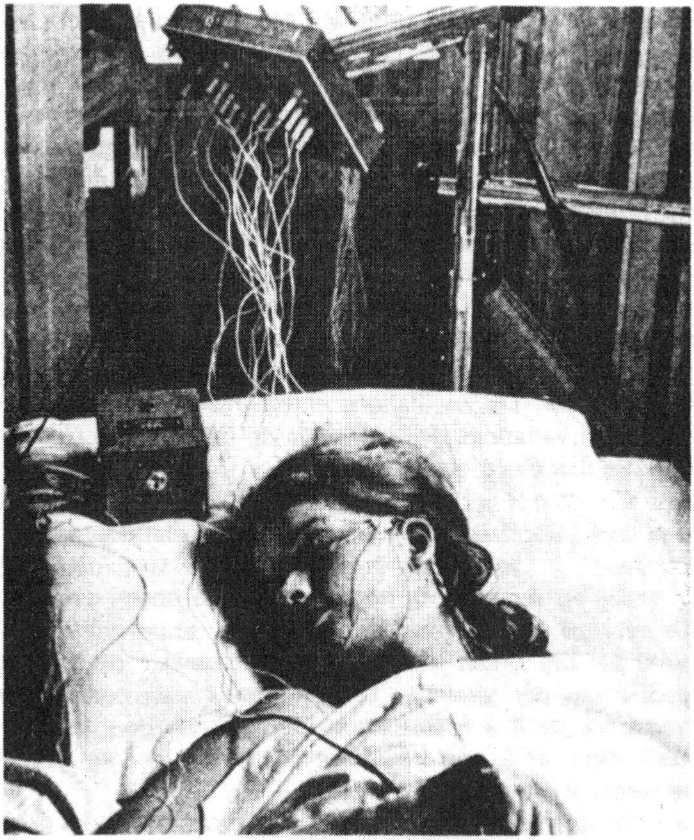

Chaque phase du sommeil a ses caractéristiques.
L'enregistrement de l'oscillateur montre l'activité des yeux et du cerveau pendant le sommeil (en haut) et pendant le rêve (en bas). Quand le sommeil est profond, les mouvements des yeux ne sont que superficiels, tandis que le cerveau fonctionne lentement, mais visiblement. Le rythme des battements du cœur et la température s'abaissent. La respiration est lente et régulière. Quand on rêve, les mouvements des yeux sont relativement rapides, tandis que les ondes du cerveau accusent moins d'amplitude. On remarque une accélération des fonctions du cœur, de la respiration et de la tension artérielle, avec des oscillations marquées.

entraînerait une accélération de l'activité cardiaque et causerait ainsi les douleurs caractéristiques d'une angine nocturne de poitrine. D'un autre côté, il se peut que le rêve, dans le cas de certaines maladies, joue un rôle protecteur par suite de la sécrétion d'hormones cortico-surrénales telles que la cortisone. Il joue ce rôle dans le cas de l'asthme bronchique.

Les fines manifestations électriques de l'activité du cerveau peuvent être mesurées au moyen de l'électro-encéphalogramme. Cet appareil comporte des électrodes que l'on fixe sur le cuir chevelu du patient. Ces électrodes sont reliées à un système enregistreur par l'intermédiaire d'un amplificateur. Les oscillations enregistrées mettent en évidence les variations des potentiels de l'encéphale, c'est-à-dire des flux électriques émis par le cerveau.

Chez un sujet éveillé, des ondes bêta, qui apparaissent avec une fréquence de 15 à 20 oscillations par seconde, sont enregistrées. À mesure que le sujet passe de la veille au sommeil, la fréquence de ces ondes diminue. Le cerveau inactif, mais encore éveillé, se manifeste ensuite par des ondes alpha avec une fréquence de 8 à 12 oscillations par seconde; le rythme peut s'abaisser à une fréquence de 4 à 8 oscillations par seconde pour le sommeil léger, et à une fréquence plus faible encore quand le sommeil est profond.

Le sujet endormi qui émet tout d'abord des ondes dont la fréquence, enregistrée par l'électro-encéphalogramme, est de l'ordre de 4 à 6 oscillations par seconde, émet — fait surprenant — à nouveau des ondes bêta quand il commence à rêver. Ce sont les ondes enregistrées normalement à l'état éveillé.

Il a été constaté en outre que, chez qui dort, des phases courtes d'agitation motrice apparaissent. La profondeur du sommeil est soumise à des oscillations cycliques. À ce

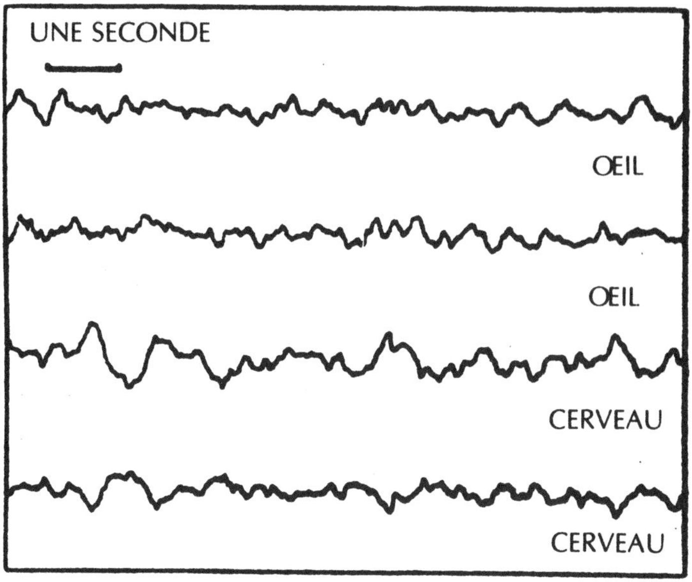
UNE SECONDE
OEIL
OEIL
CERVEAU
CERVEAU

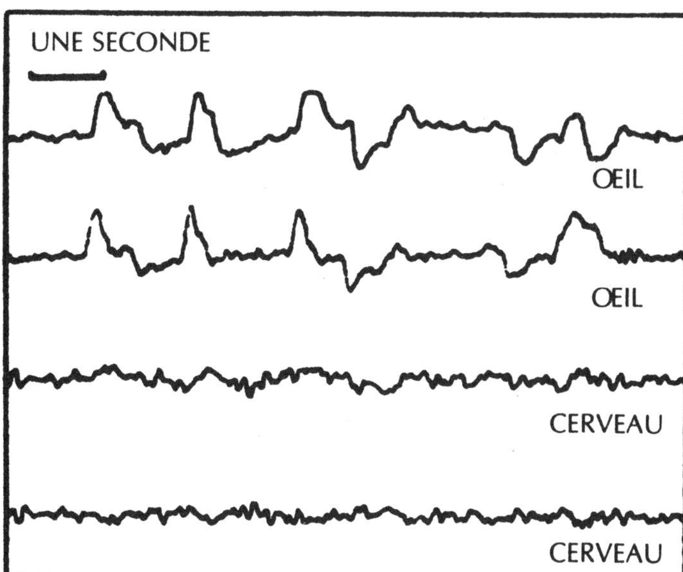
UNE SECONDE
OEIL
OEIL
CERVEAU
CERVEAU

propos, on a observé qu'au cours d'un sommeil ininterrompu de huit heures, l'électro-encéphalogramme du sujet accuse, pour une durée de 10 à 60 minutes, cinq fois environ des ondes bêta correspondant à celles de l'état éveillé. Si l'on vérifie pendant de telles phases — qui, au point de vue de l'électro-encéphalogramme, sont celles de l'état éveillé — le comportement du sujet, on constate qu'il dort profondément et qu'il est difficile de le réveiller.

La science nomme cette phase du sommeil, durant laquelle des ondes bêta sont enregistrées, en raison du contraste entre le comportement du sujet dormant et l'électro-encéphalogramme qui est celui d'un sujet éveillé, le « sommeil paradoxal » ; durant celui-ci, des mouvements brusques des muscles et des mouvements rapides des yeux peuvent se produire. Les salves de mouvements rapides des yeux sont visiblement en rapport étroit avec des rêves. L'utilisation simultanée de l'électro-encéphalographe, de l'électromyographe et de l'électro-oculographe, permet d'enregistrer objectivement toutes les manifestations motrices accompagnant le sommeil paradoxal.

Le phénomène ainsi décrit s'explique de la façon suivante : le ralentissement de la fréquence des ondes alpha de l'électro-encéphalogramme est dû au fait que les cellules du cortex sont toutes stimulées selon le même rythme. Chaque cellule est stimulée 10 fois par seconde environ. Si la fréquence s'abaisse au-dessous de huit oscillations par seconde, il n'y a plus de rapport avec le monde extérieur. Or, la conscience, à l'état éveillé, est caractérisée par une activité autonome des diverses cellules, sans coïncidence dans le temps. Les cellules sont reliées entre elles par des voies nerveuses qui mettent en contact réciproque toutes les régions du cortex. Il n'y a d'activité intellectuelle qu'à la condition que les cellules aient des activités différentes — tout comme, dans un processus de fabrication, il faut diverses opérations pour aboutir au produit fini.

Si l'on réveille le sujet endormi dont les ondes encéphaliques indiquent un état de sommeil paradoxal, ce sujet dit effectivement avoir rêvé. Dans la plupart des cas, il peut aussi raconter son rêve. Une personne chez laquelle on avait constaté durant le sommeil paradoxal des mouvements réguliers, rythmés, des yeux, et cela sur un plan horizontal, a dit avoir assisté en rêve à un match de tennis. Par contre, une autre personne, chez laquelle on avait constaté des mouvements des yeux sur le plan vertical, a dit avoir monté un escalier. Comme à l'état de veille, les rêves examinés ont presque tous eu une structure logique.

Entre le contenu du rêve et les mouvements rapides des yeux, il existe par conséquent une relation d'ordre qualitatif. L'amplitude des mouvements des yeux dépend de l'intensité du rêve. Si des mouvements rapides des yeux, avec une grande amplitude, sont enregistrés par l'électro-oculographe, on peut avoir la certitude que la personne qui rêve joue un rôle actif dans son rêve. Si, par contre, l'amplitude reste faible, elle ne joue dans son rêve qu'un rôle passif, celui d'un observateur. La science distingue pour cette raison, dans les mouvements rapides des yeux, les mouvements « actifs » et les mouvements « passifs ».

On ne saurait manquer de souligner que la respiration, la fréquence des pulsations du cœur et la pression artérielle réagissent elles aussi au rêve. Les réactions de cette nature peuvent être mesurées d'une manière relativement simple avec les appareils techniques dont dispose la médecine moderne.

Si nous voulons maintenant essayer d'interpréter nos propres rêves ou ceux d'autres personnes à l'aide de ce *Lexique des symboles du rêve*, il nous faut encore tenir compte des diverses conditions et circonstances. Il peut s'agir de rêves fébriles ou de rêves causés par un estomac trop chargé. Si les rêves sont suscités par des facteurs externes (bruits, la couverture qui glisse, réaction à la lumière ou à une odeur), il s'agit simplement de rêves protecteurs du sommeil, il est inutile de chercher à déceler un sens profond en pareil cas.

Par contre, nous devrions porter plus d'attention aux *rêves prémonitoires* qui procurent souvent des visions très nettes, si l'on sait interpréter correctement les symboles. Dans le cas du *rêve profond,* nous devrions tout d'abord essayer de déterminer le rapport susceptible d'exister entre le rêve et des événements tout récents de la journée. Quand on a réussi à établir un tel rapport, les symboles du rêve, pour la plupart, s'éclaircissent et peuvent être interprétés. Mais, si le rêve profond ne peut être mis en rapport avec des événements soit connus, soit présents à la mémoire de la personne, il nous faut essayer d'examiner de plus près tous les détails du rêve et les noter, et, éventuellement, poser des questions aux proches du sujet sur ses habitudes, les modifications de son caractère à l'issue de certains événements ou des faits remontant à son enfance. C'est seulement après avoir recueilli un nombre aussi élevé que possible de détails que nous pourrons essayer d'interpréter le rêve en question au moyen du Lexique. Dans de nombreux cas, des cas plus graves, il sera préférable de consulter un spécialiste expérimenté de la psychothérapie.

Mais, dans tous les cas, on devrait commencer par une analyse aussi neutre et objective que possible. Car il ne servirait pas à grand-chose d'imaginer des interprétations à notre convenance ou d'une manière arbitraire. C'est la raison pour laquelle il est extrêmement difficile d'interpréter ses propres rêves. Qui saurait, à son propre égard, jouer le rôle d'un arbitre neutre? Quel accusé serait prêt à prononcer lui-même sa condamnation?

Le *Lexique des symboles du rêve* a été composé à partir de diverses clefs des songes antiques, de sources égyptiennes, arabes et moyenâgeuses, d'interprétations qui se trouvent dans les « sciences occultes » françaises, de la psychanalyse moderne et de la propre expérience pratique de l'auteur. Il convient néanmoins de souligner que le présent Lexique ne permet pas d'expliquer et d'interpréter n'importe quel rêve, qu'il ne faut pas non plus utiliser aveuglément ces symboles, tels qu'ils sont présentés et interprétés ci-après. S'il est vrai que les symboles du rêve de nombreux peuples et de tous les temps présentent un grand nombre de caractères communs, on ne saurait méconnaître non plus que l'individu est en mesure de créer un langage du rêve qui lui est propre et tout à fait personnel. Cette capacité est fonction, dans une large mesure, de son quotient intellectuel. Selon son psychisme, la personne qui rêve peut recourir à des symboles chiffrés d'une manière particulièrement raffinée et présentant au déchiffrement des difficultés en conséquence. Il faut donc, avant d'entreprendre le déchiffrement, se faire également une idée des caractéristiques mentales du sujet. Dans de tels cas, il est opportun de se constituer un *recueil de symboles,* qui servira d'aide-mémoire, permettra de comparer les notes prises et de retenir un nombre aussi élevé que possible de rêves.

La meilleure façon de procéder consiste à noter, dès le réveil, ses rêves en termes succincts ou en détail, avec toutes leurs particularités. C'est une chose qu'il faudrait faire sans tarder, la nuit ou le matin, dès que l'on sort d'un rêve. En effet, l'expérience a montré que les visions des rêves se dissipent très vite et disparaissent de la conscience ou perdent de leur cohérence. Les noms et les chiffres surtout s'oublient vite. Quelques minutes après le réveil, on n'est déjà plus en mesure de reconstituer exactement une série de nombres. À propos de chaque rêve ainsi enregistré, on devrait aussi mentionner les indices qui font présumer son appartenance à une catégorie déterminée de rêves, s'il s'agit d'un rêve causé par un facteur externe ou d'un rêve prémonitoire, si le rêve est, bien que profond, superficiel ou s'il convient de le classer parmi les grands rêves issus des profondeurs du subconscient. Quelques jours plus tard, il y aurait lieu de revoir ces notes et de vérifier si l'interprétation spontanée a été juste ou si une autre interprétation serait plus vraisemblable.

Il y a un autre intérêt évident à noter ses rêves : dans les cas où les rêves se répètent ou se déroulent sous la forme d'une série, on peut procéder à des comparaisons — et si on n'avance pas davantage par ses propres moyens, ces notes peuvent constituer une aide précieuse pour le spécialiste qui sera à même de découvrir des rapports que nous n'aurons pas discernés. À notre propre égard, nous ne sommes pas toujours suffisamment critiques pour admettre des choses et des interprétations qui nous sont désagréables. Par contre, nous avons l'assurance qu'un arbitre impartial ne prendra pas en considération de telles réserves et s'efforcera de découvrir toute la vérité.

Dans bien des cas, il est opportun également de faire des dessins de ses rêves, car les rêves se présentent aussi sous la forme de visions qu'il est souvent difficile de reproduire par des mots. Il est indispensable de dater toutes les notes afin que l'on puisse constater ultérieurement à quels intervalles les mêmes rêves ou des rêves similaires se répètent.

On conseillera également de commencer un *livre des nuits,* dans lequel on notera les pensées qui nous viennent en rapport avec nos rêves. Il est souvent surprenant de constater que des idées nous assaillent pendant la nuit, dont nous ne savons plus rien le lendemain matin. Quand on s'emploie à interpréter les rêves, on ne saurait manquer de se mettre au travail avec le sérieux nécessaire et avec le détachement qui permet la critique. Le Lexique alphabétique des symboles du rêve fournit des directives et une aide pour le début. Mais je ne saurais manquer de rappeler encore une fois qu'il n'y a pas de symbole assez établi qui ne puisse être remplacé par d'autres.

Pour terminer, une catégorie particulière de rêves reste à souligner : celle des *rêves consolateurs* qui peuvent se produire chez des personnes gravement malades. De tels rêves peuvent comporter des couleurs magnifiques et des images d'une très grande beauté. Si nous savons avec quoi ils sont en rapport, nous ne nous donnerons pas trop de peine pour les examiner et les interpréter. En effet, la plupart du temps, ils n'ont pour fin que de faire miroiter une vision chimérique, mais bienfaisante et réconfortant l'âme.

Pour noter mieux et avec plus d'ordre ses propres rêves et ceux d'autres personnes, on utilisera un *questionnaire* pouvant être polycopié et permettant d'enregistrer toutes les notes et remarques importantes. Vous trouverez ci-après un tel questionnaire, beaucoup moins ample toutefois que pour l'interprétation scientifique du rêve. On ne devrait commencer à consulter le lexique qu'après avoir répondu à toutes les questions.

Tableau d'un rêve dans la technique de Mithila
Dans la région de Mithila (nord-est de l'Inde), les femmes, depuis plus de 3 000 ans, ont un extraordinaire talent artistique. Elles se réservent exclusivement la peinture. Leurs maris, fils et frères ne touchent jamais à un pinceau. On assure à Mithila que les femmes reproduisent dans leurs tableaux leurs rêves, qui s'inspirent surtout des symboles de la fécondité ou de signes porte-bonheur, comme celui du poisson.

QUESTIONNAIRE POUR L'INTERPRÉTATION DES RÊVES

Date du rêve
Jour : Nuit du au
Heure (approximative) :
Peu après s'être endormi :
Tard dans la nuit :
Avant de se réveiller le matin :

Idée générale (en termes succincts) :

Détails (action, personnes y jouant un rôle, objets, rapports)

Alimentation
Plat principal des principaux repas du jour précédent :
Aliments consommés la veille au soir avant le rêve :
Aliments accessoires ou produits tels que l'alcool, le tabac, le café qui ont été consommés en plus grande quantité que normalement :

Santé :
Existe-t-il une difformité physique?
Est-ce que la personne qui rêve est tourmentée par des souffrances physiques?
Chroniques?
Depuis quelque temps?
Maladie nouvelle?
Est-ce que la personne qui rêve a eu pendant la nuit du rêve des difficultés sur le plan de la santé (par exemple : fièvre en relation avec un refroidissement; il est indispensable que les femmes indiquent si leurs règles ont coïncidé avec le moment du rêve, ou si elles ont ressenti de l'inquié-

tude par suite d'un retard de leurs règles ou de la possibilité d'une grossesse)?

Interprétation du rêve

Est-ce que le rêve, noté d'une manière succincte, rappelle un fait qui a eu lieu effectivement? Quels sont les rapports entre le souvenir et ce qui s'est passé en rêve :

Comment la personne qui a rêvé s'explique-t-elle son rêve?

Un rêve semblable s'est-il déjà produit?

Quand?

Plusieurs fois?

Avec quelles variations?

À quelle catégorie le rêve semble-t-il appartenir?

Que peut-on en déduire effectivement à l'aide du *Lexique des symboles du rêve* — comment le rêve peut-il être interprété?

Quels symboles non compris dans le Lexique le rêve a-t-il encore comportés?

DEUXIÈME PARTIE

ANALYSES DES RÊVES

1. Rêves d'accouchement

« Je marchais — ou plutôt je planais — dans une fente étroite entre des rochers. Il m'a fallu longtemps pour revenir à la lumière du jour. Une cascade se déversait sur la sortie. Je suis parvenu sur le côté à l'extérieur et je me suis éloigné des rochers. Tout à coup, comme s'ils avaient jailli du sol, il y avait là plusieurs hommes qui grimpaient la pente devant moi. »

* * *

Ingo Sch., âgé de 16 ans, en traitement médical pour énurésie, précisa lors de la description de son rêve que la fente était plus étoite que lui, qu'elle s'élargissait devant lui et se refermait derrière. Il avait alors le sentiment de se trouver mieux à l'intérieur qu'à l'extérieur, où la lumière du jour était grise et où un froid humide régnait.

Les visions de ce rêve indiquent nettement qu'il s'agit d'un rêve d'accouchement. Il est caractéristique de la peur que le patient éprouve devant la vie qu'il se soit senti en sécurité dans la fente (la matrice) et ne puisse s'orienter à l'extérieur (dans le monde). Il est surprenant de voir combien ce que l'enfant éprouve avant et durant l'accouchement se reflète dans ses rêves ultérieurs, combien de traces cette expérience laisse dans le subconscient et comment celles-ci se manifestent plus tard dans les rêves.

* * *

« Chaque nuit, je me réveille deux ou trois fois en sursaut. Ce sont toujours des cauchemars qui me tourmentent, et qui sont sans doute en rapport avec ma profession. Chaque fois, je vois des lits de dimensions gigantesques se déplacer dans ma direction. J'ai en même temps l'impression que je cesse de respirer et que je suis écrasé. Alors, je me réveille ruisselant de sueur. »

* * *

Ces cauchemars du mécanicien Bruno K., 28 ans, n'ont assurément qu'un rapport indirect avec sa profession. Quand il a décrit ce rêve, il n'a pas été en mesure d'indiquer pourquoi il avait ces cauchemars. Les souvenirs de sa plus jeune enfance, qu'il avait encore en mémoire, ne fournissaient pas d'indication non plus. Les questions posées à sa mère, qui était encore en vie, ont montré que Bruno ne se souvenait pas de rêves semblables avant ses vingt ans.

Une fois sorti de l'école, il avait d'abord travaillé à un poste d'essence, puis fait son apprentissage de mécanicien. À partir de ce moment, il avait surtout travaillé étendu sous les autos. Le manque d'espace et la sensation d'écrasement qui accompagnaient son travail avaient sans doute « réveillé » dans son subconscient le traumatisme qui y « sommeillait » depuis sa naissance. Lors de l'accouchement, sa tête avait été fortement pressée et déformée. Cette déformation avait disparu au cours des mois suivants, de sorte que la forme de sa tête était devenue normale.

2. Traumatismes de la première enfance

« Quelque chose se déplace selon un mouvement giratoire autour de mon visage. Les cercles deviennent ensuite de plus en plus petits et de plus en plus rapides, ils me font peur de plus en plus. Soudain, quelque chose se précipite sur moi avec un grand bruit. C'est le moment où je me réveille en poussant un cri. »

Anne S., 22 ans, est étudiante. Elle s'était rendue en Norvège avec quelques connaissances. Pendant trois semaines, ils avaient visité le pays, et, comme ils avaient peu d'argent, ils avaient dormi sous la tente et pris leurs repas irrégulièrement. Anne S. était rentrée épuisée et avec une forte fièvre. Après avoir apaisé sa faim la plus brûlante, elle s'était couchée et endormie aussitôt. Mais, peu après, elle s'était réveillée en poussant un cri perçant. À peine sortie de ses rêves, assise dans son lit, elle ne savait pas où elle était et tremblait de peur. Cela lui était arrivé plusieurs fois. Lorsque Anne S. fut à peu près rétablie, elle raconta son rêve à sa mère, qui lui répondit spontanément : « J'ai toujours dit à ton père de ne pas le faire. »

Alors qu'Anne n'avait encore que quelques jours, son père, pour attirer son attention et susciter une réaction, s'était placé devant le berceau et avait décrit de la main des cercles, d'abord grands, ensuite de plus en plus petits, devant le visage du bébé. Sa main se rapprochait toujours davantage de l'enfant. Finalement, en poussant une sorte de sifflement, il chatouillait Anne sous le menton. La mère d'Anne se rappelait que chaque fois, sa fillette avait tressailli de peur. Il va de soi que l'étudiante de 22 ans ne se souvenait plus de rien.

Ce cas montre avec une grande netteté que des traumatismes du plus jeune âge peuvent être oubliés et réapparaître plus tard dans les rêves des adultes. Le déclenchement s'était produit chez Anne S. du fait de son épuisement.

* * *

Le cas de Claudia B., 25 ans, reste à évoquer pour terminer. Elle avait une peur inexplicable de l'obscurité et s'éveillait assez souvent en sursaut pendant la nuit. Elle se plaignait de vertiges et de fatigue permanente. Au lit, elle était tourmentée par le sentiment de ne pas pouvoir lever la tête. Elle dit également souffrir d'agoraphobie, surtout dans des rues étroites et dans des avenues : elle avait peur que les maisons et les arbres se cassent en deux, tombent sur elle et l'enterrent.

Ces angoisses nocturnes finirent par donner lieu à une névrose après la mort de la mère de Claudia B., qui avait alors 22 ans et n'était pas en mesure de répondre aux questions concernant son enfance d'une manière qui aurait permis de conclure à un traumatisme du premier âge. Finalement, les recherches firent retrouver la nurse, qui se souvenait des détails suivants :

Après l'accouchement, la mère de Claudia avait eu la fièvre puerpérale. Le bébé, pour cette raison, avait passé ses six premières semaines dans un hôpital, sans contact avec sa mère. Claudia n'avait cessé de crier. Lorsqu'elle avait été transportée chez elle, elle était affaiblie au point de ne presque plus pouvoir lever la tête. Claudia était classée comme « un enfant qui crie ». Peu à peu, elle avait pris l'habitude de crier.

Cette situation déplorable des premières semaines à l'hôpital et le souvenir, qui lui revenait sans cesse, de ce qu'elle y avait vécu, sans soins maternels et sans chaleur, étaient chez Claudia la cause des phénomènes observés ultérieurement : tressaillements, sensations physiques, peur de l'obscurité, sentiment de ne pouvoir lever la tête. Ces phénomènes se produisaient d'une manière permanente, dès que l'obscurité, la fatigue et un contrôle amoindri de la conscience les favorisaient dans la nuit. Les maisons qui, dans ses rêves, menaçaient de se casser en deux étaient blanches — c'étaient les médecins venus pour la visite et qui se penchaient sur le lit du bébé.

Le moment où ces cauchemars devinrent plus distincts et plus forts est caractéristique : ce fut à la mort de sa mère.

L'absence de sa mère, pendant les premières semaines de son existence, avait suscité chez Claudia les aversions dont elle souffrait à l'hôpital. Claudia avait retrouvé le calme, lorsque sa mère avait pu s'occuper d'elle, lorsqu'elle en avait senti la chaleur et avait eu l'impression d'être en sécurité. À la mort de sa mère, le traumatisme du jeune enfant s'est reproduit d'une manière symbolique chez la jeune fille de 22 ans. Les angoisses de jadis sont revenues avec une intensité accrue.

Le médecin traitant a réussi à la guérir de cet état effroyable d'anxiété en huit heures seulement. Il lui a expliqué les symptômes, la peur s'est alors évanouie. L'hospitalisme qui avait été causé chez Claudia B. par le séjour qu'elle avait fait à l'hôpital dans son plus jeune âge et qui avait tourné à la névrose a pu être entièrement guéri.

3. Rêves de dragons et de bêtes

« J'étais dans un grand bois, et il y faisait très sombre. Les feuilles des arbres étaient très grandes et très épaisses. Des arbres pendaient de longs tuyaux qui atteignaient presque le sol. Comme le sol était mouillé, je me suis suspendu à un tel tuyau et j'ai plané au-dessus du sol. Soudain, j'ai vu une grande montagne. Partout, des bêtes criaient. Je ne pouvais pas les voir, parce que le bois était trop épais. La montagne était plus haute que les arbres tout autour de moi. Lorsque j'ai voulu grimper sur la montagne, elle s'est mise en mouvement. Tout d'un coup, la montagne a été une bête énorme, avec des piquants sur le dos. De sa gueule, la vapeur sortait comme d'une locomotive. Quand la bête se déplaçait, toute la terre tremblait. Il ne cessait pas de pleuvoir. Lorsque je me suis réveillé, maman m'a frotté avec une serviette, parce que j'étais tout mouillé. »

Wolfgang W. a quatre ans. C'est un fils unique, il ne va pas au jardin d'enfants. Ses parents, par conviction, ne lui avaient jamais raconté de contes, de légendes ni d'histoires à donner des frissons. Il n'y a pas d'appareil de télévision dans la famille. Lorsque Wolfgang entendit parler d'un dragon, il ne savait pas ce que ce terme signifiait. Il n'avait jamais entendu parler non plus de paysages préhistoriques ni de catastrophes naturelles.

Ce rêve du jeune Wolfgang constitue la preuve indubitable que des représentations originelles se manifestent chez les enfants. Selon beaucoup de chercheurs modernes, le rêve de l'homme est un reliquat de stades antérieurs de la pensée humaine.

Wolfgang avait un refroidissement et quelque peu de température. Pendant son rêve fébrile, il avait sué; c'est pourquoi, en s'éveillant, il avait cru effectivement avoir été mouillé par la pluie qu'il avait vue en rêve. Sa mère, pour le sécher, l'avait essuyé avec une serviette, comme elle avait coutume de le faire, quand Wolfgang sortait de la baignoire ou avait été trempé par la pluie.

* * *

« En rentrant chez moi, je découvris en rêve qu'un serpent, court, mais gros, s'avançait dans la direction de la maison de mes parents. La nuit suivante, je me retrouvai sur le même chemin. Mais cette fois, ce fut un serpent beaucoup plus long et beaucoup plus gros qui s'efforçait de franchir la clôture de notre jardin. J'entendis ensuite qu'il se glissait vers le haut de l'escalier et qu'il ouvrait une porte. À ce moment, mon frère rentra à la maison. Je voulus le mettre en garde, mais c'était trop tard. Il saisit le serpent et l'écrasa presque dans sa main. À ce moment, le serpent perdit toute sa laideur, il prit des couleurs merveilleusement chatoyantes. »

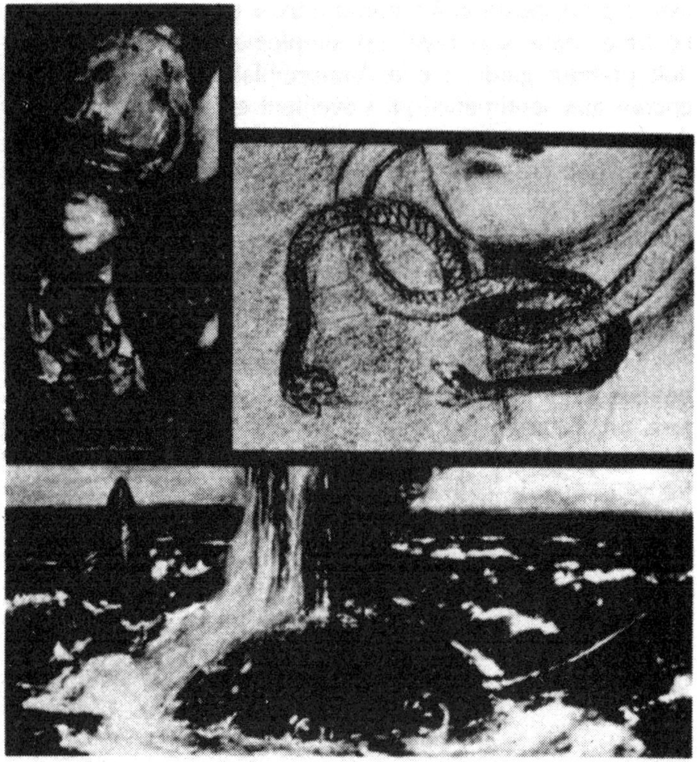

Visions de rêve de Böcklin
On sait que Böcklin était tourmenté par des rêves pesants. Ce peintre a reproduit sur ses toiles beaucoup de ses visions, souvent effroyables, dans lesquelles apparaissaient des bêtes fantastiques.

C'est une sexualité érotique qui s'est éveillée chez Marlies K., une jeune fille de 24 ans, tout d'abord timidement — le symbole du petit serpent —, puis avec plus de force, comme l'indique le serpent plus gros. La jeune fille voit dans la maison de ses parents le symbole de sa propre personne. Le serpent qui ouvre la porte est un signe assuré de disposition à l'amour (ouvrir une porte inconnue). Le frère, dans son rêve, est simplement un signe qu'elle doit prendre garde à elle. Vraisemblablement, elle résiste encore aux sentiments qui s'éveillent en elle. L'écrasement du serpent est un signe de la peur ressentie devant les problèmes que ces sentiments soulèvent. Mais le serpent gagne en beauté, un signe que le désir naturel est en passe de prendre le dessus.

* * *

« Je me trouvais en rêve dans une maison qui m'était entièrement inconnue. Elle se dressait seule dans une plaine sans fin. Il faisait très clair au dehors. Mais on ne pouvait pas voir le soleil. Tout à coup, j'ai entendu un cri. J'ai levé les yeux vers le ciel, qui était sans nuages. Un tigre a fait un bond du ciel sur la terre. Avant que j'aie pu fermer la porte, le tigre a pu y passer une patte. Mais avec quelque peine, j'ai réussi à fermer la porte. Ensuite, la même chose s'est répétée : j'ai entendu à nouveau un cri et, à nouveau, un tigre a bondi du ciel. Cette fois, il a menacé mon enfant. À nouveau, j'ai réussi à sauver mon enfant. »

* * *

Le tigre est le symbole d'une grande passion. La bête qui attaque signifie que Madame Renate J. (22 ans) souffrira beaucoup du fait d'une personne qui veut se venger, ou, pour le moins, qu'elle est exposée à un tel danger. Elle ferait bien de surveiller ses désirs et ses sentiments, pour éviter à elle-même et à son mariage tout danger. Quelque chose, qui est en rapport avec un autre homme, va arriver très prochainement ou est déjà arrivé. Elle devrait se garder d'actes irréfléchis.

4. Rêves de sorcières et de fantômes

« Je jouais dans un beau jardin. Il y avait beaucoup de fleurs. Tout à coup, une sorcière est venue et elle a ri. Elle m'a commandé de cueillir une fleur et de la manger. Alors maman est venue et m'a dit : Non, Kai, ne le fais pas ! » Alors, il y a eu beaucoup de sorcières qui m'ont chassé, ainsi

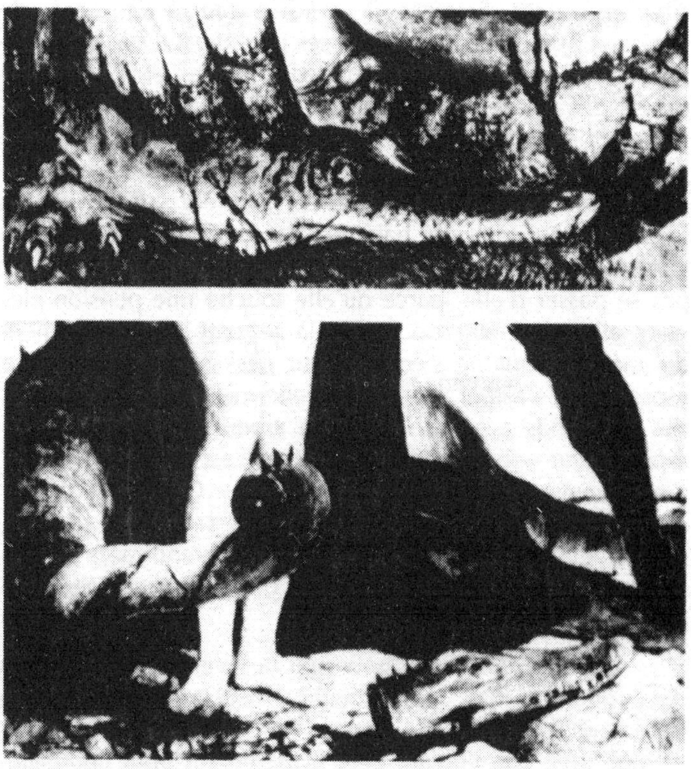

Des visions de Böcklin
Souvent, les bêtes fantastiques représentées par Böcklin — visions d'effroi — sont ensuite abattues par des « héros ».

que maman et aussi beaucoup d'autres gens, et qui se poursuivaient aussi les unes les autres. Une était particulièrement méchante. Elle a chassé toutes les autres. Mais les autres lui ont échappé, parce que la méchante sorcière a trébuché et est tombée dans les fleurs. »

* * *

Kai H., 5 ans, est un garçon plein d'imagination, sensible et craintif. Souvent, il se laisse aller à des accès de colère et invective alors même ses parents. Kai fait de l'énurésie. Naturellement, il connaît des contes et, par conséquent, des sorcières ainsi que le sens de « bon » et « mauvais ». Son père est absent la plupart du temps car il représente une firme et voyage sans cesse pour elle. L'éducation de l'enfant est entièrement assurée par la mère et la grand-mère (du côté paternel). La grand-mère est autoritaire et égoïste, elle tyrannise toute la famille. On ne peut pas se passer d'elle, parce qu'elle touche une pension élevée; elle contribue pour une large part au financement du ménage, qui ne s'équilibrerait pas sans elle. La mère n'ose pas s'affirmer face à sa belle-mère de peur d'avoir des différends avec son mari. La grand-mère ne cesse de réprimander son petit-fils, surtout s'il est trop bruyant ou s'il ne veut pas manger. Sa maxime est : On mange ce qui est servi. Kai est fils unique. La mère essaie en général de s'entremettre et de faire comprendre à la grand-mère qu'elle non plus, dans sa jeunesse, n'a pas apprécié n'importe quel plat.

On comprend ainsi pourquoi la sorcière, qui, selon la description de Kai, est particulièrement vieille et particulièrement méchante, lui commande de manger des fleurs — une idée que l'enfant tient évidemment pour complètement absurde. La sorcière n'est autre que la grand-mère, devant laquelle non seulement lui-même et sa mère prennent la fuite, mais encore « beaucoup d'autres gens ». La grand-mère est la personnification de tout ce qui est mauvais.

* * *

« La nuit passée, j'ai eu le rêve suivant : j'étais étendue dans mon lit, j'ai été réveillée par une sonnerie violente à la porte de l'appartement. Tout d'abord, j'ai fait comme si je n'entendais rien. J'avais peur d'une nouvelle désagréable. Mais au bout d'un moment, la curiosité l'a emporté et je me suis glissée vers la porte. Soudain, un fantôme, petit et laid, qui ricanait méchamment, s'est trouvé au milieu de la pièce. J'ai fait de nouveau comme si je ne remarquais rien et je me suis glissée dans mon lit. »

* * *

Petra A. est âgée de 38 ans. Le fait qu'elle se voit au lit peut tout d'abord être interprété dans un sens érotique, mais il peut aussi être l'expression d'un besoin de repos, éprouvé par le subconscient. Cette seconde interprétation est la plus vraisemblable, parce qu'elle entend tout à coup une sonnerie en rêve. Quand on dort, on est alarmé par un signe de ses propres nerfs. Comme elle voit un esprit, elle va apprendre quelque chose de désagréable. Mais l'esprit que Mme A. dépeint sous la forme d'un homme petit et laid peut aussi signifier un trouble sur le plan érotique. Le proverbe : « Comme on fait son lit, on se couche » le dit bien. Au sens figuré, il faut entendre par là qu'on est mal dans son lit, quand il faut venir à bout de choses qui sortent de l'ordre. Il est possible, par conséquent, que Mme A., par son propre comportement, soit entrée dans une phase de trouble intérieur que son moi ne supporte plus sans protester.

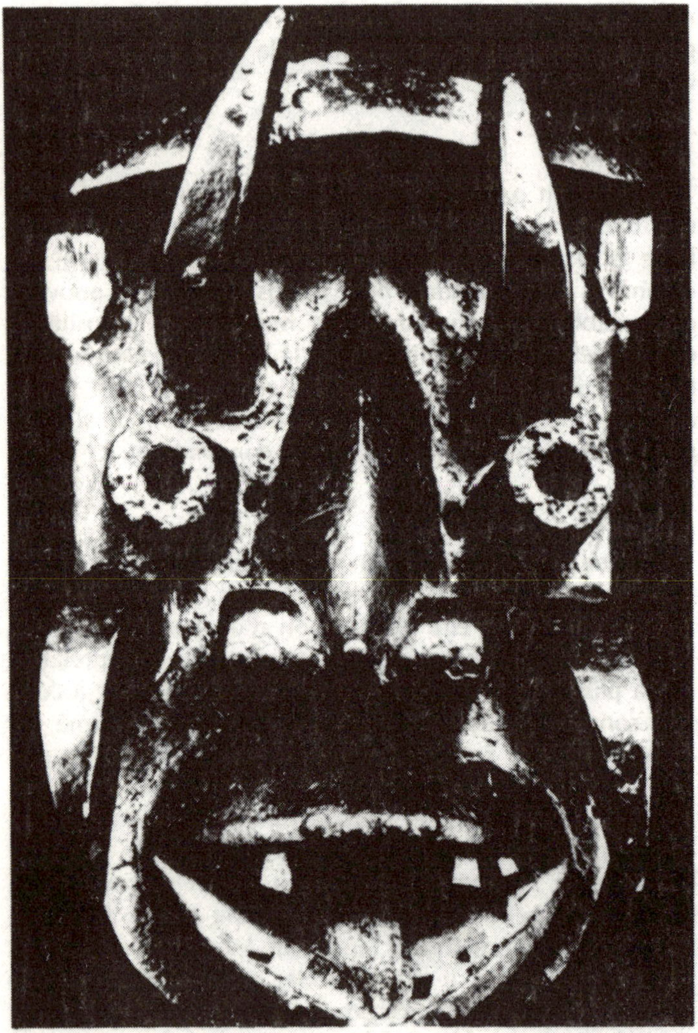

Des masques empruntés aux rêves et inspirant la terreur
De nombreux masques, en Afrique et dans le sud-est asiatique — les masques de diables surtout — sont réalisés, aux dires de ceux qui les sculptent, à partir de visions de rêve. On notera toutefois que ces visions sont fortement influencées par certaines normes traditionnelles.

5. Rêves de réincarnation

En avril 1950 mourut de la variole un garçon de dix ans, nommé Jain, fils de Bholanath Jain, dans une maison de Kosi Kalan, petite ville de l'Uttar Pradesh, en Inde. Le jour de sa mort, il fit des rêves fébriles. À sa mère, assise à son chevet, il dit par deux fois : « Tu n'es pas ma mère. Je veux aller trouver ma mère ! » En prononçant ces mots, il montrait la direction d'un autre ville. En août de l'année suivante, l'épouse de Brijal Vrashnay, à Chhatta, mit au monde un fils qui reçut le nom de Prakash. À l'âge de quatre ans et demi, celui-ci se mit à se lever au milieu de la nuit et à courir vers la rue. Quelqu'un l'arrêta une nuit et lui demanda ce qu'il cherchait si tard dans la rue. Il répondit qu'il s'appelait Nirmal et qu'il voulait rentrer chez lui à Kosi Kalah.

Lorsque Prakash atteignit l'âge de cinq ans, ses souvenirs de l'existence qu'il avait menée sous le nom de Nirmal devinrent étonnamment nets. Sa famille prit diverses mesures pour amener le petit Prakash à ne plus rêver de Nirmal et de Kosi Kalan. Elle l'assit sur un tour de potier et le fit tourner à l'inverse des aiguilles d'une montre, sans doute pour affaiblir sa mémoire. Elle le battit aussi quand il parla de ses rêves. Au bout de quelque temps, Prakash sembla avoir oublié l'existence qu'il avait menée sous le nom de Nirmal ou, du moins, il n'exprima plus ouvertement le désir de retourner à Kosi Kalan.

*

Ce rapport est l'un des 600 que le professeur Ian Stevenson, chercheur américain de l'université de Charlottesville, a réunis et vérifiés sur les phénomènes de réincarnation. Le professeur Stevenson a constaté que les sujets, pour la plupart, oubliaient entre leur cinquième et leur dixième année les souvenirs qu'ils prétendaient avoir d'une vie antérieure. Les rapports qu'il a réunis proviennent de tous les pays du monde.

Le professeur Stevenson a entendu parler de ce cas lors d'un de ses voyages d'étude à travers l'Inde et a fait une enquête. Il a ainsi découvert des concordances étranges entre les cas de Jain à Kosi Kalan et de Prakash à Chhatta.

* * *

Au cours des recherches qu'il a effectuées dans le sud-est de l'Alaska chez les Indiens Tlingit, le professeur Stevenson a étudié le cas du jeune Jimmy Svenson à Sittka. À l'âge de deux ans, Jimmy se mit à parler de John Cisko, le frère de sa mère. Cisko avait vécu dans une petite localité, à Klukwan, qui est éloignée de plusieurs centaines de milles de Sittka. C'était un buveur. On l'avait vu pour la dernière fois deux ans avant la naissance de Jimmy Svenson. Il était monté dans son canot avec deux femmes et avait pris la direction de la haute mer. Quelques heures plus tard, on avait retrouvé le canot sur la côte. L'enquête avait conclu que le canot s'était rempli d'eau avant que ses occupants, vraisemblablement ivres, s'en soient aperçus. Les corps des deux femmes avaient été retrouvés près du canot, mais celui de Cisko n'avait pas été rendu par la mer. Sa sœur avait la conviction que les deux femmes, par jalousie, l'avaient assassiné.

*

À sa naissance, Jimmy avait quatre cicatrices de forme ronde sur le bas-ventre. Le professeur Stevenson a examiné Jimmy, qui, dans l'intervalle, avait atteint l'âge de neuf ans. Selon ses résultats : « Les cicatrices ressemblent à des blessures presque guéries qu'auraient causées des projectiles.» à cette époque, Jimmy ne pouvait plus se souvenir d'avoir vécu sous le nom de Cisko.

* * *

«Quand je rêve, je fais des promenades dans de vieilles églises et des châteaux-forts. Dans un monastère, je suis des couloirs dont je sais exactement que je les ai déjà vus dans la vie réelle et que maintenant, je les revois seulement dans mon rêve. Quand je voyage également — cela m'est arrivé par exemple en Italie —, je me trouve soudain devant des villes ou des paysages dont je sais que je les ai déjà vus. Je les reconnais tout d'un coup. Il y a quelque temps, je faisais des expériences avec des amis au moyen d'une table astro-alphabétique. J'ai été fort étonné de constater que le résultat, pour moi, a été le nom latin d'un homme qui avait vécu au 15e siècle.»

*

Beaucoup de personnes vivent des choses semblables. Il y a deux explications à ce phénomène. L'objectivité commande de les reproduire toutes les deux sans prendre position. Pour certains chercheurs, une seconde naissance (réincarnation) est dans le domaine du possible. Mais il y a aussi une explication physiologique : des faits qui sont enregistrés inconsciemment — peut-être même par le bébé —, des choses vécues ou des noms qui ont laissé une impression particulièrement forte deviennent dans la mémoire des facteurs indélébiles. Il faut aussi tenir compte que les deux yeux de l'homme ne sont pas construits d'une manière rigoureusement identique. L'œil droit, par exemple, peut percevoir une image quelques fractions de seconde plus tôt que le gauche. Il en résulte que le cerveau traite chaque perception séparément. Ainsi, le sujet qui rêve voit effectivement quelque chose qu'il a déjà vu, et croit, non sans étonnement, le vivre une seconde fois. Mais en réalité, il ne l'a vu que quelques fractions de seconde plus tôt, et non au cours d'une vie antérieure. Il est difficile de classer dans l'une ou l'autre de ces catégories les rêves de Paul S., 43 ans.

6. Rêves où l'on coupe

« J'étais au zoo, il neigeait. Tout était blanc. Même les ours blancs avaient froid. Alors, une grosse bête est arrivée, je ne l'avais jamais vue auparavant. Elle avait un aspect effrayant, avec une queue très longue et un couteau d'une longueur gigantesque dans la patte. J'ai eu très peur, mais j'étais seul et personne ne pouvait entendre mes cris. La méchante bête s'est approchée de moi, il m'était impossible de m'échapper. Maintenant, je n'ai plus peur parce que je me réveille toujours avant que la méchante bête puisse me couper quelque chose. »

*

Ce sont surtout les garçons de cinq à sept ans qui ont des rêves dans lesquels on coupe. Ces rêves sont l'expression de la peur d'être châtré. On remarque, à cet âge, un phénomène parallèle à l'état éveillé : les enfants n'aiment pas qu'on leur coupe les cheveux, les ongles des doigts et des orteils. Visiblement, Norbert W., sept ans, a rapidement surmonté cette phase, et cela par ses propres moyens. Il s'est rendu compte que dans ce rêve, qui revenait toujours, il était menacé par le monstre, mais que, comme il se réveillait au bon moment, il n'était jamais blessé par lui. Un an plus tôt, les choses se passaient d'une manière bien différente : pendant la nuit, sa mère l'entendit pousser des cris et accourut à son chevet. Quand elle alluma la lumière, elle découvrit le garçonnet terrifié dans un coin de sa chambre. Il criait : « Ne coupe pas! Ne coupe pas! » En même temps, il secouait la tête et de grosses larmes coulaient sur ses joues. Il fallut un bon quart d'heure à la mère pour le calmer et obtenir qu'il se rendorme.

Il n'a pas été difficile de déterminer ce qui suscitait chez Norbert la peur d'être châtré. Ses parents ne s'entendaient pas. Son père avait une amie; souvent, il passait la nuit hors de chez lui. Sa mère se refusait au divorce. À diverses reprises, il y eut des discussions violentes en présence du garçonnet. Inconsciemment, la mère de Norbert, insatisfaite et blessée dans ses sentiments féminins, se vengeait en jouant devant son mari une entente affectueuse

Quand le bois du lit se transforme en guillotine
Cette représentation du Français Alfred Maury est celle d'un rêve terrifiant. Maury a rêvé qu'il était une des victimes de la Révolution et qu'on l'envoyait à la guillotine. Il a même senti le couperet tomber sur sa nuque. Réveillé, il a constaté qu'un élément du bois de lit s'était détaché et lui était tombé sur la nuque. Du coup sur la nuque à la vision, il n'a pu se passer que quelques fractions de seconde. Cette vision, répétée diversement, a servi à mesurer la durée dans les rêves.

avec son fils, qu'elle serrait dans ses bras, et qu'elle couvrait de baisers. Quand son mari était à la maison, elle trouvait une occasion de sortir nue de la salle de bains et de traverser ainsi la salle de séjour, tandis que Norbert, étonné, restait assis auprès de son père qui avait l'air de s'ennuyer. Grâce à sa nature robuste, Norbert s'est libéré lui-même de son rêve. Mais il pourrait en résulter une névrose, si sa situation familiale n'était pas éclaircie bientôt.

« Il y avait une fois un prince merveilleusement beau. Il habitait un grand château et avait beaucoup d'argent. Mais le jeune prince était très malheureux, parce qu'il n'avait pas de princesse. Alors, il a fait venir une sorcière qu'il a chargée de lui procurer une belle princesse. Seulement, la méchante sorcière s'est transformée en une grenouille parce qu'elle enviait la beauté du prince. La grenouille a pris une paire de grands ciseaux et a coupé le prince à la jambe. Le prince a perdu beaucoup de sang. Le prince a été métamorphosé ainsi en un vieux soulier. Je l'ai beaucoup regretté parce qu'il était si beau et que désormais, il ne pourrait plus chercher de princesse. Ensuite, je me suis réveillée, j'étais très triste. »

*

Le rêve de Barbara K., cinq ans, montre que les fillettes aussi peuvent faire des rêves dans lesquels on coupe. Son rêve se situe entièrement dans l'univers enfantin des contes et rappelle le conte du roi qui avait été changé en grenouille. L'enfant sait que l'homme et la femme forment un couple, comme ses parents qui, visiblement, s'entendent bien. Il est logique que le jeune prince se mette en quête d'une belle princesse pour former un couple; Barbara aime elle aussi son ours en peluche. Le désir de cet élément féminin chez le prince est une source de danger du fait de la méchante sorcière. La virilité du prince s'en trouve menacée. La sorcière se métamorphose en une grenouille (symbole féminin) et blesse le prince à la jambe avec ses ciseaux. Le prince tombe ainsi sous l'effet d'un charme et se change en un soulier. La blessure lui a fait perdre ses qualités masculines, car le soulier, depuis Freud, est considéré dans l'interprétation des rêves comme un symbole du sexe féminin.

7. Rêves de vol et de chute

« Il y a quatre mois, j'ai perdu mon mari, qui venait d'avoir 43 ans. Il est mort d'une crise cardiaque. Depuis lors, j'ai une peur panique de la vie. J'ai peur de l'avenir et je ne sais comment assurer l'existence de mes trois filles. La pension est beaucoup trop faible pour que nous puissions en vivre. Depuis quelques jours, je rêve sans cesse que je peux voler. Je vole par la fenêtre, sur les toits, et j'échappe ainsi toujours au dernier moment à mes poursuivants. Mais quand je vole, je me heurte constamment à des obstacles, à des cercueils qui ou bien se trouvent dans une pièce ou bien planent dans les airs. C'est si inquiétant que je n'ose plus m'endormir le soir. »

*

Cette perte tragique a déséquilibré le système nerveux de Berta G. (36 ans). Mais ce qui est plus grave, c'est que son cœur semble en avoir été affecté. En effet, les rêves de vol, chez les adultes ont presque toujours pour cause un trouble, passager ou durable, du fonctionnement du cœur. Chez les enfants de 14 ans environ, les rêves de vol sont relativement fréquents. Les recherches les plus récentes l'expliquent par l'involution du thymus, une glande située devant la trachée et qui s'atrophie chez l'adulte.

Le rêve dans lequel Mme G. peut voler indique que son âme veut la consoler. On peut presque dire qu'il est bon pour elle de rêver aussi à des cercueils car ce sont là sans doute des rêves qui mettent un terme aux séquelles de l'événement tragique qui la fait souffrir encore. Elle devrait se faire prescrire par son médecin un sédatif léger pour le cœur.

* * *

« Ces derniers temps, je ressens particulièrement fort les troubles de la ménopause. Souvent, je suis alarmée par un rêve fréquent, qui est en rapport peut-être avec mon état. Au milieu de la nuit, je me dresse dans mon lit, subitement, et j'éprouve de forts battements de cœur. Chaque fois, je ruisselle de sueur. C'est toujours par le même rêve que cela commence : je tombe soudain du néant dans la profondeur. Alors, une peur effroyable s'empare de moi. Je me débats brusquement dans la profondeur, et c'est le moment où je me réveille et où je constate ce que j'ai décrit plus haut. »

*

Le rêve de Gisela W., 47 ans, est en rapport étroit avec les troubles de la ménopause. Elle devrait consulter un médecin. Il s'agit visiblement de troubles qui affectent la circulation. Sont caractéristiques surtout les forts battements de cœur qu'elle ressent à son réveil. Il est vraisemblable que l'activité cardiaque s'accroît durant le sommeil. Quand l'organisme ne peut plus y résister, le subconscient réagit par ce rêve de chute. Il lui indique ainsi la tension à laquelle elle est soumise pendant qu'elle dort.

Les rêves de vol et de chute font partie des rêves prémonitoires annonçant des maladies (se reporter à cette rubrique). Chez les enfants, pendant une certaine phase de leur croissance, ils sont tout à fait normaux, comme il a déjà été expliqué plus haut.

Le cauchemar entre le rêve et la réalité
Le tableau « Le cri » d'Edvard Munch (1863-1944) en est une illustration.

8. Rêves au pseudo-seuil de la réalité

Jörg K, 15 ans, d'Osnabrück, était allé à Munich avec son frère. Ils rentrèrent ensemble par le train. Comme tous les compartiments étaient occupés, ils s'étaient assis sur leurs valises dans le couloir. C'était un long trajet, la monotonie du bruit était lassante. La tête de Jörg s'abaissa de plus en plus sur sa poitrine — il s'était endormi. Soudain, il sortit de ses rêves en criant : « Ne tirez pas ! Ne tirez pas ! » Ensuite, il ouvrit d'un geste brusque la fenêtre et sauta du train en marche, qui venait de sortir d'une gare. On tira la sonnette d'alarme et porta secours au jeune homme, grièvement blessé, il avait notamment une commotion cérébrale. Des mois plus tard, il n'était toujours pas capable d'expliquer son rêve, ni de dire ce qui l'avait poussé à ce cri de détresse et à sauter du train en marche.

*

Ce cas apporte la confirmation que les rêves n'atteignent pas nécessairement la couche supérieure de la conscience. Nous pouvons rêver pendant des nuits entières sans qu'un seul rêve soit accessible à notre mémoire.

Mais, en même temps, le rêve de Jörg K. apporte la confirmation de la thèse défendue par les psychiatres, selon laquelle chez les jeunes, avec une intensité en proportion inverse de l'âge, le rêve se confond souvent avec la réalité. L'univers du rêve et l'univers réel deviennent soudain identiques. On remarque ces rêves contraignants surtout chez les jeunes de 13 à 16 ans.

* * *

Arthur G., 15 ans, était plus petit et plus frêle que les garçons de son âge à Birmingham. Mais il ne semblait pas en souffrir, car il était d'un naturel tenace et avait une saine ambition. C'était un assez bon élève et un excellent joueur de football. On le tenait généralement pour un garçon calme et réfléchi, avec lequel il n'était pas si facile de se quereller. Arthur vivait avec son père, veuf — sa mère était morte d'un cancer quelques années plus tôt — dans une petite maison individuelle. On pouvait dire qu'il s'entendait fort bien avec son père, à quelques petits différends près, comme il s'en produit partout. Chaque matin, le père réveillait son fils. Ils déjeunaient ensemble, puis leurs chemins se séparaient. Son père allait à son bureau, Arthur à l'école.

Le 21 août 1974 commença comme tous les autres jours. Après être sorti de la salle de bains, son père se rendit dans la chambre d'Arthur pour le réveiller. Parfois, Arthur dormait si profondément qu'il fallait le secouer pour le réveiller. Ce matin-là, Arthur semblait en proie à un cauchemar car il s'agitait dans son lit. Quand son père s'approcha du lit, Arthur bondit en criant : « Vas-tu bientôt finir ! » et se précipita sur son père. Ils tombèrent tous les deux. Le père perdit conscience ; il avait heurté le sol avec la partie postérieure de la tête. Arthur, sorti de son rêve, fut pris d'une peur panique lorsqu'il vit ce qui était arrivé et qu'il ne pouvait pas s'expliquer. Il croyait aussi que son père était mort. Mais son père, après être resté un moment sans faire de mouvements, ouvrit bientôt les yeux à nouveau.

Comme il a été établi plus tard, Arthur avait effectivement eu un cauchemar. Un homme inconnu l'avait poursuivi et assommé sans raison. Arthur s'était défendu en rêve. Quand son père avait voulu l'éveiller, il n'avait pas pu faire de distinction entre le rêve et la réalité.

Dans l'eau avec un rat
Les rats, parmi les symboles du rêve, sont des êtres dangereux. Les rêves tels que celui que représente ce dessin (fin du 19e siècle) indiquent des troubles physiologiques accentués contre lesquels il est bon de prendre des mesures.

9. Rêves prémonitoires — annonçant des maladies

« Tout d'abord, j'étais dans une discothèque. La musique faisait beaucoup de bruit. Un jeune homme m'a invitée à danser. La piste était pleine de gens qui se pressaient. Mais ensuite, soudain, j'ai été toute seule avec mon partenaire. La musique a été de plus en plus fougueuse, le rythme de plus en plus rapide. Nos corps ne se mouvaient plus que par saccades. Au bout de quelque temps, je me suis rendu compte que j'étais hors d'haleine, mais mes bras et mes jambes continuaient à se mouvoir tout seuls, je ne pouvais même pas m'arrêter, comme je le voulais. Soudain, je me suis vue dans un cirque parmi les spectateurs. Un homme est entré dans l'arène, m'a montrée du doigt et m'a demandé de me rendre auprès de lui. Je ne savais que faire.

Les gens tout autour de moi battaient des mains comme en délire. Alors, deux nains m'ont enlevée et transportée dans l'arène. L'homme me dit qu'il ne fallait pas avoir peur et qu'il allait maintenant faire quelques acrobaties avec moi. Il me prit par le poignet et me tira vers la coupole. Je me trouvai sur une barre mince et vis le vide au-dessous. Alors l'homme, qui se tenait debout derrière moi, m'a poussée et je suis tombée dans le vide. Soudain, une main m'a saisie, c'était une poigne solide, je me suis retrouvée sur une balançoire. Sans le vouloir, j'ai été la principale attraction d'un numéro de vol — et les gens ont applaudi sans arrêt. »

*

Ce rêve a été raconté par Anke B., 15 ans, au médecin qui vérifiait l'état sanitaire de l'école et lui avait demandé à quoi elle rêvait la nuit. Ce récit a confirmé ce que le médecin présumait après avoir constaté un développement anormal du corps thyroïde. Les prunelles d'Anke étaient elles aussi trop grandes et saillantes. Un examen approfondi à l'hôpital a permis de diagnostiquer une secrétion exagérée du corps thyroïde. La recherche, dans le domaine du rêve, a constaté que les personnes atteintes de cette maladie ont souvent des rêves dans lesquels elles dansent ou font des mouvements violents et que leurs rêves ont souvent pour cadre le cirque ou un théâtre de variétés.

* * *

« Depuis des années, je fais toujours le même rêve. Je suis seule debout dans une plaine ou dans une rue où il n'y a personne. Tout d'un coup, je vois un avion venir vers moi. Quand il est au-dessus de moi, il décrit des cercles et descend de plus en plus, soudain l'appareil est si bas qu'il heurte un monticule ou une maison à proximité et s'abat en brûlant. Mais à moi, il ne m'arrive jamais rien.

Quand je me réveille, je ne ressens pas de peur, j'ai plutôt le sentiment d'avoir échappé à un accident. »

* * *

Le rêve de Peter St., 48 ans, est, à la lumière de l'analyse physiologique, le symptôme typique d'une affection cardiaque qui, il est vrai, n'est pas encore ressentie très fortement, mais qui se manifeste la nuit et, en soi, serait susceptible de troubler le sommeil. Le rêve de M. St. a pour rôle de sauvegarder son sommeil en contrecarrant la perturbation physiologique d'origine cardiaque. Il suffit visiblement à cela, mais, dans la plupart des cas, il se termine par le réveil. Quand M. St. est réveillé, il a surmonté la tension et le stress auxquels il a résisté en rêve. Il se sent mieux.

M. St. devrait veiller à une bonne aération de sa chambre. Il arrive fréquemment que de tels rêves causés par une insuffisance d'oxygène. Mais, en tout cas, il devrait consulter un médecin.

* * *

« Mon mari, mes enfants et moi, nous allons tous les ans pour notre congé au bord de la mer. Or, voici que j'ai eu un rêve très étrange. C'était à nouveau l'époque du congé, mais cette fois, nous allions en montagne — ce qu'en réalité, nous ne ferions certainement pas, car mon mari et moi, nous aimons la mer par dessus tout et croyons que nous pouvons mieux nous y reposer qu'ailleurs. Nous sommes donc arrivés dans un petit village dans la montagne et nous nous sommes installés dans une ferme. Comme le voyage m'avait fatiguée, je me suis mise au lit. À mon réveil, j'étais seule, ma famille était sortie. Je me mis à sa recherche. Je suivis des ruelles tortueuses; les maisons me firent l'impression de se rapprocher de plus en plus, pour m'écraser lentement. Prise de panique, je me suis mise à courir pour m'échapper de cette localité. Finalement, je suis arrivée dans une vallée. Mais là aussi, les montagnes se rapprochaient. Je me suis réveillée trempée de sueur. »

*

La description que Traute O., 38 ans, fait de son rêve permet de conclure à une affection des voies respiratoires, même si le médecin ne l'a pas encore diagnostiquée. Quand on rêve que l'on court ou que l'on se glisse entre des ruelles étroites, que l'on se trouve entre des montagnes qui se rapprochent, c'est un signal d'alarme : il indique une affection des voies respiratoires.

* * *

Sans anticiper sur les explications que fournira le lexique ci-après, nous allons maintenant énumérer quelques symboles fréquents du rêve qui, d'une façon ou d'une autre, sont en rapport avec des maladies. Ces exemples montrent que les rêves au cours desquels notre organisme éprouve une perturbation ou une interruption de son équilibre, ne sont pas nécessairement des *rêves symboliques* de maladies effectives et de déficiences physiques. Par contre, le rêve de maladie apparaît presque toujours chiffré.

*

- *Arêtes* : Si, en rêve, vous avalez une arête et si ce rêve se répète, vous devriez consulter un neurologue et faire contrôler votre œsophage.
- *Bosse* : Si vous rêvez d'une bosse qui déforme votre joue, ce rêve pourrait annoncer le début d'une sinusite frontale.
- *Balançoire* : Si, en rêve, vous croyez vous balancer, ce rêve a pour cause une respiration plus ou moins irrégulière. Mais prenez garde aussi à votre oreille moyenne.

- *Croisière* : Si vous rêvez d'un voyage en mer ou que vous êtes entouré d'eau, il se peut que vous ayez une inflammation de la vessie.
- *Sentier tortueux* : Si, en rêve, vous suivez un sentier tortueux, c'est un signe que votre intestin est dérangé.
- *Cavernes* : Les rêves de cavernes où l'obscurité règne sont le signe de mauvaises dents, que vous devriez faire traiter.
- *Champignons* : Si vous rêvez de champignons qui croissent sur votre épiderme, vous devriez veiller à un eczéma possible.
- *Fourmis* : Votre bras ou votre jambe sont endormis.
- *Jambe de pierre* : Cette vision pourrait indiquer le début d'un trouble moteur.
- *Morsure d'une bête* : Attention ! À l'endroit de la morsure, vous pourriez avoir un abcès ou un furoncle.
- *Horloge, moteur* : Si l'horloge bat irrégulièrement ou si le moteur fait à intervalles réguliers un bruit insolite, vous feriez bien de veiller à votre cœur.
- *Plafond* : Un plafond qui s'abaisse ou qui s'effondre peut être le signe d'une méningite.
- *Poignard* : Un couteau qui vous est enfoncé dans le ventre peut indiquer un ver solitaire.
- *Serpent* : Si, en rêve, vous avalez un serpent, il faut faire examiner votre cou par le médecin.
- *Sang* : Si, en rêve, vous êtes environné de sang ou de flammes, il faut faire examiner vos nerfs et votre cœur. Si, en rêve, vous perdez vous-même du sang, il faut craindre des hémorragies internes.
- *Tunnel* : Si, en rêve, vous errez dans un tunnel, il est vraisemblable que vous souffrez de troubles intestinaux.
- *Vers* : Des visions de vers peuvent annoncer des troubles psychiques.

- *Valise* : Rêver que l'on perd sa valise est un signe d'anxiété nerveuse, parfois aussi de troubles de l'irrigation sanguine du cerveau.

*

Rêver directement de maladies (c'est-à-dire d'un processus pathologique) a, en général, un sens complètement différent. Pour celui qui veut analyser lui-même ses rêves, il est important de savoir ce que de tels rêves de maladies peuvent signifier :

- *Pleurésie* : Vraisemblablement, c'est simplement qu'un aliment quelconque vous a dérangé.
- *Opération* : Nécessité de procéder à un changement radical dans des choses importantes.
- *Affection cardiaque* : Sur le plan sentimental, les choses ne vont pas comme vous l'aviez espéré.
- *Accès de fièvre* : Dans le sujet qui rêve brûle une passion qui, selon les circonstances, pourrait prendre une tournure dangereuse.
- *Affection stomacale* : Vous n'êtes pas en mesure actuellement de surmonter une déception.
- *Paralysie* : Une affaire difficile ne prend pas la tournure que vous désirez. Il faut vous engager dans de nouvelles voies.
- *Cancer* : Ce symbole doit être mis en rapport avec l'écrevisse et la manière dont celle-ci se déplace. Vous n'avancez pas, vous vous déplacez latéralement ou vous revenez en arrière. C'est surtout le rêve de personnes autour de la cinquantaine.
- *Plaies ouvertes* : Des événements qui auraient dû rester cachés sont « ouverts » symboliquement. Il en résulte que la personne qui fait ce rêve est exposée à un certain danger.

- *Affections de la vue* : Vous n'êtes pas en mesure de voir la vie comme elle est. Il y a des choses que vous devriez reconnaître, mais vous ne pouvez pas leur accorder la place qu'elles méritent.

10. Rêves d'inventions

« Des planètes filaient d'un trait à côté du soleil. Elles étaient reliées au soleil par de minces rubans et décrivaient des cercles autour du soleil, sur lequel j'étais assis. Ce soleil était entouré d'un gaz brûlant. Mais soudain, ce gaz s'est solidifié. Le soleil et les planètes sont devenus des corps que je pouvais toucher. Alors, je me suis réveillé. »

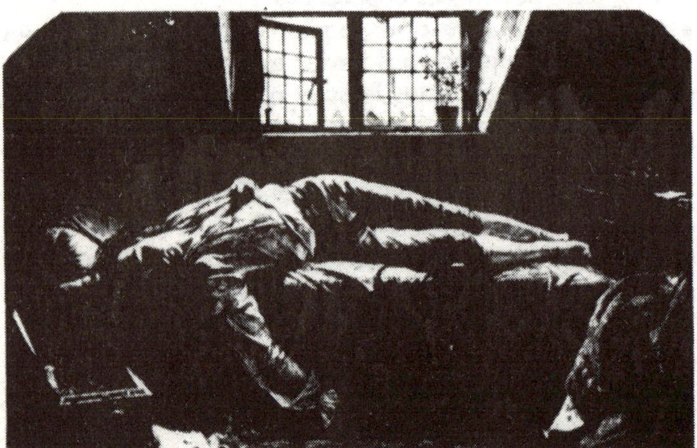

« Le garçon prodige »
Ce tableau représente Thomas Shatterton, qui, enfant, avait fait de faux parchemins anciens et inventé des cantiques du 15e siècle, et qui s'empoisonna en 1770. Il prétendait avoir vu en rêve toutes les données, tous les détails qu'il portait sur ses vieux parchemins, de même que les lettres et les textes du Moyen-Âge, qui furent pendant longtemps considérés comme authentiques par la science.

Le professeur Niels Bohr, que ses recherches atomiques ont rendu célèbre, a fait ce rêve à l'époque où il étudiait la structure de l'atome. Il ne parvenait pas à résoudre le problème à l'état éveillé. Finalement, la structure des atomes lui est apparue en rêve. La description qu'il a donnée de leur structure se trouve aujourd'hui encore dans chaque manuel de physique. Le professeur Bohr a commenté son rêve dans les termes suivants : « Lorsque j'ai exposé aux savants du monde entier ma découverte relative à la structure de l'atome, il m'a suffi de raconter chaque fois mon rêve. Le soleil et les planètes étaient le noyau et les électrons de l'atome. La conception est aujourd'hui courante. Mais à cette époque, je n'ai su tout cela qu'après l'avoir rêvé. »

Le rêve authentique de l'inventeur se distingue de la chimère d'un esprit extravagant par ceci qu'il révèle le dernier détail, la finesse technique qui avaient jusqu'alors échappé à la conscience de l'inventeur. Le mathématicien grec Archimède (vers 250 avant notre ère) a rêvé en plein jour, vers midi, cette fameuse loi d'équilibre du levier qui a rendu son nom célèbre pendant des millénaires. On raconte qu'après avoir fait ce rêve, il s'est levé et a dit : « Donnez-moi un point d'appui et je soulèverai le monde. »

Lorsque James Watt travaillait à sa machine à vapeur sans trouver la solution, il fit en 1764 un rêve qui lui indiqua comment il devait s'y prendre. Gauss, le calculateur le plus remarquable de tous les temps, a trouvé en rêve ses solutions avec la même perfection que Rutherford, en 1919, la première désintégration de l'atome; c'est à partir des visions de ses rêves qu'il a réalisé la première fission de l'atome.

Lorsque le père G. Mendel, il y a maintenant près de cent ans, a développé sa théorie, encore valable aujourd'hui, sur l'hérédité, l'idée décisive lui est venue après avoir vu en rêve un champ de trèfle fleurissant dans de multiples couleurs et avoir classé en groupes les diverses fleurs. Il avait réfléchi pendant des années sans trouver la solution, tout comme le professeur Sauerbruch, qui, lui aussi, a trouvé en rêve la solution du pneumothorax et de la chambre à pression. Subitement, hors de la conscience claire, le cerveau a tiré la conclusion décisive.

11. Rêves de double vue — qui anticipent sur l'avenir

«Je me trouvais sur un pont. Il pleuvait à verse. Le pont franchissait une vallée profonde avec un torrent. Lorsque je suis arrivée au milieu du pont, il y a eu des éclairs et du tonnerre; j'ai eu très peur. Soudain, une femme de haute taille est venue à ma rencontre, elle était très belle. Elle m'a prise par la main et m'a fait parcourir en sens inverse le trajet que j'avais déjà fait. Lorsque je me suis retrouvée à mon point de départ, elle m'a dit de ne plus jamais faire de pareilles sottises et de ne plus essayer de franchir le torrent, surtout sur une planche aussi mince. Je n'ai pas compris ce qu'elle voulait dire, car le pont que j'avais voulu emprunter était grand et solide. Mais avant que j'aie pu dire quelque chose, cette femme étrange avait déjà disparu. J'en ai été très étonnée.»

*

Dans ce rêve, Annetraud I., 14 ans, s'avance sur un pont, ce qui, dans le symbolisme du rêve, signifie qu'il faut être sur ses gardes. La vallée et le cours d'eau représentent un obstacle. L'éclair qui tombe et le tonnerre qui l'accompagne annoncent une perte. Voilà qu'apparaît une personne belle comme un ange gardien qui ramène la fillette à son point de départ et l'exhorte à ne pas recommencer. En parlant d'une planche mince, elle établit un rapport distinct avec des événements à venir. Annetraud habite dans une petite localité du sud de l'Allemagne, près d'un fleuve dont la rive est en pente douce. Les enfants s'y baignent pendant les jours chauds de l'été. Annetraud ne sait pas nager. Ses parents lui ont défendu d'aller au bord du fleuve avec les autres enfants.

En amont se trouve un vieux château, encore habité, où une amie d'Annetraud vit avec sa famille. Les enfants y sont souvent allés. Dans la cour du château, il y a un puits profond dont on peut encore aujourd'hui tirer de l'eau. Le trou est bordé d'un mur qui fait près de 4 mètres de diamètre. Un jour, les enfants eurent l'idée de poser une longue planche sur le puits et de faire de l'équilibre sur cette planche. Ce jeu dangereux se passa sans accident jusqu'au moment où ce fut le tour d'Annetraud. Mais Annetraud refusa de monter sur la planche, parce qu'elle se souvint du rêve qu'elle avait eu quelques jours auparavant. On se moqua d'elle, mais elle en resta à son refus. Là-dessus, l'enfant suivant monta sur la planche pour franchir en équilibre la distance qui le séparait de l'autre bord. Quand il fut arrivé au milieu, la planche pourrie céda sous le poids et se rompit. L'enfant poussa un cri et tomba dans le puits sous les yeux de ses camarades épouvantés. Il était mort quand on l'en retira.

* * *

« Chère maman, j'espère que cette lettre prendra une autre route que moi, qu'elle te parviendra par un autre avion que le mien. J'ai eu la nuit dernière un rêve effroyable. Notre avion s'écrasait sur le flanc d'une montagne géante. Je tombais dans un ravin profond. Il n'y avait plus que du feu autour de moi. Ensuite, tout s'est éclairci comme si j'étais dans le soleil, vers lequel je volais en réalité. J'en étais malade à mon réveil, j'étouffais. Je ne veux pas te faire peur, maman, mais j'ai des battements de cœur. C'est un vrai cauchemar et pourtant, je n'ose pas renoncer à ce vol. On se moquerait de moi... »

*

Marcella Mariani, la reine de beauté italienne, a su d'avance le sort qui l'attendait, elle et les autres passagers. Deux jours après la catastrophe — l'avion s'est écrasé sur une face rocheuse du Monte Terminillo dans les Apennins —, sa mère a reçu cette lettre. Quatre heures avant l'envol

Joseph interprète les rêves du Pharaon
Sept années maigres et sept années grasses

de l'appareil qui allait causer sa mort, Marcella a appelé le Dr William Terzy. Elle avait de la fièvre. Son cœur était irrégulier. Elle se plaignait de douleurs nerveuses. Elle a raconté au médecin le rêve qui la tourmentait. Le médecin s'est efforcé de la calmer. Marcella n'a pas osé tenir compte de l'avertissement et s'est embarquée dans l'avion qui devait causer sa mort.

* * *

« Ici Nina. Barbara, Est-ce que tu sais où Alexis se trouve ? Il faut absolument que je lui parle ! Comment ? À Saint-Sébastien ? Aux courses ? Il y prend part demain ? J'ai rêvé qu'Alexis allait avoir un accident mortel — je l'ai vu dans une voiture couleur d'azur. Et à côté, il y avait une autre voiture — rouge sombre ! Sans doute qu'un pneu avait éclaté. Il y a une collision... »

*

C'est à peu près en ces termes que la princesse Nina Mdivani a téléphoné à Barbara Hutton, sa belle-sœur, qui allait se séparer du prince Alexis Mdivani, son frère. Nina, en téléphonant à Paris, à l'hôtel Ritz, a appris de Barbara Hutton l'adresse de son frère et lui a envoyé un télégramme. Alexis l'a reçu le lendemain matin au moment où la grande course de Saint-Sébastien allait commencer. Au lieu de l'ouvrir, il dit avec un sourire : « Je suis superstitieux. Il ne faut pas prendre connaissance d'un télégramme avant une course. S'il contient une mauvaise nouvelle, les nerfs en sont affectés. »

Le rêve de Nina s'est confirmé : Alexis a eu un accident mortel. On a retrouvé plus tard le télégramme : « Alexis, je t'en conjure, ne prends pas part à cette course. J'ai vu que tu avais un accident avec ta voiture. Je t'ai vu mort. Je t'en supplie — ne monte pas dans cette voiture ! »

12. Rêves suscités par des désirs refoulés ou satisfaisant ceux-ci

« En rêve, j'étais médecin de campagne dans une contrée peu habitée. Pour mes déplacements, je disposais d'un étalon noir. Pendant la nuit, l'étalon se mit à faire un bruit d'enfer, à hennir et à ruer contre son box. J'essayai de le calmer, mais il me poussa vers sa selle. Je le sellai et j'allai chercher ma sacoche. L'étalon partit à fond de train. Nous nous sommes arrêtés à une maison isolée. Les parents d'une femme avec laquelle j'avais été lié autrefois sont sortis et m'ont dit qu'ils avaient été sur le point de m'appeler. Ils m'ont conduit au chevet de cette femme, qui était gravement malade. J'ai pu lui porter secours immédiatement. J'ai déjà rêvé à plusieurs reprises que j'étais médecin et que je portais secours à des gens dont la vie était en danger. Mais en réalité je suis plombier. »

Vraisemblablement, M. H., 37 ans, a appris quelque chose concernant l'état de santé de cette femme qui lui avait été chère. Visiblement, cette femme l'a un jour repoussé. En montant son étalon noir, il espère que son désir de plaire malgré tout à cette femme sera satisfait. L'étalon noir est un symbole des désirs sexuels de l'homme qui rêve. M. H. pense qu'il a été repoussé quelques années plus tôt par cette femme qu'il adorait parce qu'elle trouvait son salaire insuffisant. Dans l'intervalle, il s'est établi à son compte et, au prix de beaucoup d'efforts, il a réussi à améliorer sa situation financière, ce qui, en rêve, se traduit symboliquement par le fait qu'il se voit médecin. En tout cas, il a le sentiment qu'il pourrait désormais combler tous les désirs de cette femme et comprendre aussi ses peines. D'une manière générale, il éprouve le désir de prouver qu'il est tout prêt à aider ses semblables, pour s'attirer de cette ma-

Rêves de paradis
En rêve, il arrive aussi de voir le paradis sous un aspect d'une nostalgie romantique, comme en témoigne ce tableau de Böcklin.

nière l'estime, les louanges et l'attention de ceux qui l'entourent sur sa personne.

* * *

« Un rêve étrange me préoccupe depuis quelques jours. J'avais convenu avec une camarade de classe que nous nous rencontrerions devant notre église pour entreprendre une excursion. Ma fillette devait nous accompagner. Soudain, mon amie et ma fillette ont apporté un cercueil et dit que le fond en était pourri. J'ai répondu : « On peut aussi porter le cercueil de telle façon qu'un côté serve de fond ! » Mais je ne sais ce qui devait être placé dans ce cercueil vide. Ma fille, qui est aujourd'hui adulte depuis longtemps, m'est apparue dans ce rêve sous les traits d'une enfant. De ma camarade de classe, je ne sais plus rien depuis cette nuit terrible de bombardement que j'ai vécu jadis en Allemagne. »

*

Un cercueil vide que l'on voit en rêve signifie, symboliquement, que l'on se préoccupe inutilement de son avenir. La vision d'Alice A., 49 ans, est rendue encore plus nette par le fait que le cercueil est pourri. Son subconscient la met en demeure d'enterrer définitivement un passé qui l'agite encore. Dans ce rêve, elle voit sa fille sous les traits d'une enfant. Le cercueil pourri est en rapport avec le fait que la réalité se situe dans un passé déjà lointain. Mais, d'une manière quelconque, cette réalité (peut-être par suite d'une rencontre fortuite avec quelqu'un qu'elle n'avait pas vu depuis longtemps) l'agite encore maintenant ou quelque chose a ravivé le souvenir de ce passé. L'église comme point de rendez-vous avec la camarade de classe est, en rêve, le symbole que l'on doit être mis en garde contre un comportement injustifié. Visiblement, Mme A. estime — la révolte du subconscient le montre bien — que le temps est venu de bannir à jamais ce passé de sa conscience, même si elle doit recourir à des moyens injustes ou injustifiés pour cela.

* * *

« J'étais assis dans mon bureau et je poursuivais mon travail. Tout le monde était parti depuis longtemps et je croyais être seul. Cela m'arrive souvent dans la réalité. Alors, j'ai entendu — en rêve, naturellement, un bruit étrange à côté, dans le bureau de mon patron. J'y ai couru pour voir ce qui venait de se passer. Mon patron était étendu sur le sol, attaché par les mains et les pieds à une chaise. Il ne pouvait pas crier, il était bâillonné. Avant que j'aie pu faire quoi que ce soit, deux mains puissantes m'ont saisi. Je ne pouvais pas reconnaître la personne à laquelle elles appartenaient. On m'a ligoté moi aussi et jeté par terre à côté de mon patron. Maintenant, nous étions seuls. Je ne pouvais pas me libérer et restais étendu silencieux, tandis que mon patron essayait de se libérer. Ce faisant, il me donnait sans cesse des coups de pied, ce qui m'était très désagréable. Finalement, je me suis mis en colère, et j'ai alors réussi à le libérer. Mais mon patron continuait à me donner des coups de pied, ou, du moins, essayait de m'en donner. Ma colère a augmenté encore, j'ai pris le téléphone qui se trouvait sur la table et j'en ai frappé la tête de mon patron. Il n'a plus bougé. Lorsque j'ai vu du sang couler de sa tête, j'ai pris la fuite épouvanté. Finalement, sur ces entrefaites, je me suis réveillé.»

*

Wolfgang P., 42 ans, est fondé de pouvoirs dans une entreprise moyenne. C'est un homme silencieux, mais très ambitieux et qui doit sans cesse s'affirmer dans sa position. Il s'entend bien avec son patron, dont il est le proche collaborateur, et celui-ci sait apprécier les mérites de cet employé zélé. Mais, dans son subconscient, M. P. se sent constamment menacé par son patron qui se décharge sur lui de ses responsabilités. M. P. a constamment peur de commettre des erreurs. Voilà pourquoi il voit son patron ligoté et bâillonné. Dans son propre bureau, il n'a pas grand-chose à craindre, mais quand il entre dans le bureau de son patron, il se sent en danger. Il est pressé par son patron de faire ceci ou cela. Ce qu'il ne ferait jamais en réalité, il le fait en rêve : il s'affranchit du stress et de la contrainte en se saisissant du téléphone (dans sa profession un moyen important de communication) et en assommant son patron (voir aussi les rêves d'agression).

13. Rêves d'agression et de poursuite

« Nous étions en train de jouer au football dans un pré, mes amis et moi. Il est arrivé que le ballon, en décrivant une belle trajectoire, aille tomber dans une haie. Je lui ai couru après et l'ai trouvé sous un buisson. Alors, j'ai vu soudain M. Böck, notre instituteur, sortir d'une maison derrière la haie. Devant lui, il y avait trois hommes qui portaient des capes noires. M. Böck leur a crié quelque chose que je n'ai pu comprendre. Mais soudain, des coups de feu ont retenti, et M. Böck est tombé. J'ai eu peur et je me suis caché sous le buisson jusqu'à la disparition des meurtriers. Ensuite, je suis revenu en courant auprès de mes amis pour leur raconter ce que j'avais vu. »

*

Le rêve de Peter S., 13 ans, est un rêve typique d'agression, qui a un sens psychologique certain. Peter n'est pas très bon élève, il trouve que son instituteur est très sévère. Avant que Peter ait fait ce rêve, M. Böck avait annoncé à ses parents qu'il risquait de ne pas être admis dans la classe supérieure, s'il ne faisait pas de gros efforts. Naturellement, ses parents l'ont admonesté et lui ont interdit pour quelque temps ce football qu'il aime tant. Peter doit maintenant rester chez lui et faire ses devoirs sous la surveillance de ses parents. On ne s'étonnera pas que, secrètement, il éprouve de la haine pour son instituteur.

Peter satisfait en rêve son envie réprimée de jouer au football, en y jouant dans un pré avec ses camarades. Mais, dans son subconscient, il sait que c'est interdit. Voilà pourquoi le ballon lui est enlevé en volant par dessus une haie. Mais Peter ne se résigne pas. Il va chercher le ballon à quatre pattes et voit alors son instituteur, le terme de référence du rêve, qui l'empêche de jouer. Le désir de se débarrasser de lui est satisfait en rêve par le truchement des trois meurtriers inconnus. Peter assiste à la scène sans intervenir et éprouve une certaine joie — même si, sur le moment, il a peur —. Cette joie trouve son expression dans le fait qu'il n'appelle pas au secours. Au lieu de cela, il va raconter l'événement sensationnel à ses camarades. Peter a calmé son instinct agressif au moyen d'un rêve de refoulement.

* * *

« Depuis quelque temps, je rêve souvent que mon mari me tue d'un coup de feu. Peu importe où je dors. J'ai eu ce rêve pour la première fois alors que j'étais chez ma mère. Mais maintenant, il me vient souvent aussi chez moi. C'était très étrange. Mon mari était assis à table. J'étais debout sur la porte et je tenais mon fils, âgé de deux ans, sur le bras. Le plus grand, qui a six ans, jouait à l'extérieur. Subitement, mon mari a sorti son revolver et a tiré comme un fou furieux sur moi. Je l'ai supplié de ne pas tirer, mais il n'a fait que rire et il a tiré sur l'enfant aussi. Mais il ne nous a pas touchés. À mon réveil, je tremblais de tous mes membres. Depuis lors, j'ai effroyablement peur, je ne parviens pas à m'en débarrasser. »

*

Beate Sch., 28 ans, qui a fait ce rêve de nombreuses fois, n'a pas réussi à l'interpréter elle-même. Les questions qui lui ont été posées ont montré qu'elle tenait son mari pour un homme paisible, incapable de violences. La cause de ce rêve répété a été bientôt trouvée.

Il y avait dans cette famille deux garçons, de 2 et 6 ans, tous deux très pétulants. Le père souhaitait vivement avoir comme troisième enfant une fille. Mais Mme Sch. ne se sentait pas en mesure de faire face à une troisième grossesse et à l'éducation d'un troisième enfant. Elle en avait peur, pour la raison notamment qu'on lui avait raconté qu'il était pour une femme souvent dangereux d'accoucher d'un troi-

Rêve de vampire
Depuis des siècles, on attire l'attention sur des rêves dans lesquels se déroulent des scènes d'horreur où des vampires jouent un rôle important. Les vampires sont des monstres qui sucent le sang. Ce dessin, emprunté à une revue du 19e siècle, montre le vampire Varney se jetant sur sa victime évanouie, qui vit en rêve cette scène effroyable.

sième enfant. Elle n'en avait cependant rien dit à son mari. Il en résultait dans son subconscient un complexe de culpabilité refoulée qui lui faisait craindre des reproches de la part de son mari. Voilà pourquoi Mme Sch. se sentait menacée par son mari, bien que sachant cette menace illusoire (les coups de feu ne l'atteignent pas).

* * *

« En rêve, j'ai entendu un chant magnifique. J'ai regardé par la fenêtre et vu des hommes et des femmes dans des tenues folkloriques aux couleurs vives. Dans un magasin, il y avait une foule telle que je suis ressortie. C'est alors que j'ai rencontré un homme blond qui m'a tout de suite ligotée. Un autre homme, qui portait un frac et un chapeau haut-de-forme, a appelé une voiture et ordonné que je rentre chez moi avec cet homme blond comme s'il était mon mari. Les mains liées, j'ai pris place dans le fiacre qui venait d'arriver. Tout d'un coup, j'ai sauté hors du fiacre et je me suis échappée. On m'a poursuivie, mais je n'avançais pas. Soudain, l'homme blond a été là de nouveau. Il s'est fait apporter une corde par une autre femme, non pour me lier, mais bien pour se faire ligoter. J'ai entendu quelqu'un dire à haute voix que je devais recevoir 25 coups de bâton pour m'être enfuie. À ce moment, on m'a lié les pieds. J'ai pleuré à chaudes larmes. Mes pleurs m'ont réveillée. »

*

Mme Ella H. a 30 ans. Elle entend de la musique et voit des couleurs quand elle rêve. Ce sont là des signes caractéristiques des rêves féminins. Le magasin comble est le symbole de son penchant à l'exhibition psychique, à l'offre par trop volontaire. Mme H. n'est satisfaite ni d'elle-même, ni de son mari, ni du monde. L'homme blond est un symbole de son refoulement sexuel et érotique. Les liens mettent les tensions intérieures en évidence.

Son mari n'a guère de temps pour elle. Les nombreuses obligations mondaines qui lui sont imposées l'ennuient profondément (haut-de-forme et frac). Elle n'est pas actuellement en mesure de prendre la décision que sa situation appelle et devient la victime de ses propres espoirs qu'elle ne parvient pas à réaliser. Il y a longtemps déjà que son indécision la rend malade et qu'elle hésite entre plusieurs possibilités d'organiser sa vie d'une manière complètement différente et de donner à tout une meilleure direction. Mais les circonstances (la dépendance financière dans laquelle elle se trouve par rapport à son mari) font obstacle. Sa situation économique l'oblige pour le moment à maintenir les choses dans l'état.

14. Rêves de morts et de mort

« La nuit qui a précédé l'excursion de notre école, j'ai eu beaucoup de mal à m'endormir, j'étais très agitée. De Munich, nous devions nous rendre en autocar dans les montagnes et passer quelques jours dans un chalet. J'ai vu Gudrun (sa cousine, qui dormait dans la même chambre) reposer paisiblement et j'ai essayé de m'endormir moi aussi. Soudain, j'ai vu ma mère assise sur le bord de mon lit. J'ai pleuré de joie de la revoir. Elle me caressait la tête de la main, comme elle avait l'habitude de le faire, et me dit : « Il ne faut pas pleurer, mon enfant, sache bien que je serai partout et toujours auprès de toi. Il va se passer quelque chose de très grave, mais il ne t'arrivera rien, parce que je serai là pour te protéger. Rappelle-toi toujours que je suis auprès de toi. » Je voulais encore lui dire combien elle m'avait manqué, mais elle avait déjà disparu. Le lendemain matin, à mon réveil, j'étais encore très lasse. J'ai failli arriver trop tard pour prendre l'autocar qui devait nous conduire dans les montagnes. »

*

Birgit G. a 13 ans. Sa mère est morte subitement d'un cancer six mois plus tôt. Son père, dont les affaires exigent des déplacements fréquents, ne peut pas s'occuper suffisamment d'elle. Il l'a confiée à la famille de son oncle maternel. Birgit s'y trouve bien; sa cousine, Gudrun, qui est du même âge, est pour elle une véritable amie. Birgit a vu en rêve sa mère, c'est un symbole qui met en garde contre une étourderie ou un danger. Sa mère l'a mise en garde contre un danger, mais lui a fait comprendre aussi qu'il ne lui arriverait rien.

Lorsque le car a quitté Munich avec 20 enfants, personne ne pouvait naturellement se douter de ce qui allait se passer. Au moment de franchir un col, le conducteur a perdu le contrôle de son véhicule qui est tombé dans un ravin. Des équipes de secours n'ont dégagé que les cadavres du conducteur, de l'instituteur et de 12 enfants. Sept autres enfants ont été transportés avec des blessures graves à l'hôpital. Birgit, par contre, a pu être extraite saine et sauve des décombres. Un paquet de manteaux qui se trouvait dans le porte-bagages au-dessus de sa place était tombé sur elle et l'avait protégée. Plus tard, Birgit a répondu avoir vu de nouveau sa mère à l'instant de la catastrophe et que sa mère lui avait dit qu'il ne lui arriverait rien parce qu'elle était toujours auprès d'elle. (Voir également « Rêves de double vue — qui anticipent sur l'avenir »).

* * *

« Dans mon rêve, j'étais dans notre ancienne maison, bien que, depuis plusieurs années, nous habitions une maison neuve. Ma grand-mère avait pris place à notre table, qui était ronde, et voulait prédire l'avenir. Ma mère dit qu'elle ne le pouvait pas. Soudain, j'ai vu mon père, qui est mort il y a quelques semaines. Il m'a souri doucement et a étendu la main vers moi. À ce moment, j'ai pensé tout à coup : « Il est mort. Il ne faut pas qu'il me touche. Sinon, je vais mourir aussi. » J'ai fait un geste pour me dégager et j'ai essayé de m'enfuir. Ma mère était debout à côté de moi ; elle ne comprenait pas mon comportement parce qu'elle ne pouvait pas voir mon père. Chose épouvantable, sa bouche est devenue de plus en plus grande et de plus en plus large, un trait noir est apparu autour. J'avais le sentiment qu'il voulait dire quelque chose. Mais je n'ai pu percevoir aucun son de ses lèvres. Quand mon beau-frère est entré dans la pièce, j'ai constaté que j'étais la seule à voir mon père. »

*

Comme symbole du rêve, la grand-mère signifie qu'un bon projet se réalisera. Mais Thérèse L., 26 ans, ne peut pas se souvenir de ce que la grand-mère voulait prédire. Elle voit en rêve son père mort, cela lui annonce une joie ou une aide inattendues. Il semble bien s'agir d'un bilan curieux des relations entre la fille et son défunt père. Une telle rencontre se produit chez la plupart des gens un jour ou l'autre après le décès d'un proche. Cette dernière rencontre distincte, en rêve, peut avoir lieu quelques jours déjà après le décès, mais aussi souvent des mois et même des années plus tard. Nous connaissons des cas dans lesquels la rencontre n'a eu lieu que 12 ou 14 années plus tard.

Thérèse L. semble avoir eu beaucoup d'affinités avec son père. Elle n'approuve pas le comportement de ceux qui l'entourent depuis la mort de son père car, du fait qu'elle

Les rêves d'un condamné avant son exécution
La première page des *Police News* de 1879 reproduit les rêves décrits par Peace, un assassin, durant la nuit qui précéda son exécution. Peace décrivit dans tous les détails des diverses phases de son sommeil ce qui caractérisait les visions de sa dernière nuit.

se trouvait sentimentalement en rapport étroit avec lui, elle sait ce que le mort aurait voulu. Mais elle n'a aucune raison d'avoir peur d'un contact avec le mort, un tel contact ne signifie pas qu'elle devrait mourir elle aussi. On peut parler en l'occurrence d'un processus qui se déroule dans un domaine marginal de l'âme ; il est néanmoins possible d'interpréter ce rêve comme la détente de certaines cellules du cerveau au regard des souvenirs sympathiques laissés par le défunt.

* * *

« Je suis encore fortement impressionnée par ce rêve. Mon père et ma mère fêtaient leurs quarante ans de mariage. Les parents et voisins étaient tous venus. Soudain, la porte s'ouvrit et un nouvel invité entra. Je levai les yeux et fus saisie de frayeur. C'était la Mort avec son manteau et son chapeau. Sous le chapeau, je vis deux petites cornes blanches comme la neige. Elle donna à ma sœur un coussin rouge sur lequel elle s'assit à cause de son rhumatisme. Je lui offris de la pâtisserie. C'était une faute de lui offrir de la pâtisserie, cela me vint aussitôt à l'idée. Mais pourquoi, je l'ignore. Elle ne me donna pas la main, comme par exemple à ma sœur à côté de moi. Je me sentis forcée de regarder dans le miroir. Comme il faisait sombre, je ne pus distinguer que ma silhouette. Il me fallut un certain temps pour trouver le miroir en le cherchant de la main. La Mort était partie. Je regardai à nouveau dans le miroir : un beau visage jeune me rendit mon regard. Je tournai le miroir et pus voir tout ce qui se passait dans la rue jusque dans l'église. L'abbé sortait du confessionnal. »

*

Joséphine C. a 44 ans. La profusion des images qu'elle a vues en rêve a un sens profond. Visiblement, elle souffre des séquelles de quelque chose dont elle n'est pas venue à bout. Elle n'est pas mariée et c'est maintenant trop tard. Il faut qu'elle s'y résigne. Elle attend de ses parents, qu'elle voit en rêve, aide et soutien. Les nombreux invités sont le symbole de sa solitude intérieure. La Mort apparaît : elle indique la fin d'un chapitre de l'existence. L'espoir d'un mariage heureux et d'une famille doit être définitivement enterré. Sa sœur est sa propre ombre, elle-même par conséquent. Le coussin signifie un secours dans sa situation difficile mais il est rouge et un symbole sexuel masculin, de même que le geste d'offrir de la pâtisserie dévoile le désir de faire la connaissance d'un homme. Pendant que la Mort est présente, elle ne peut distinguer que sa silhouette dans le miroir : elle se voit sous la forme de l'ange qu'elle n'est pas en réalité. Plus tard, elle se voit elle-même sous les traits d'une jeune fille, ce qui signifie que sa situation actuelle est due à une faute commise dans sa jeunesse. Peut-être n'aurait-elle pas dû jadis être si exigeante lorsque des propositions lui étaient faites. Toutefois, il semble que, pour un motif quelconque, elle ait jadis renoncé à un certain homme car l'église est le symbole du sacrifice. L'abbé qu'elle voit sortir de l'église est un bon présage. Elle se résignera à sa situation.

15. Rêves musicaux et en couleurs

« Depuis quelque temps, le même rêve revient sans cesse : Par une petite porte latérale, j'entre dans une grande cathédrale. Un escalier en colimaçon me conduit à l'orgue. Là, je suis toute seule et je vois au-dessous un océan de couleurs merveilleuses et irréelles. Une musique d'une beauté surnaturelle emplit la cathédrale. Cette vision me cause chaque fois un sentiment de bonheur, mais elle me coupe le souffle en même temps. Cette impression reste après mon réveil, quand je pense à mon rêve. »

*

Trude A. a 37 ans, elle est divorcée et a un fils. La cathédrale, comme l'église, est le symbole du sacrifice, que le bonheur du sujet doive être comblé ou sacrifié. Toutefois, si on établit une relation avec les autres symboles, il semble que Mme A. ait l'intention de se remarier. D'un côté, cette perspective la rend heureuse ; de l'autre, elle a peur de la situation nouvelle qui l'attend. Le symbolisme des couleurs est presque toujours en rapport avec des passions sexuelles. La musique d'une beauté surnaturelle promet des relations agréables et, en général, de la joie. La visite de cette cathédrale, dans laquelle elle ne pénètre d'abord que timidement par une porte latérale, lui ouvre la perspective d'un avenir heureux. L'escalier en colimaçon

Une sonate — entendue en rêve
Tartini représente, dans ce tableau original, le « Devil's Trill », une sonate entendue en rêve et écrite ensuite sous cette impression.

par lequel elle accède à l'orgue est un symbole du sentier tortueux qu'elle a dû suivre dans le passé. Elle a atteint le point où elle se libère intérieurement des souvenirs tristes de son passé.

* * *

Böcklin et les cavaliers de la mort
On prétend que Böcklin a également peint le tableau qui montre les quatre cavaliers de la mort à partir d'un rêve. Chacune des figures qu'il a peintes est un symbole connu, qui se retrouve depuis des siècles dans les visions d'autres personnes.

«Je rêve très souvent, des choses les plus variées. Mais, avec une fréquence surprenante, des arbres en fleurs apparaissent dans mes rêves. Les fleurs me paraissent en rêve encore plus belles qu'en réalité. Je remarque que mes rêves d'arbres en fleurs sont sans relation avec d'autres. Je vois tout simplement un arbre tout couvert de fleurs magnifiques. C'est tout.»

*

Les rêves en couleurs sont pour la plupart des rêves de femmes. Le rêve d'Ernst H., 29 ans, indique beaucoup de sensibilité intérieure. L'arbre en fleurs promet beaucoup de bonheur en amour. Il est un symbole de la puissance virile. Le subconscient a la conviction qu'Ernst H. trouvera dans sa vie sentimentale cette note finale dont il rêve si souvent les yeux ouverts. Il sait exactement ce qu'il veut. Mais il a parfois bien du mal à faire comprendre ce que son cœur désire aux personnes dont la réponse dépend.

TROISIÈME PARTIE

RÉPERTOIRE DES SYMBOLES DU RÊVE

Index alphabétique de A à Z

Les vocables qui figurent dans le Répertoire des symboles du rêve ci-après se rapportent aux contenus du rêve : à ce que le sujet qui rêve voit, éprouve ou fait pendant son rêve. « Porter un bracelet », par exemple, ne signifie pas que le sujet porte effectivement un bracelet, mais seulement qu'il rêve d'en porter un. De même, « avoir mal au ventre » est une expression qui se rapporte exclusivement au mal que le sujet ressent en rêve.

A

A

— Lettre imprimée, écrite, peinte ou vue en relief : bon début dans tout ce qui sera entrepris.

Abandon

— Se sentir abandonné : les petites joies de la vie et de l'amour seront anéanties.

Abattoir

— Que l'on voit : mise en garde contre des affaires dans lesquelles on pourrait être entraîné par des tiers, et qui pourraient coûter la bonne réputation et le prestige.
— Dans lequel on fait quelque chose : perte de prestige.

Abattre

— Des animaux : gain.

Abbé

— Bon présage.

Abcès

— Que l'on a : tristesse à cause de temps sombres.
— Que l'on voit chez autrui : beaucoup d'obstacles à surmonter.

Abdiquer

— Renoncer au trône ou à une position de premier plan : parvenir à plus d'honneurs encore.

Abeille

— Comme symbole, l'abeille est bonne, la guêpe mauvaise.
— Voir une abeille : gain et succès.
— La voir sur de grosses fleurs rouges : début d'une époque de chance pendant laquelle, pratiquement, tout réussira.
— Être piqué par une abeille : on fera une connaissance qui laissera un bon souvenir.

Abîme
— Le voir : le subconscient voit un danger pour celui qui est vu; auréole de malheur.
— Être soi-même au bord de l'abîme : craintes, se rapprocher d'une zone (période) dangereuse de la vie.
— Y glisser lentement : il faut compter sur de l'affliction et des ennuis.
— Y voir des tiers : on peut prévoir que la situation d'un autre est catastrophique.

Abondance
— Dans laquelle on vit ou dont on jouit : des pertes.

Aboyer
— L'homme, devant des dangers inconnus, se fie souvent à l'animal; le chien est, à cet égard, le meilleur des compagnons.
— Entendre aboyer : mise en garde contre un danger inconnu.
— Voir des chiens qui aboient : on est entouré de gens qui ont de mauvaises intentions.
— Des chiens vous aboient après : prudence et sang-froid sont nécessaires.

Abricot
— En voir : gain et joie.
— En acheter : avantage commercial.
— En manger : santé.

Académicien
— Perdre sa bonne réputation par étourderie.

Académie
— La voir : progrès intellectuels.
— S'y rendre : chance dans l'avenir.
— Être élu membre d'une académie : grand honneur, mais aussi vie monotone, à l'écart.

Accident
— Rêve prémonitoire; prudence dans la rue.
— Que l'on voit : mise en garde contre des relations avec des personnes agissant à la légère.
— Que l'on a : des relations avec des personnes agissant à la légère seront la cause de dommages ou de désavantages.

Accolade
— Rêve qui met en garde contre un danger potentiel qu'une illusion susciterait.

— Que l'on voit : si l'on manque de prudence, on tombera sous les griffes d'une personne dépourvue de scrupules.

Accouchement

— Chez la femme : symbole d'une nouvelle attitude en face de la vie; chez l'homme : de grands plans vont être menés à bon terme.
— Que l'on voit : pour l'homme, séparation de sa femme; pour les gens pauvres, bon présage; pour les gens d'affaires et les riches, mauvais présage; pour les personnes en voyage, annonce du retour au pays.
— Accoucher : nouvelles possibilités d'existence.
— Voir un animal mettre bas : période très favorable.
— Est considéré comme un dégagement du corps et des organes et doit être entendu par conséquent comme une sorte de nettoiement.
— Assister à un accouchement réussi : bonheur et joie.
— D'un garçon : chance en affaires.
— D'une fille : expériences douloureuses.
— À un accouchement non réussi : douleur et tristesse.
— À son propre accouchement : si l'on voit le nouveau-né, gain et délivrance de beaucoup de chagrins et de soucis.
— Douloureux ou non réussi : annonce une maladie.
— Avec un enfant mort-né : tristesse.
— Rêve répondant à un désir; indique que l'on atteindra son but.
— Assister à son propre accouchement : on atteindra l'objectif que l'on s'est fixé.
— Qui réussit mal : une affaire dont on croyait qu'elle avait échoué sera menée à bonne fin en dépit des difficultés.
— Assister à l'accouchement d'une tierce personne : succès chez des amis ou des connaissances, on en profitera soi-même.
— Qui réussit mal : pas de succès.

Accusation

— Accuser quelqu'un devant une administration publique : espoir déçu.
— Faire l'objet d'une accusation : contrariété et discorde inattendues.

Achat

— Que l'on fait : on est porté à la prodigalité.
— Des personnes se présentent dans votre magasin pour acheter : accroissement de la fortune.

Acheter

— Voir acheter : présage de profit et d'avantage.
— Acheter pour soi-même : satisfaction d'un désir.
— Des produits alimentaires : amélioration de la situation matérielle.
— Des articles de toilette : on recevra une invitation à un bal ou à un grand dîner.
— Pour quelqu'un d'autre : une humiliation causera beaucoup d'ennuis.

Acte (document)

— Que l'on voit : annonce un cadeau, une allocation particulière ou un legs.

Acteur

— Prudence! On cherche à montrer sous un faux jour votre vie et votre caractère.
— Que l'on voit ou avec lequel on a des relations : on fera la connaissance de personnes très intéressantes et on en retirera beaucoup de joie ou de plaisir.

Acteur de cinéma

— Que l'on voit : un désir irréalisable empêche de voir le bonheur à portée de la main.
— Que l'on est : relations dans un milieu où l'on ne se sent pas à l'aise.

Actions

— En acheter, en avoir ou seulement en voir : soucis en affaires.
— En vendre : amélioration.
— En brûler, et voir en même temps une fumée noire : pertes matérielles.
— Ne voir en même temps qu'une flamme rouge : succès professionnel.

Adieux

— La séparation est une preuve d'amitié, mais symbolise aussi un changement prochain dans la vie.
— Faire ses adieux : fidélité.
— Donner congé à un ou à une amie: héritage.
— Voir deux personnes se faire leurs adieux : infidélité de la personne qui rêve.

Administration

— Les administrations ont des fonctions déterminées à remplir, mais elles restreignent aussi la liberté individuelle.

— Avoir un poste dans une administration : le pain quotidien est une source de soucis.
— Voir un édifice administratif : des espoirs ne se réaliseront pas.
— Voir un fonctionnaire : grande pauvreté.
— Voir un secrétaire de l'administration : poursuites exercées contre un ami.

Adolescent
— Que l'on voit : travail et peine.
— Familiarité d'un adolescent : on est aimé par un inconnu.
— Qui fait la cour à quelqu'un : on passera agréablement son temps.

Adorer
— Une jolie femme : grands honneurs et richesse.
— Un homme (de la part d'une femme) : perspectives d'une situation meilleure et plus heureuse.

Affiche
— Que l'on voit : agitation.

Affliction
— Que l'on éprouve : joie et réconciliation avec des ennemis.

Afrique
— La voir : d'autres pays et continents vous attirent, parce que votre situation ne vous satisfait pas ou des dangers vous menacent.
— L'étudier dans l'atlas : nostalgie des pays lointains.
— Être dans ce continent : maladie imminente, avec fièvre.

Agate
— Pierre polie d'une certaine grandeur, avec l'œil caractéristique : bonheur matériel.
— Petite pierre noire : des différends de toutes sortes vous attendent.

Âgé
— L'être : on rajeunit dans sa façon de penser.

Agitation
— Des obstacles sont proches.

Agriculture
— À laquelle on s'adonne : on est sur la bonne voie.
— À laquelle on voit des tiers s'adonner : le destin offre une chance que l'on devrait saisir.

Aigle
— Des idées et des actes d'une très grande hardiesse peuvent être couronnés d'un succès qui sera dangereux.
— Vivant : bénéfice et utilité.
— Perché ou dressé : mort de grandes personnalités.
— Sur la tête : malheur et mort.
— Très haut : on peut compter sur une chance particulière.
— Noir : mort prochaine d'un bon ami.
— Blanc : gros héritage possible.
— Que l'on abat ou capture : perte et chagrin.
— Que l'on possède : honneur, affaire commerciale avantageuse.

Aiguille
— Que l'on voit : on sera exposé à des attaques venant de tiers.
— Que l'on manie : on se fera des ennemis par sa propre faute.
— Avec laquelle on se pique : perte d'un ami.

Aiguille d'une montre
— Que l'on voit : annonce l'approche d'un événement décisif.
— Que l'on retarde : quelque chose arrivera plus vite qu'on l'avait souhaité.
— Que l'on avance : il se passera encore bien du temps avant qu'un désir se réalise.

Aiguillon
— Rêve sexuel, des perversions ne sont pas exclues.
— Que l'on voit : la mégère sera apprivoisée.
— Avec lequel on se blesse : on est attendu avec impatience par son partenaire.

Aiguiser
— Des couteaux : on aura la parole acérée.

Ail
— Que l'on voit ou que l'on sent : on sera guéri d'une maladie.

Ailes
— Que l'on a et avec lesquelles on vole : chagrin.

Ailes de moulin à vent
— Être happé par elles (ou par la roue d'un moulin) : une liaison amoureuse lourde de conséquences.

Aimant
— Que l'on voit : on fera une connaissance ou une relation importante.
— Que l'on voit attirer des objets : on perdra quelque chose de cher.
— Par lequel on est attiré : on donnera son cœur à quelqu'un.
— Que l'on tient et avec lequel on attire d'autres personnes ou des objets : séparation ou éloignement d'une personne chère ou de quelque chose à quoi l'on tient.

Aisselle
— Charnue : bonheur.
— Maigre : maladie.
— Avec beaucoup de poils : on sera protégé contre des calomnies injustifiées.
— Avec des parasites : des progrès commerciaux.

Alarme
— Soucis, chagrin et misère.

Alcool
— Que l'on boit : désir de joies interdites, qui est source de désagréments.

Alêne (outil de cordonnier)
— La voir : contrariété.
— Se blesser avec une alêne : grosses dépenses.
— Si le sang coule de cette blessure : irritation causée par des membres de la famille.

Alerte aérienne
— Soucis, chagrin et misère.

Alibi
— Que l'on produit : s'attendre à une convocation de la police ou à une visite inattendue.

Allaiter
— Voir des bêtes allaiter : la prospérité continuera.

Allemand
— Sentir et agir en allemand : avoir le sens de l'honneur.

Aller
— Rapidement : on commettra des erreurs.

Aloès
— Est considéré comme un élixir de longue vie, souvent dans le sens de racines, stimulant, etc.

Alouette
— Que l'on voit : avancement rapide.
— Que l'on entend chanter : bonnes perspectives d'avenir.

Alpes
— Les voir : santé et longue vie.
— S'y trouver : consolidation de la situation économique.
— Faire une randonnée dans les Alpes : chance professionnelle.
— Fleurs alpines : élargissement de l'horizon intellectuel.
— Voir l'embrasement des Alpes : désir d'une expérience divine.

Alun
— Catastrophe dans l'entreprise.

Amandes
— Douces que l'on mange : on sera estimé ou on réalisera un gain grâce à des amis.
— Amères que l'on mange : on est désapprouvé ou déçu par ses amis ou connaissances.

Ambition
— En se conduisant en arriviste, on connaîtra des déceptions.

Ambre
— On recevra un cadeau.

Amer
— Prendre quelque chose d'amer : santé.

Âmes
— Rêver d'âmes : on aura affaire à des personnes bonnes.

— Messe mortuaire : dans une affaire embarrassante, on trouvera grâce.

Ami

— Des amis signifient la personne même qui rêve ; souvent dans le sens de frère, double, etc.
— Avec lequel on rit : prochaine séparation de lui.
— Avec lequel on se querelle : infidélité d'un ami.
— Être avec plusieurs amis : visite de personnes bienvenues.
— Voir un ami mort : des nouvelles inattendues.
— Aider un ami : on recevra soi-même de l'aide.
— Avoir un ami : on livrera des secrets.
— Rendre visite à un ami ou le rencontrer : gaieté.

Amitié

— Prendre quelqu'un en amitié : signifie une amitié fidèle.

Amour

— On est solitaire, l'âme et le corps souffrent de n'avoir pas de partenaire. On souhaite connaître l'amour.

Amputation

— En général, tonalité sexuelle et érotique comme les rêves de castration ; parfois aussi — surtout dans les rêves féminins — séparation de l'objet aimé, de la personne aimée.

Ananas

— Voir ou acheter des ananas : gaieté.
— En manger : recevoir une invitation.

Anatomie (Institut d')

— Vu de l'extérieur : l'avenir immédiat va causer de l'affliction.
— Pénétrer dans le bâtiment : joie et bien-être.

Ancêtre

— Méfiance en amour.

Anchois

— Que l'on voit : des espoirs ne se réaliseront pas.
— Que l'on mange : bonnes nouvelles.

Ancre

— Voir une ancre : voyage désagréable.

— Voir jeter l'ancre : aide et espoir.
— S'accrocher à une ancre : la situation s'améliore.

Âne

— Symbole de la patience, qu'il ne faut pas exagérer, car on est tenu pour sot ou on a des amis sots.
— Voir un âne : discorde.
— Le monter : on parviendra lentement à son but.
— Lui donner à manger : on fait du bien à quelqu'un qui ne le mérite pas.
— Le voir courir : désagréments.
— Le battre : dureté de cœur à l'égard d'un proche.
— L'entendre braire : peine et travail inutiles.
— Se déplacer dans une voiture tirée par un âne : on se laisse trop influencer par des personnes irréfléchies.

Ange

— On cherche une issue aux difficultés présentes.
— Voir un ange : bon présage dans tous les cas.
— Se voir soi-même sous les traits d'un ange : amour et amitié.
— Être entouré d'anges : on trouvera le grand calme intérieur.

Anglais

— Le parler : chance en affaires, mais malchance en amour.
— Lire un livre dans cette langue : on s'ennuiera.

Angleterre

— La voir sur une carte : on fait valoir ses prétentions dans une affaire, mais se heurte à l'indifférence.
— S'y rendre : on dépensera beaucoup d'argent.

Angoisse

— Éprouver de l'angoisse : on triomphera de ses ennemis et on se rapprochera de l'objectif de sa vie en dépit de nombreux obstacles.

Anguille

— Est assimilée en général à un serpent (voir ce vocable), souvent aussi vocable employé dans le même sens que « ver » ou « eau ».
— Capturer une anguille : envie.
— L'anguille glisse entre les mains : échec d'une entreprise.
— Se tortille : une nouvelle désagréable.
— Coupée en morceaux : mort d'un adversaire ou d'un rival dangereux.

— Manger une anguille : contrariété ou douleur.

Animaux

— Interférence d'instincts animaux ou de désirs instinctifs dans le rêve.

— Voir beaucoup d'animaux sauvages ou apprivoisés : on s'exposera à un danger.

Anneau de mariage

— Peur de perdre la personne qu'on aime.

Dans le rêve d'une personne qui n'est pas mariée

— Que l'on voit : fiançailles ou mariage sous peu.

— Que l'on met au doigt ou que l'on porte : il faudra attendre encore longtemps avant de se fiancer ou de se marier.

— Que l'on ôte : une liaison amoureuse prend fin.

Dans le rêve d'une personne qui est mariée

— Que l'on voit : on se voit rappeler les devoirs conjugaux et mettre en garde contre des fredaines.

— Que l'on ôte ou perd : des scènes de ménage.

Anniversaire (de la naissance)

— Gaieté.

Annonce

— Qu'on lit dans le journal : indécision.

Antenne

— Voir ou posséder une antenne : nouvelles d'amis qui vivent au loin.

— La brancher sur le récepteur de radio : enrichissement commercial.

— La relier à la terre : des forces puissantes rendent capable de venir à bout d'un gros travail.

— La couper : mauvaises nouvelles.

Apoplexie

— Subir une attaque d'apoplexie : annonce une frayeur dont on se remettra vite.

— Voir un tiers en subir une : on causera sans le vouloir une frayeur à quelqu'un.

Apostasier

— Un avenir mauvais.

Apôtre

— Voir un apôtre : on va devenir parrain (ou marraine), ou on se fait des soucis au sujet de quelqu'un.

— Recevoir la bénédiction d'un apôtre : on ne peut plus venir seul à bout d'une situation.

Appareils ménagers
— Que l'on nettoie : amélioration de la gestion.

Appel (téléphonique)
— L'intervention de la personne qui rêve est nécessaire pour que l'on aboutisse à une décision; ou bien encore : on a besoin d'elle.

Appeler
— Entendre appeler : des nouvelles de quelque nature.
— S'entendre appeler par son nom : une personne éloignée appelle d'urgence ou veut préserver d'un accident ou d'une fatalité.

Apprendre
— Il y a beaucoup de problèmes à résoudre, mais il ne faut pas perdre la tête.

Apprenti/Apprentie
— Que l'on voit ou que l'on rencontre : bonnes nouvelles en affaires.
— Que l'on est : succès.

Aquarium
— Voir un aquarium : désagréments.
— Y voir des poissons et des reptiles : bonheur.
— Y nager soi-même : perte imminente.

Araignée
— Exhortation à être prudent envers soi-même, et particulièrement dans ses rapports avec les femmes; il peut s'agir aussi d'excitations de l'encéphale.
— Que l'on voit : le bonheur ou la fortune ne tiennent qu'à un fil de soie.

Arbalète
— Voir une arbalète : désir de repos et de satisfaction.
— Tirer à l'arbalète : les affaires ne progressent que lentement.

Arbre
— Amélioration de l'état dans lequel on se trouve; guérison, si l'arbre est sain et en fleurs; en général, symbole de puissance sexuelle.

— Voir fleurir un arbre : grand bonheur.
— Cueillir des fruits d'un arbre : une aventure.
— Tomber d'un arbre : être exposé à la raillerie.
— Voir un arbre se dessécher : échec et chagrin.
— Secouer un arbre : Bonheur.
— Voir un arbre chargé de fruits : les perspectives sont bonnes.
— Être assis sous un arbre : un bon message.

Arbres
— Les arbres sont le symbole de la vie pure et naturelle. Voir également les rubriques : « Arbre », « Bouleau », etc.

Arc
— Que l'on voit : des heures d'amusement.
— Tirer à l'arc : présage d'aventure.

Arc de triomphe
— Que l'on voit : annonce d'une distinction.
— Que l'on traverse : on ne recevra pas une distinction espérée, ou on subira une défaite d'un ordre quelconque.

Arc-en-ciel
— Que l'on voit : réconciliation avec un adversaire.

Archet
— Que l'on voit : consolation et secours.

Archevêque
— Que l'on voit ou avec lequel on parle : bénédiction et bonheur.

Arête
— Que l'on avale : désagréments.

Argent
— Chez l'homme symbole de capacités en amour et dans la vie, chez la femme presque toujours symbole de spéculation érotique.
— Que l'on voit : dépenses subites.
— Étranger : on va se lancer dans une entreprise très risquée.
— Que l'on gagne : chance en amour.
— Que l'on trouve : on sera préservé d'une perte sensible.
— Que l'on possède : signe d'orgueil.

— Que l'on perd : malchance qui, toutefois, passera vite.
— Que l'on donne à un mendiant : gros gain.
— Que l'on gagne (à la loterie, etc.) : mauvais présage.
— Que l'on fait changer : instabilité dans le commerce.
— Que l'on paie : on recevra une récompense.
— Que l'on compte : on gagnera bien sa vie.

Argent (métal)
— Brut, dans des mines, fondu ou en barres : richesse.

Argile
— En dépit des efforts consentis, on ne progresse pas.
— Que l'on voit : une tâche difficile, mais qui sera menée à bien, s'annonce.
— Dans laquelle on s'embourbe : annonce un obstacle; en surmontant celui-ci, on obtiendra un succès durable.
— Que l'on manie : consolidation de la position extérieure.
— Avec laquelle on construit une maison : pas de perspective de fonder ou d'agrandir votre ménage.

Armée
— Que l'on voit : inquiétude au sujet de l'avenir.
— Que l'on voit se former : grands changements.
— Entrer dans l'armée : succès financier.
— En guerre : s'attendre à une grande richesse.

Armes
— Presque exclusivement signification sexuelle; l'utilisation des « armes » est désirée, espérée, crainte.
— Que l'on voit : exhortation à la prudence et annonce de querelle et d'inimitié.
— Brisées ou inutilisables : on essaie en vain de se défendre contre de graves difficultés.

Armoire
— Symbole du corps; selon le rôle que l'armoire joue, les présages sont bons ou mauvais.
— Que l'on voit : il faut conserver quelque chose que l'on voudrait jeter ou détruire, car on en aura encore besoin.
— Que l'on achète : on apprendra un secret.
— Ouverte : attention aux voleurs!

Arrestation
— D'un tiers que l'on voit ou que l'on provoque; ou être soi-même mis en état d'arrestation : on apprendra bientôt que l'on n'a pas réussi à tromper des tiers.

Arrosoir
— On deviendra propriétaire d'un jardin.

Art
— On a la nostalgie d'un meilleur accomplissement de son existence.

Artères
— Oppression cardiaque.

Artisan qualifié
— Joie et gaieté.

Ascenseur
— On espère en secret que, grâce à l'aide d'autrui, l'existence sera simplifiée.
— Que l'on voit : on voudrait avancer facilement et rapidement, mais on n'y parviendra pas.
— Que l'on utilise : on sera consolé.
— Que l'on commande : on portera secours à des pauvres.

Asile
— Rêve suscité par la peur de ne pas réussir seul à assurer une nécessité de l'existence.
— Que l'on cherche et trouve : il faudra commencer une nouvelle vie.
— Que l'on perd : dans une affaire, il ne faut pas perdre courage, car tout finira bien.

Asperge
— Symbole clairement sexuel.
— Que l'on voit : annonce d'un événement passionnel.
— Que l'on mange : on se repentira d'un événement au cours duquel la passion l'a emporté.

Aspirateur
— Que l'on voit : il ne faut pas laisser gâter sa bonne humeur par une contrariété prévisible.
— Que l'on utilise : on dira ses quatre vérités à une personne maussade.

Assassin
— Que l'on voit : on vivra longtemps.

Assassiné
— Être assassiné : longue vie.

Assiette
— Élargissement du rêve de la tasse; se reporter à « Tasse ».
— Que l'on voit : on sera invité à un déjeuner.
— Que l'on casse : une invitation procurera des avantages particuliers.

Assistance
— On recevra du secours.

Association
— À laquelle on appartient : dans une affaire, il ne faut pas laisser tant de tiers s'immiscer.

Assurance
— Que l'on conclut : dommage ou perte en perspective.

Astres
— Clairs que l'on voit : bon message.
— Sombres : des choses mystérieuses s'annoncent.

Astrologie
— Voir un astrologue ou s'occuper d'astrologie : plus de succès qu'auparavant.
— Voir des signes astrologiques : on fera des découvertes qui seront d'une grande importance pour la carrière future.

Atelier de cinéma
— Dans lequel on se trouve : jours turbulents.
— Dans lequel on travaille : changement professionnel.

Attaque par surprise
— On surmontera des désagréments.

Attelage
— Avec des chevaux : chance.
— Avec des bœufs : joie.
— Avec des ânes : de sottes histoires.

Attentat
— Voir un attentat : vive agitation, qui toutefois tourne bien.
— Commettre un attentat : se sacrifier inutilement.
— Être victime d'un attentat : des dangers menacent.
— Perdre du sang: des pertes en affaires ou dans la vie privée.

Aube
— Bon présage; un monde nouveau se prépare.

Auberge
— Que l'on trouve : repos et satisfaction.
— Dans laquelle on se trouve : rencontre avec un ami fidèle.
— Abandonnée que l'on voit : on sera abandonné par des amis et on restera solitaire.
— Être père ou mère aubergiste : bonne réputation.

Audience
— Accordée: on améliore sa situation, on connaît chance et succès.
— Que l'on accorde : les plans actuels portent trop loin pour pouvoir se réaliser.

Auge
— Pour le bétail ou pour le linge : à force d'économies, on parviendra à la fortune.

Aumônes
— Faire l'aumône : bonheur chez les pauvres, malheur chez les riches.
— Recevoir une aumône : détérioration de la situation.

Auricules
— En fleurs : chance à la loterie et au jeu.

Autel
— Symbole du sacrifice; peut annoncer soit une satisfaction, soit le sacrifice de son propre bonheur.
— Voir un autel: pour les célibataires, prochain mariage heureux; pour les personnes mariées, divorce possible.
— Que l'on pare : joie et bonheur.
— Devant lequel on prie : réalisation de souhaits longtemps entretenus.

Auto
— On avance et, si l'on conduit soi-même, on a son affaire bien en main.
— Être transporté en auto : amélioration de la situation.
— Conduire une auto : chercher de nouvelles possibilités de se rapprocher de l'objectif que l'on a fixé à sa vie.
— Acheter une auto : préparation d'une nouvelle entreprise, qui connaîtra le succès.

— Sortir d'une auto : perte de prestige.
— Voir une auto brûler : présage favorable, si l'on ne voit que les flammes; mauvais présage, si l'on voit une fumée noire.
— Panne d'auto : voyage inutile.
— Accident d'auto : perte financière.
— Être gagnant dans une course d'autos : on devance ses concurrents ou ses rivaux.
— Voir une collision d'autos : on aura à faire face à une forte concurrence dans une affaire.

Automne
— Rêve exclusivement de puissance virile chez l'homme, en général négatif.
— Que l'on voit ou que l'on éprouve : l'amour décroît.

Autorité
— À laquelle on a affaire : on aura besoin d'argent.

Auxiliaire
— Que l'on voit : on tombera dans une forte dépendance économique.
— Que l'on est : on sera exploité.
— Que l'on a : il faut être prudent.
— Par lequel on est servi : on est fatigué.

Avalanche
— Que l'on voit : mise en garde, il convient de se tirer en temps utile d'une situation douteuse.
— Sous laquelle on est enseveli : on sera affecté plus ou moins par un événement malheureux.

Aventure/Aventurier
— Incertitude à l'égard de son entourage ou d'une autre personne. Penchant à des relations osées avec des personnes peut-être douteuses.

Averse
— Que l'on voit : chance et gros gain.
— Dans laquelle on est mouillé jusqu'aux os : dans une affaire, on a plus de chance que d'intelligence.

Aveugle
— Il est rare que le bonheur et le hasard se manifestent à l'aveuglette dans la vie, c'est l'homme qui se comporte en aveugle. Ouvrez les yeux.
— Se voir aveugle : on va s'exposer aveuglément à un danger.

— Voir ou conduire une personne aveugle : on assume une tâche irréalisable.
— Rencontrer un mendiant aveugle : chance à la loterie.

Avion
— Affranchissement de charges qui dérangent; parfois détente de l'organisme.
— Prendre l'avion : un plan ambitieux échouera et causera en outre un dommage.
— Le voir tomber en feu avec une traînée de fumée noire : malheur.
— Le voir seulement tomber en feu : bon présage.

Avion de chasse
— Que l'on voit : on subira un coup imprévu du destin.
— Voir une escadrille de chasse : troubles généralisés dans le pays.

Avion-fusée
— Que l'on voit : on ne parviendra pas au bonheur désiré.

Avocat
— Que l'on voit ou auquel on a affaire : une explication en perspective.
— Avoir affaire à lui : soucis et perte.
— Avoir un différend avec lui : perdre un procès.
— En robe noire : la situation ne s'améliorera pas.

Avoine
— Que l'on voit sur pied : bénédiction et gain.
— Que l'on bat : bonne affaire.

Avoir froid
— Une irritation nerveuse se traduit par le sentiment que l'on ne se trouve pas bien. Prendre garde au temps!
— Voir quelqu'un qui a froid alors qu'on a chaud soi-même : on donnera des soins à un malade.
— Sauver une personne morte de froid: on retrouvera un ami dont on avait été abandonné.

Avorton
— Rêve de névrose, des obsessions sont la preuve d'une angoisse malsaine face à la vie.
— Que l'on voit : déception.

— Que l'on met au monde : une déception que l'on craignait ne se produira pas.

B

Bacchus

— Mauvaise année vinicole.

Badinage amoureux

— Que l'on observe : on surmontera un grave souci.
— Auquel on prend part : présage de chance.

Bague

— Prudence et réflexion approfondie avant de contracter des engagements auxquels on ne tient pas beaucoup.
— Que l'on voit : on prendra un engagement envers une autre personne.
— Que l'on trouve : on tombera amoureux.
— Que l'on met au doigt : mise en garde contre une fredaine qu'on a l'intention de commettre.
— Que l'on ôte du doigt : une fredaine aura des conséquences mauvaises.
— Que l'on perd : séparation passagère d'une personne aimée.
— Que l'on reçoit en cadeau : on trouvera un bon ami ou un bon camarade, ou un souhait amoureux se réalisera.
— Dont on fait cadeau à quelqu'un : une amitié ou liaison amoureuse que l'on désirait ne se réalise pas.
— Brisée : infidélité.

Baies

— Que l'on cueille : des charges et de la peine.
— Que l'on mange : perspectives de joie et de plaisir.
— Que l'on offre à la vente : soucis pour le pain quotidien.
— Pas encore mûres ou desséchées : mécontentement et contrariété.

Baignoire

— Se baigner dans une baignoire en marbre : surprise agréable après une sérieuse maladie.
— Dans une baignoire en zinc : on ne parvient pas à sortir de sa situation.
— En fonte émaillée : la situation s'améliore.

Bain

— Essai de se débarrasser de ce qui est vieux et sale.
— Prendre un bain tiède : aisance bourgeoise.
— Un bain chaud : maladie.
— Un bain froid : victoire sur des ennemis.
— En plein air : force et résistance.
— Dans le sable : les nerfs sont fortifiés.
— Dans l'eau claire : bonheur.
— Dans l'eau trouble : perte.

Bain de vapeur

— Dans lequel on est assis : on aura beaucoup de mal à atteindre un but inutile.

Baiser

— Que l'on donne : une prière recevra une réponse négative.
— À une femme : on est très apprécié de l'autre sexe.
— À un homme : on sera invité à donner sa démission.
— À sa mère : désir de tendresse.
— À une personne âgée : déception en amour.
— Sur les mains : chance en amour et amitié.
— Voir des tiers se donner un baiser : tristesse.
— Baiser la terre : chagrin et humiliation.
— Donner un baiser sur le visage : succès.
— Vouloir donner un baiser, mais n'en avoir pas la permission : mélancolie.
— Recevoir un baiser : on est estimé.
— Échanger beaucoup de baisers : bonnes perspectives.

Bal

— Se rendre à un bal : s'amuser.
— Y danser : fiançailles prochaines.

Balai

— La plupart du temps, signification purement sexuelle d'instrument.
— Que l'on voit : on sera en relations avec des gens désagréables.
— Que l'on utilise : on surmontera avec succès des obstacles.

Balance
— Que l'on voit : une décision importante dans un proche avenir.
— Peser quelque chose avec soin et veiller à un bon équilibre de la balance : on prendra dans une affaire la bonne décision.
— Une balance qui ne se laisse pas mettre en équilibre ou avec laquelle on veut peser une charge trop lourde ou trop légère : on prendra une mauvaise décision.

Balançoire
— Symbole de l'alternance dans la vie et des questions que pose le contenu de la vie.
— Que l'on voit : mise en garde contre l'indécision.
— Sur laquelle on est assis : on hésite entre deux sentiments, deux penchants ou deux personnes.

Balayer
— La cave : mauvaises affaires.
— La chambre ou l'appartement : un espoir.
— La cheminée : bon succès.

Balcon
— A souvent un sens sexuel (balcon = poitrine)
— Être debout sur un balcon : on trouve un bon camarade.
— Voir un balcon s'écrouler ou tomber avec un balcon qui s'écroule : il faut considérer maints espoirs comme irréalisables.

Baleine
— Bête géante comme l'éléphant, mais moins vive et par conséquent moins dangereuse ; la conscience de soi qui s'est éveillée peut se développer exagérément.
— Que l'on voit : on aura des craintes ou des soucis inutiles dans une affaire.

Balles
— Voir des balles de café, de papier, etc. : bonheur en affaires.
— Faire soi-même des balles en empaquetant quelque chose : croissance de la fortune.

Ballet
— Voir un ballet : déception causée par une personne dont on a beaucoup attendu.
— Assister à un ballet : déceptions de tout genre.

Ballon

— Le destin se joue de nous; on peut perdre son temps, faire sa chance ou s'abandonner.
— Jouer avec un ballon : la chance va se retourner.
— Être touché par un ballon : désagréments.
— Perdre un ballon : on va trouver quelque chose d'utile.

Ballon captif

— Que l'on voit : on va avoir une grave désillusion.
— Dans lequel on se voit : on s'éloigne des objectifs accessibles.
— Que l'on voit éclater : quelqu'un va éprouver une vive colère.

Banane

— Chez les femmes sens uniquement sexuel.
— Voir une banane : on parvient à se rapprocher de quelqu'un qui a de la compréhension.
— Manger une banane : réveil de la sexualité.

Banc

— Liquidation du passé, souvent comme le rêve d'une gare.
— Être assis dehors sur un banc : des aventures amoureuses s'annoncent.

Bandit

— La plupart du temps dans des cauchemars, sinon signification sexuelle.
— Voir un bandit : on est mêlé à une affaire qui n'apportera aucun profit.
— Être attaqué et dévalisé par un bandit : tendance à une amélioration fondamentale de la fortune.

Banni

— L'être : on tombera dans une situation inhabituelle.
— Bannir quelqu'un : on a grand besoin de quelqu'un que l'on a choqué.

Banque

— Verser de l'argent dans une banque : l'un des souhaits les plus secrets va se réaliser.
— Retirer de l'argent d'une banque : dettes.
— Être employé dans une banque : bonnes perspectives d'améliorer sa situation générale.

Banqueroute

— Faire banqueroute : on trouve soudain une issue à une situation difficile.

Banquier

— Se voir sous les traits d'un banquier : se garder de spéculer; il n'en résultera aucun avantage financier.
— Parler à un banquier : on va subir une perte.

Baptême

— Dans la plupart des cas, suite d'un rêve d'eau.
— Que l'on voit ou auquel on assiste : on trouvera des ressources intérieures qui permettront de surmonter des heures pénibles.

Baquet

— Que l'on voit : on apprendra du nouveau.

Bar

— Être assis dans un bar : on va faire une connaissance sans lendemain.

Barbe

— Idée du père; chez les femmes, sentiment d'être en sécurité auprès d'un homme qui porte la barbe.
— Voir pousser une barbe : on va parvenir à une situation avantageuse.
— Voir ou avoir une barbe : bonne santé; présage d'autant plus favorable que la barbe est plus forte et plus fournie.
— Couper ou raser une barbe : pertes.
— Perdre une barbe : pertes.
— Une barbe rouge : se garder des faux amis.
— Voir une barbe chez une femme : prudence.

Barbier

— Voir un barbier, se faire couper les cheveux ou raser par lui : on va subir des dommages.

Bardane

— Que l'on voit : on sera assailli par des importuns.
— Que l'on jette sur quelqu'un : on voudrait vivre quelque chose sortant de l'ordinaire.

Bardot

— Que l'on voit : exhortation à faire preuve d'opiniâtreté dans une affaire que l'on voudrait abandonner par suite de la fatigue ou de la mauvaise humeur.
— Que l'on conduit ou monte : des efforts poursuivis et opiniâtres permettront de mener à bien une tâche.

Barrière

— La voir : des obstacles inattendus apparaissent.

— La traverser : dans une affaire quelconque, on obtiendra un bon résultat,
— Très haute, impossible à franchir : on est beaucoup trop optimiste dans une affaire.

Barrière de passage à niveau
— Désagréments ou accident.

Barrière mobile
— Que l'on voit : on se heurtera prochainement à un obstacle.
— Que l'on voit ouvrir ou ouverte quand on veut la franchir : il faut compter qu'un obstacle causera des difficultés sérieuses.
— Voir une barrière fermée : un obstacle sera aisé à surmonter.
— Voir une barrière se fermer au moment où l'on veut la franchir : mise en garde, un obstacle peut être particulièrement dangereux du fait qu'il surgira soudain et à l'improviste.

Baromètre
— Voir un baromètre : une entreprise commencée avec de grands espoirs va se solder par un fiasco.
— Le laisser tomber et se briser : un changement subit dans la conduite de la vie personnelle va se produire.

Bas
— Symbole sexuel, en général en relation avec la jarretière; rêve fréquent suscité par le désir.
— Que l'on voit : une heure du berger qui ne sera pas troublée.
— Que l'on perd : une heure du berger sera troublée, ou aura pour suite des jours agités.
— Jarretière : chance en amour.

Basse
— Chanter ou écouter une basse : plaisir en perspective.

Bassine
— Que l'on voit : annonce un grand nettoyage, soit chez soi, soit, au sens figuré, dans sa vie.

Basson
— En jouer soi-même : des temps joyeux.

Bataille

— Une surexcitation nerveuse qui invite à veiller davantage à la santé et à vivre avec plus de prudence.
— Que l'on voit ou à laquelle on prend part : dans le rêve de soldats les séquelles de ce qu'ils ont effectivement vécu ; sinon, annonce en général des inimitiés secrètes qui causeront beaucoup d'agitation ; il peut s'agir aussi de querelles au foyer.

Bateau

— La vie change de voie; sur l'eau on se sent un peu moins en sécurité, surtout si l'eau est trouble.
— Que l'on voit : changement ou modification.
— Dans lequel on se trouve : il faut réexaminer l'intention de procéder bientôt à un changement ou à une modification.
— Que l'on voit partir ou avec lequel on part : on prendra congé d'une personne, on quittera un lieu ou abandonnera quelque chose.
— Que l'on voit entrer dans un port : on se reverra.
— Que l'on quitte après l'arrivée au port : on atteindra son but.
— Que l'on voit construire ou charger : gain.
— Dans la brume : un danger menace.
— En détresse : mise en garde contre un grave danger.
— Que l'on voit couler : un coup dur du destin menace sans que l'on porte une responsabilité.

Bateau à vapeur

— Que l'on voit : voyage.
— Que l'on emprunte : amélioration de la situation actuelle.

Bateleur

— On a peur de s'avilir, mais que l'on continue en réfléchissant à chaque pas.
— Que l'on voit : vous avez affaire à des gens qui cherchent à vous exploiter.

Bâton

— Symbole sexuel ; rêve suscité par un désir, surtout chez les femmes.
— Que l'on voit : mise en garde contre le manque de sérieux de tiers.
— Sur lequel on s'appuie : une personne sur laquelle on croyait pouvoir compter aura une défaillance.
— Avec lequel on est battu : qu'on l'ait mérité ou non, on recevra une leçon.
— Que l'on casse : brouille.

Battre au fléau
— Voir battre au fléau : on aura affaire à une personne désagréable.
— Battre soi-même : présage de travail fatigant.
— Battre de la paille sans grains : efforts inefficaces.

Baume
— Rêve suscité par la peur de tomber malade, avec l'espoir d'un secours extra-terrestre.
— Que l'on voit : guérison d'un mal physique ou psychique.
— Que l'on prépare ou achète : il faut prendre un mal en patience.
— Que l'on utilise soi-même : exhortation à aider les tiers qui souffrent ou à ne pas les affliger inutilement.
— Dont on enduit des tiers : on recevra de tiers consolation et secours.

Béatification
— La bonté sera récompensée.

Beau-frère/Belle-sœur
— Que l'on voit : agitation causée par la parenté.

Belle-mère/Beau-père
— Que l'on voit : querelle.

Beaux-parents
— Père et mère : malheur ou perturbation du cours normal de la vie.
— Rêver de perturbations causées par les beaux-parents, mais qui ne se produisent pas dans la réalité : qu'on le veuille ou non, il faudra céder aux caprices d'une personne étrangère.

Bec
— Il faudra se montrer courageux.

Bêche
— Travail pénible.

Beignets
— Que l'on voit ou que l'on mange : on se divertira bien.

Bélier
— Que l'on voit : succès dans l'avenir.

Bénédiction/Bénir

— On vivra longtemps, ou on fera des recettes imprévues.

Béquille

— Presque toujours symbole d'un manque d'assurance intérieure ou de la pensée que des tiers ont besoin d'assistance; chez les femmes d'un certain âge souvent réaction sexuelle tardive.
— Que l'on voit : maladie.
— Sur laquelle on s'appuie pour marcher : mauvaises affaires ou perte de la personne aimée.
— Que l'on brise : santé.

Berceau

— Vide : annonce un événement joyeux.
— Avec un bébé : on sera mis dans une situation gênante par quelqu'un que l'on ne pourra pas faire taire.

Berger

— Que l'on voit ou avec lequel on s'entretient : révélation d'un secret important.

Besoin

— Que l'on ressent ou que l'on a : annonce des outrages.

Besoins

— Que l'on fait : succès.

Bétail

— Symbole de la soumission à l'instinct; en plus, symbole sexuel masculin ou féminin selon la bête.
— Voir un marchand de bestiaux ou avoir affaire à lui : on sera roulé d'une belle manière.
— Voir un marché aux bestiaux : chance inconstante au point de vue matériel.
— Y vendre : on croit être particulièrement rusé dans une affaire, mais l'autre l'est plus encore.

Bête fauve

— Symbole des passions désordonnées et d'une vie soumise à l'instinct, auxquelles il faut opposer la plus grande énergie possible.
— Que l'on voit : perfidie.

Betterave fourragère

— En terre : une longue patience procurera plus tard un gain considérable.

— Que l'on récolte : la récompense d'une longue patience ne se fera plus attendre longtemps.
— En voir beaucoup en tas : un événement apportera de gros avantages matériels.

Betteraves
— Symbole sexuel, quand des femmes et des hommes jeunes en rêvent; chez les hommes plus âgés, sens souvent péjoratif.
— Que l'on voit : porte bonheur.
— Que l'on récolte : on se mettra à l'abri du besoin.
— Que l'on prépare et que l'on mange : une spéculation matérielle ou intellectuelle réussira.
— Que l'on vend : on sera l'objet de railleries.
— Blanches : danger.
— Jaunes ou rouges : joie.
— Un champ de betteraves : aisance obtenue par son propre travail.

Beurre
— Peut signifier des soucis en matière d'alimentation, mais aussi des penchants sexuels.
— Voir du beurre : quelque chose que l'on voudrait garder secret va être révélé.
— Frais : présage d'une bonne année.
— Rance : calomnie.
— Manger du beurre : présage de santé.
— Faire du beurre : désir de caresses.

Bible
— La voir ou la lire : ménage heureux.
— L'acheter : un conflit familial est apaisé.
— La laisser tomber : séparation.

Bibliothèque
— Que l'on voit ou dans laquelle on se trouve : succès, mais seulement au terme d'efforts longs, sérieux et opiniâtres.

Bicyclette
— Que l'on voit ou sur laquelle on se déplace : on est exposé à un danger par un accident qui s'est produit dans la rue.
— Endommagée : prudence.
— Que l'on achète : on pratiquera les sports.

Bidon
— Que l'on voit : bonne amitié.
— Dont on boit du lait : bonne santé.

Bien
— Que l'on acquiert ou que l'on possède : bel avenir.
— Faire le bien ou être bon : aisance.

Bien-être
— Avoir la conscience pure.

Biens volés
— Que l'on voit : les temps seront bons.
— Que l'on possède : revers.

Bière
— La bière et l'hydromel sont depuis toujours des symboles de repos et de santé.
— Boire de la bière : santé et bons revenus.
— Fraterniser avec quelqu'un : des amis bons et utiles.
— Renverser de la bière : mariage ou baptême.

Bijoux
— On espère réussir à venir à bout d'une période de pauvreté tant intérieure qu'extérieure au moyen de colifichets brillants.
— Que l'on voit : pauvreté.
— Que l'on achète : on sera contraint de se restreindre.
— Que l'on perd : chance inespérée.
— Être bijoutier : pertes en affaires.

Billard
— Que l'on voit : chance inconstante.
— Jouer au billard : entreprise douteuse.

Billet
— La carrière sera poursuivie sur une nouvelle base.
— Prendre un billet : il faudra prendre patience.

Billet de loterie
— Que l'on voit : d'une manière générale chance, la plupart du temps gain à la loterie ou au jeu.
— Que l'on achète ou possède : malchance à la loterie ou au jeu.
— Que l'on voit avec un numéro : on devrait acheter un billet portant ce numéro.

Billets de banque
— En voir beaucoup : il va se produire des pertes financières.
— En compter : la situation se dégrade.

Biscuit
— Que l'on voit : aimer les friandises.
— Que l'on fait cuire : fiançailles dans la famille ou quelque autre événement dont on se réjouit.
— Que l'on mange : on désire quelque chose, mais on ne s'est pas encore entièrement décidé.

Blason
— Que l'on voit : en fouillant dans ses affaires, on trouvera à l'improviste un vieux souvenir.

Blasphème
— Malheur et fatalité.

Blé
— Voir un champ de blé : annonce une période d'aisance.
— Des grains de blé : recettes.
— De la farine de blé : une fête plantureuse ou un repas de gourmet.

Blessure
— S'interprète souvent comme « Opération » ; l'important est de savoir qui est blessé ou qui cause la blessure; un changement doit être imposé à la victime.

Blessure
— Quelque chose requiert un changement ou un éclaircissement.
— Que l'on a ou que l'on reçoit : on se trouve par sa faute dans de mauvais draps, mais on s'en tirera encore à bon compte.
— Blesser quelqu'un : on ressentira la joie maligne de tiers.
— Voir des blessés : un effort sera vain.

Bleu
— Couleur : symbole de la réalisation des souhaits.
— Voir une robe bleue : souffrance intérieure.
— Voir un ciel bleu clair : bon présage, on sera libéré de nombreuses difficultés.
— Être assis dans une chambre bleue : soucis matériels.

Bloc de bois
— Lourd que l'on porte sur le dos : on va se charger de quelque chose qui ne rapportera rien.
— Sur lequel on fend du bois : on mettra un grossier personnage à la raison.

— Auquel on se heurte : on sera offensé par un malotru.

Bluff
— On mettra fin à des faux bruits.

Boeuf
— Comme symbole sexuel expression de la force; souvent rêve de puissance chez les personnes d'un certain âge.
— Voir des bœufs au pâturage : gain ou prospérité.
— À l'étable : foyer riche et bien organisé.
— Attelés à une charrette : travail ou occupation pénible, mais profitable.
— Que l'on entend mugir : danger qui menace.
— Par lequel on est attaqué : on aura une personnalité influente comme ennemi.
— Voir l'abattage d'un bœuf ou y prendre part : des avantages matériels ne pourront être obtenus qu'à la condition de porter atteinte au bonheur ou à la paix de tiers; exhortation à penser non seulement à soi, mais aussi aux autres.

Boire
— Rêve calmant un désir; parfois aussi symptôme de fièvre chronique.
— À un verre ou une coupe : guérison ou aisance.
— À un pot : misère.

Bois
— Qu'on lime : entreprise incertaine.
— Pourri que l'on voit luire : on se laisse, sur les conseils d'un ami, tromper par les apparences.
— Que l'on fend : perte de fortune.
— Que l'on voit fendre par des tiers : décès.
— Dont on fait une charpente : on recevra des honneurs.
— Que l'on porte : pauvreté.
— Que l'on scie : on fera la connaissance d'un misérable papelard.
— Que l'on sculpte : succès dans le domaine artistique.
— Que l'on voit flotter sur l'eau : un bonheur espéré va s'évanouir.
— Que l'on jette dans le feu : prodigalité.
— Que l'on voit empilé : on parviendra à un avenir paisible grâce à un travail opiniâtre.
— Que l'on achète : des dépenses.
— Dont on fait le commerce : recettes.
— Que l'on travaille : on aura du succès.
— Porter des sabots : on parviendra à l'aisance.
— Voir des sabots : bonheur au foyer.

Bois de cerf
— Peur du mari ou de l'amant qui se sous-estiment.
— Que l'on voit : mariage ou amour malheureux.

Bois fendu/Billot
— Il faudra supporter bien des choses.

Boîte
— Récipient symbole d'une vie bien protégée, hors de laquelle tout serait perdu.
— En argent : des avantages.
— Avec de jolis dessins : vous ferez bientôt une connaissance agréable.
— Que l'on reçoit en cadeau : de bons amis.
— Que l'on trouve : on jouit de la joie et de la faveur.
— Que l'on utilise : on entendra de bonnes choses.
— Que l'on perd : en désaccord avec soi-même.
— Que l'on voit ou achète : on apprendra un secret.
— Vide que l'on voit : mise en garde contre des voleurs.
— Petite que l'on reçoit en cadeau : surprise agréable.

Boîte de nuit
— Dans laquelle on se trouve : on tombera en mauvaise compagnie, dépensera son argent pour des choses inutiles ou de moindre valeur, ou succombera à une tentation.

Boîter
— Voir boîter ou boîter soi-même : recul des affaires.

Bombe
— Dangers, rêve de destruction totale.
— Voir une bombe : événement imprévu et défavorable.
— Que l'on jette sur d'autres : hostilité de tiers.
— Exploser et causer des dégâts : accident.
— Voir un attentat à la bombe sur une haute personnalité : on va échapper à un danger que l'on n'avait peut-être pas remarqué ou on lui a déjà échappé.

Bonde
— Que l'on voit ou utilise : perte.

Bonheur
— Que l'on a : persécution.
— En amour : la personne que l'on aime est infidèle.
— Voir un couple heureux : on se sentira très malheureux.

Bonnet de nuit
— Que l'on voit porté par des tiers : mise en garde contre l'infidélité d'une personne proche.
— Que l'on met ou que l'on porte : on manquera ou gâchera sa chance.

Bonnet de nuit (hommes)
— Que l'on voit ou que l'on porte : c'est la femme qui a le dernier mot.

Bon sens
— Que l'on perd : il ne faut pas tant réfléchir.

Bordel
— Comparaison de ce que valent et de ce que peuvent en amour la personne qui rêve et son partenaire.

Borgne
— Être borgne ou voir un borgne : on sera trompé.

Borne kilométrique
— Que l'on voit : on sera invité à une excursion en auto.

Bossu
— Sens sexuel, si c'est une femme qui rêve.
— Voir un bossu : on obtiendra un avantage.
— Parler ou avoir affaire à un bossu : chance à la spéculation ou à la loterie.
— Être bossu : présage de bonne santé.

Botte
— Une démarche pénible.

Bottin
— Vu de l'extérieur : certains souhatis ne se réaliseront pas.
— Que l'on feuillette : la famille va s'agrandir.
— Où l'on trouve un nom connu : perte d'un espoir longtemps conservé.

Bouc
— Que l'on voit : gain et héritage.
— Être menacé par un bouc : ne pas se laisser intimider.
— Tuer un bouc : une maladresse causera une perte matérielle.

Bouche

— De même que les dents, signe uniquement sexuel de puissance chez l'homme et la femme.
— Avoir une grande bouche : on promet de devenir un bon orateur.

Boucher

— Rêve prémonitoire; un danger indéterminé menace, souvent une maladie.
— Que l'on voit ou avec lequel on a des relations : mise en garde, la dureté de cœur ou l'intransigeance vous feront détruire vous-même quelque chose.
— Que l'on voit au travail : on aura affaire à des gens au cœur dur; par leur faute, il se produira une séparation ou une désaffection.

Boucle

— Que l'on coupe de sa chevelure : peine perdue.
— De la chevelure de quelqu'un : on essuiera un refus.
— Voir des tiers couper une boucle de leur chevelure ou de celle d'autrui : l'histoire d'amour secrète de quelqu'un sera confiée.
— Que l'on vous coupe : engagement à ne pas se montrer si hésitant dans une affaire d'amour.
— Dont on fait cadeau : un penchant ne trouve pas de réponse.
— Que l'on perd : perte imminente d'une amitié ou d'une relation amoureuse.
— Que l'on reçoit : on est aimé.
— Voir une tête bouclée : une affaire d'amour confuse et compliquée.

Boucles d'oreilles

— Que l'on voit : on fera la connaissance d'une femme.
— Que l'on achète ou que l'on porte : chez les hommes mise en garde contre des aventures d'amour coûteuses, chez les femmes insuccès en société.
— Que l'on reçoit en cadeau : grand succès en société.

Bouddha

— Que l'on voit : on a peur de l'influence suggestive d'une personne, sans parvenir à s'y soustraire.
— Que l'on adore : on voudrait dire à quelqu'un ce qu'on a sur le cœur, mais on n'ose pas.
— Être interpellé par un Bouddha : événement imprévu favorable.

Boudin

— Que l'on voit ou que l'on mange : présage de santé.

— Que l'on voit quelqu'un manger, tandis qu'on a faim soi-même : on est fatigué ou aigri et on a besoin d'une distraction.

Boue

— Que l'on voit ou dans laquelle on tombe : on s'enrichira.

Boulanger

— Souvenir de l'enfance.
— Voir un boulanger : les soucis diminuent.
— Être dans une boulangerie : chance, succès et satisfaction.
— Une boulangère : santé vigoureuse.
— Magasin de boulanger : année prospère.

Boule

— Symbole de ce que la chance a d'inconstant.
— Que l'on voit : chance inconstante.
— De fer : on affrontera tous les dangers avec bravoure.
— De verre : indécision.

Bouleau

— Les arbres sont des symboles de la vie pure et naturelle.
— Voir un bouleau : porte chance et bonheur.
— Grimper dans un bouleau : chance inespérée.

Boulettes

— Que l'on fait : bavardages et commérages à n'en plus finir.
— Que l'on mange : bien-être.

Bouquet de fleurs

— Que l'on voit, fait, offre ou reçoit en cadeau : annonce une déclaration d'amour ou d'amitié.
— Que l'on oublie, perd ou endommage : une déclaration d'amour ou d'amitié restera sans écho.

Bourbe

— Rêve suscité par la crainte que les passions prennent le dessus et qu'on ne puisse plus les contrôler.
— Que l'on voit : mise en garde contre des relations manquant de sérieux.
— Dans laquelle on marche : des relations manquant de sérieux causeront une perte de réputation et de prestige.

Bourgeon

— Que l'on voit : joie et bonheur en amour.

Bourreau
— Que l'on voit : une situation critique ou désagréable tournera bien au dernier moment.

Bourse (où se font des opérations financières)
— Spéculer à la Bourse : un essai d'améliorer son standing par un bon coup qui ne réussira pas.
— Être employé à la Bourse ou y exercer des activités professionnelles quelconques : mise en garde contre une entreprise irréfléchie.

Bourse
— Penser aux choses matérielles en rêve est une mise en garde de ne pas se laisser dominer par elles dans la vie.
— Vide : annonce une perte d'argent.
— Contenant de l'argent : gain à la loterie.
— Que l'on trouve dans la rue : bonheur ou gain inespéré.
— Que l'on reçoit en cadeau avec de l'argent dedans : surprise agréable.

Bousculade
— Gain.

Boussole
— Que l'on voit : on cherche la voie juste dans une affaire qui revêt une importance particulière et on la trouvera.
— Que l'on perd : on se trouvera dans l'embarras.
— Que l'on consulte : voyage prochain.

Bouteille
— Sens sexuel et souvent au sens de « prison ».
— Que l'on voit : des heures joyeuses.
— Cassée : un événement triste.
— Vide : quelque chose manque.
— Avec du vin : richesse.
— Avec de l'eau : bon avenir.

Bouteille thermos
— Que l'on voit : exhortation à conserver la sympathie de quelqu'un.
— Que l'on brise : malchance dans une amitié.

Bouton
— Que l'on voit : de l'argent.
— Que l'on perd : infidélité en amour.

— Que l'on coud : on assurera sa position.

Bovin

— Symbole sexuel de la force masculine et d'instincts puissants.
— Voir un ou plusieurs bovins dans un pâturage : progrès matériels.
— Des bovins dans l'étable : ménage matériellement bien situé.
— Attelés : un travail fructueux.
— Un bovin sauvage ou qui s'emballe : une dépense assez importante.
— À l'abattoir : pertes matérielles.
— Préparer ou manger de la viande de bovin : on peut s'attendre à des succès dans un domaine auquel on tient beaucoup.

Boxer

— Se voir boxer : un plan donne lieu à une lutte dure.
— Être battu : échec d'une espérance.
— Être vainqueur : après de grosses difficultés, le plan finira par être réalisé.
— Voir des tiers boxer : on aura un différend avec des tiers.

Bracelet

— Porter un bracelet : amour inavoué.
— Recevoir un bracelet en cadeau : joie prochaine.
— Voir des tiers porter des bracelets : dépenses inutiles.
— Noir : maladie et mauvaise santé prolongée.
— Voir plusieurs bracelets : dépenses inutiles.

Branches

— D'arbres : espoirs déçus.
— Avec des feuilles : chagrin injustifié.
— Cassées : stagnation sur le plan professionnel.

Bras

— Voir son propre bras : travail pénible.
— Particulièrement grand : travail pénible.
— Avoir un petit bras : réjouissance.
— Lever le bras : la situation n'est pas exempte d'influences étrangères.
— Avec beaucoup de poils : fortune en vue.
— Se casser le bras : désaccord.
— N'avoir qu'un bras : obstacles dans la vie.

Brassard

— Que l'on voit : on accomplira son travail avec facilité.

Bretzel

— Que l'on voit, achète ou mange : annonce d'un plaisir.
— Que l'on vend dans la rue : amélioration de la situation.

Brevet d'invention

— Que l'on reçoit : on aura une bonne idée que l'on devrait mettre en pratique.
— D'un tiers auquel on a affaire : on arrive trop tard dans un certain cas et on en est pour ses frais.

Bride

— Que l'on voit : on parviendra à ce qu'on veut.
— Que l'on saisit ou avec laquelle on conduit une bête : dans une affaire, on ne pourra pas faire ce qu'on voudrait.

Brigand

— Que l'on est : on s'engage dans une affaire dangereuse.
— Que l'on voit pris sur le fait : annonce d'une perte sensible; peut également être un rêve prémonitoire susceptible de contribuer à éclaircir un cas.
— Être soi-même attaqué par des brigands : on sera gravement trompé et subira des dommages de la part de quelqu'un dont on n'attend pas un tel comportement.

Brillant

— Très souvent sentiments d'infériorité, bluff; surestimation de soi.
— Voir un brillant : on a ou on trouve quelqu'un dont l'amour est marqué par un dévouement sans borne.
— Recevoir un brillant en cadeau : fiançailles ou amélioration de la situation.
— Perdre un brillant : on sera délaissé par quelqu'un que l'on aime.

Brique

— Que l'on voit : une chance qui est offerte rapproche de la possibilité de se créer une existence assurée.

Briquet

— On deviendra indolent.

Brocanteur

— Dont on achète quelque chose ou avec lequel on marchande : de bonnes affaires.

Broche
— Une amitié subira une séparation.

Brochet
— On recevra une visite.

Broderie
— Que l'on voit : exhortation à se montrer réservé dans une certaine affaire.
— Que l'on fait ou que l'on porte : en essayant de se placer au premier rang dans une affaire, on attirera fâcheusement l'attention sur soi.

Brodeur/Brodeuse
— On aura de bonnes recettes ou on fera preuve d'habileté.

Brosse
— Inquiétude, très souvent signification sexuelle.
— Voir une brosse : on va faire l'objet de racontars.
— Acheter une brosse : on aura à souffrir de la jalousie de tiers.
— Brosser des vêtements et voir beaucoup de poussière : ennuis.
— Brosser des souliers : on sera mal traité.
— Brosser le plancher : difficultés à surmonter dans son travail.
— Voir ou posséder beaucoup de brosses : querelles.

Brouette
— Les soucis que causent la profession, la vie, sont ressentis comme si l'on poussait une brouette chargée de pierres.
— Que l'on voit ou que l'on tire : maladie.
— Que l'on pousse : on assume une lourde charge que l'on ne pourra pas supporter à la longue.
— Que l'on tire chargée de pierres : efforts inutiles.

Brouillard
— Manque de clarté quant à l'avenir et aux voies à suivre.
— Que l'on voit devant soi : dans une affaire, on se heurtera à des difficultés imprévues, qui toutefois pourront être surmontées si l'on réfléchit.
— Dans lequel on ne peut plus rien reconnaître autour de soi : on sera chargé d'une tâche ou d'une affaire que l'on ne pourra mener à bien que grâce à son sentiment et à son bon sens.

Bruit de grelots
— On apprendra des nouvelles.

Bruit sourd
— Malheur.

Brûler
— Se brûler : on essuiera un échec dû à la curiosité.
— Quelque chose : querelle et séparation qui s'ensuivra.

Brun
— Comme couleur intermédiaire indique une phase de transition, en général vers quelque chose de plus mauvais.
— Voir le brun en tant que couleur : espoir trompeur.
— Voir des yeux bruns : on aura affaire à quelqu'un de faux.
— Porter une robe brune : on sera exposé à un danger.

Bruyère
— Que l'on voit : changement de la situation.
— Que l'on cueille : on cherche des moyens de rester jeune longtemps.

Bûcher
— Attention à la vanité ! On ne tient aucun compte de l'avis des tiers et on ne remarque pas que les difficultés s'accumulent.
— Que l'on voit empiler : exhortation à garder pour soi ce que l'on pense dans une affaire importante ; sinon, il pourrait y avoir des désavantages ou des dommages.
— Que l'on empile ou sur lequel on brûle quelque chose : on deviendra infidèle à ses principes ou à ses opinions et on devra en tirer les conséquences.
— Que l'on voit brûler : on se rend impopulaire par la franchise avec laquelle on parle ; on sera l'objet d'attaques ou on devra souffrir pour ses convictions.

Buis
— Que l'on voit : des espoirs se réalisent.
— Buis sec : on a de la peine à avancer.
— Traverser une haie plantée de buis : avenir magnifique.

Buissons
— Rêve prémonitoire : il faut se cacher pour échapper à des dangers inconnus.
— Se cacher dans des buissons : on sera en danger.

— Voir quelqu'un caché dans des buissons : on découvrira un secret.
— Voir des buissons brûler : annonce d'un événement important.

Buisson
— Voir un buisson vert : grande joie.
— Un buisson sec : beaucoup d'ennui dans un prochain avenir.

Bulles de savon
— Que l'on voit : il faut se garder des illusions, car la déception pourrait être amère.
— Que l'on fait : une illusion se soldera par une déception.

C

Cabale
— L'avenir est fixé.

Cabaret
— Que l'on voit : on passera une soirée ennuyeuse, alors qu'on voulait s'amuser.
— Dans lequel on est soi-même un chansonnier : moquerie et raillerie.
— Voir une artiste de cabaret : on perdra de l'argent.

Cabinet
— Tout est prêt pour l'amour.

Cabinet
— Avec excréments humains : bon présage.
— Simples latrines : se garder des mauvais amis.
— W.C. moderne : on aura des désagréments.

Câble

— Que l'on voit : bonnes nouvelles de parents qui habitent au loin.

Cacao

— Que l'on boit : un événement amer.
— Voir un cacaoyer : on fera la connaissance d'étrangers.

Cachet

— On consolidera sa position.

Cactus

— Que l'on arrose : amabilité à l'égard de faux amis.
— Petit que l'on a sur la fenêtre : on est mesquin.
— Grand que l'on a dans le jardin : on dit beaucoup de mal de vous.

Cadavre

— Symbole d'événements passés, mais des questions personnelles en relation avec eux ne sont pas encore entièrement éclaircies.
— Que l'on voit : mariage ou naissance dans la famille ou chez des amis.
— Se voir sous la forme d'un cadavre : on sera libéré d'un gros souci.

Cadeau

— On explore et évalue ses relations.
— Que l'on fait : gain.
— Que l'on accepte : perte.

Cadre

— On ne parvient pas à franchir certaines limites et se sent réduit à l'étroit.
— Vide que l'on voit : on apprendra que tout bonheur a sa limite et toute peine sa fin.

Café

— Les grains de café sont un symbole analogue aux fruits : en tant que boisson, le café est symbole de ce qui stimule, de ce qui échauffe.
— Que l'on moud : vie de famille paisible.
— Que l'on boit noir : agitation.
— Avec du lait : on recevra une invitation.
— Que l'on torréfie : on aura un plaisir.

— Que l'on prépare : des invités agréables.
— Que l'on boit froid avec du lait : insuccès.
— Laver la cafetière : satisfaction après un travail pénible.
— Voir un moulin à café : satisfaction au foyer.
— Voir du marc de café : maladie et soucis matériels.
— Que l'on voit ou dans lequel on se trouve : quelque chose de désagréable pour ses propres amis.
— Dont on voit le patron : on gagnera beaucoup d'argent sans beaucoup de peine.
— Dans lequel on sert les clients : on a besoin de personnes mauvaises.

Café
— Indique une pause avant quelque chose de nouveau.
— Être assis dans un café : on est contraint de perdre son temps à ne rien faire.

Cage
— On veut se libérer des contraintes de la société.
— Que l'on voit : on sera privé de sa liberté.
— Vide : annonce un mariage et que l'on organisera sa vie à son gré.

Cagneux
— La voie prévue est plus pénible ou est considérée comme plus pénible qu'on l'avait pensé.
— Que l'on voit : on sera soumis à une critique gênante.
— L'être : on sera rendu responsable d'un malheur auquel on ne peut rien.

Caille
— Bon message en amour.

Caisse
— Que l'on voit : on fera des dettes.
— Dont on compte le contenu : il faudra se restreindre.
— Vide que l'on a : une dette dont on n'avait plus rien attendu sera réglée.
— Lire dans le journal qu'une caisse a fait l'objet d'un vol : prudence!
— Pénétrer dans une caisse qui se trouve dans un souterrain voûté : on apprendra un secret important.

Caisse
— Pleine que l'on voit ou que l'on a : richesse.
— Vide que l'on voit ou que l'on a : pauvreté et soucis.
— Vieille et démolie que l'on voit : des difficultés partout.

Caissier
— On n'est pas bien jugé par son entourage.

Caisson
— Que l'on voit ou que l'on achète : on apprendra un secret.
— Ouvert que l'on voit : attention aux voleurs.
— Petit que l'on reçoit en cadeau : surprise agréable.

Calculer
— On trouvera un moyen de sortir d'une situation difficile.

Calèche
— Cf. « Voiture ».

Calendrier
— Que l'on voit : on aura une surprise désagréable.
— Neuf que l'on achète : beaucoup de joie dans l'avenir.
— Vieux que l'on jette : amélioration de la situation après beaucoup de soucis.
— Lire un almanach : on apprendra des choses que l'on voulait savoir depuis longtemps.

Calepin
— Que l'on voit : manque d'ordre.
— Dans lequel on écrit : quelqu'un remplira un engagement que l'on avait soi-même oublié.
— Que l'on feuillette : on se fera rappeler quelque chose de désagréable.
— Que l'on perd ou que l'on ne peut pas trouver; ou ne pas trouver une note que l'on cherche dans son calepin : perte causée par sa propre distraction.

Calice
— Que l'on voit : on aura à souffrir amèrement.
— Auquel on boit : paix et joie.
— Que l'on laisse tomber et qui se brise : mauvaise nouvelle.

Calomnier
— Quelqu'un : on aura mauvaise réputation à cause d'un acte.
— Être calomnié : honneurs et prestige.

Calotte
— Que l'on voit ou que l'on porte : on trouvera une bonne protection.

Calvaire
— On demande pardon.

Calvitie
— On a peur que ce que l'on est en son for intérieur soit révélé.

Calvitie
— Être chauve : on aura beaucoup de succès chez des savants.
— Voir quelqu'un de chauve : on fera la connaissance d'une personne grave.

Camarade
— On est solitaire et malheureux en ménage et désire trouver un bon ami.
— Que l'on a : vivre en bonne intelligence.
— Avec lequel on fait une excursion : surprise agréable.
— Dont on prend congé : on changera de domicile.

Cambriolage
— Que l'on voit : aventure amoureuse.
— Que l'on effectue : désir de richesse.
— Être cambriolé : attention à la santé.
— Constater un cambriolage chez soi, sans que rien n'ait disparu : mise en garde contre un danger prochain.

Cambrioleur
— L'instinct sexuel se fraie une voie.
— Remettre un cambrioleur à la police : on gagnera un procès ou recevra une récompense pour les capacités dont on a fait preuve.

Camomille
— Que l'on voit ou que l'on achète : maladie.
— Que l'on cueille ou dont on fait une tisane : bonne santé ou guérison.
— Dont on fait une compresse : une douleur est calmée.

Canaille
— Contrariétés.

Canard
— Symbole en liaison avec des espoirs.
— Voir un canard : honneur.
— Nager : nouvelles défavorables.
— Vouloir capturer un canard sans y réussir : pertes.
— Capturer un canard : réussite d'une entreprise.
— Donner à manger à un canard : on récoltera de l'ingratitude pour un bon acte accompli au bénéfice d'un de ses amis.

— Voir un canard rôti : les revenus seront plus mauvais.
— Le manger : fête joyeuse en famille.

Canari

— Que l'on voit : on trouvera une amie.
— Que l'on entend chanter : pour les célibataires fiançailles, pour les personnes plus âgées vieillesse paisible.
— Que l'on laisse s'envoler de sa cage : excursion à la campagne.

Cancer

— En être atteint : un ennemi dangereux cherche à ruiner votre existence.

Caniche

— Que l'on voit : on rencontrera une personne savante et on aura avec elle des relations intéressantes et avantageuses.
— Que l'on possède : on s'occupe de choses savantes qui ne rapportent rien.

Canif

— Un accident.

Canon

— Que l'on voit : peur et malheur.
— Avec lequel on tire : honneur et naissance d'une personne qui comptera.
— Entendre le bruit du canon : bonne nouvelle.
— Voir une grêle d'obus : on sera libéré de tous les dangers.

Canot

— Le vaisseau de la vie glisse paisiblement ou est secoué par des eaux tumultueuses.
— Que l'on voit glisser avec calme : une période calme et belle s'annonce.
— Dans lequel on se déplace par temps calme et clair : bonheur beau, mais qui reste incertain.
— Par tempête ou dans des eaux sales : des plaisirs de basse qualité ou comportant des dangers.
— Qui se renverse, de sorte que l'on tombe à l'eau : malheur qui menace, en particulier en amour.

Canot automobile

— Que l'on voit : voyage d'agrément.
— Dans lequel on se déplace : on fera une charmante connaissance.

Capitaine
— Que l'on voit ou que l'on est : honneurs.

Capuchon
— Que l'on porte : une déclaration d'amour prochaine.

Cardinal
— En général chance, peut-être aussi mariage prochain.

Caresses
— Rêve de déclenchement; souvent aussi mise en garde.

Carnaval
— Que l'on voit : nouvelles connaissances.
— Auquel on participe déguisé : aventure.
— Dans lequel on voit des tiers déguisés : on passera une soirée joyeuse.

Caroube
— Que l'on voit ou que l'on mange : succès d'une déclaration amoureuse.

Carré
— Symbole originel du nombre quatre; signifie force et stabilité.
— Que l'on voit : avec calme et confiance, on peut maintenir tout dans son cadre.

Carte
— Que l'on prend : il faudra avoir de la patience.
— Que l'on reçoit : on fera une connaissance intéressante.
— Pour le théâtre, le cinéma, etc. : on cherche à vivre quelque chose ou on a la nostalgie de quelqu'un.
— Recevoir une invitation avec une carte : on va faire une nouvelle connaissance.

Carte de visite
— Voir la sienne : un rêve ambitieux va s'évanouir.
— Celle d'un tiers : on a un adorateur ou une adoratrice en secret.

Carte géographique
— Que l'on voit ou que l'on étudie : un voyage ou des plans extraordinaires.
— Avec des détails très nets : succès dans la réalisation d'un voyage ou de plans.

— Avec des détails imprécis : un voyage ou des plans se heurteront à des difficultés ou des obstacles.

Carte postale

— Que l'on remplit ou que l'on envoie : on a un devoir désagréable à remplir.
— Que l'on reçoit : on s'abandonne à un espoir trompeur.

Cartouchière

— Que l'on voit : de bons temps en perspective.

Caserne

— Que l'on voit : pour une femme chagrin à cause de l'homme qu'elle aime, pour un homme des différends avec des supérieurs.
— Dans laquelle on habite : on perdra sa liberté.
— Que l'on quitte : des temps meilleurs vont commencer.
— Vide et détruite que l'on voit : des troubles dans le pays peuvent mener à la catastrophe.
— Cour de caserne : des doutes se font jour en amour.

Casse-noix

— Que l'on voit : il faudra se casser la tête.
— Que l'on utilise avec succès : on mènera une affaire difficile à bonne fin.
— Sans succès : échec dans une affaire.

Casser

— Du verre et de la porcelaine : porte bonheur.
— Du bois : une situation difficile.
— Du fer : un grand dessein connaîtra le succès.

Catafalque

— Héritage.

Cataracte

— Maladie des yeux : on obtiendra une certitude sur quelque chose.

Causer

— Ne signifie rien d'agréable.

Cavalier

— Que l'on voit : séduction, tapage et inquiétude ; chez les femmes une aventure.
— Que l'on est (rêves d'hommes) : on a de l'assurance.

Cavaliers

— Que l'on voit : pour les jeunes filles et les femmes une amourette secrète; pour les hommes une nouvelle importante.
— Voir des cavaliers du dimanche : on fera la connaissance de personnes qui veulent être plus qu'elles sont.

Caveau

— Symbole des conflits vitaux encore non résolus; recherche d'une issue; incertitude, désarroi.
— Que l'on voit : discrétion.
— Ouvrir : nouvelle de la mort d'un proche.
— Dans lequel on descend : on sera calomnié.
— Que l'on voit s'effondrer : malchance et maladie dans la famille.
— De la mère sur lequel on dépose des fleurs : on cherche une consolation.
— Sur lequel on voit son nom : attention à la santé.
— Dans lequel on est étendu : mort d'un proche.
— Voir une inscription funéraire : on perdra un ami.
— Une pierre tombale : mariage heureux et aisance.
— Voir un tombeau : un vieil ami, qui a beaucoup de prestige et a été absent depuis longtemps, va rentrer.
— Voir un tertre funéraire : on se verra rappeler quelque chose que l'on a oublié depuis longtemps, ou rendre quelque chose que l'on a perdu ou qui a été enlevé depuis longtemps.

Caverne

— Que l'on creuse : décès dans la famille ou chez des amis.
— Dans laquelle on se trouve : grand changement.
— Dans laquelle on habite : chance inconstante pour les voyageurs.
— Dans laquelle on trouve la mort : découragement.
— Sombre dont on sort pour retrouver la lumière : après une longue période de pauvreté, la situation s'améliorera.
— Que l'on voit ou dans laquelle on pénètre : de faux amis tendent un piège.

Cave voûtée

— Fondement de la maison; symbole des jambes et des régions inférieures du corps.
— Que l'on voit : on fera des économies.
— Sombre dans laquelle on est assis : deuil, graves désagréments et insuccès.
— Où l'on va chercher du charbon : paix au foyer.

Ceinture

— Attribut de la puissance, est considéré dans les rêves des hommes et des femmes en première ligne comme un symbole érotique.
— Vieille que l'on voit : peine inutile.
— D'or : promesse de succès.
— Endommagée : malheur.
— Que l'on trouve : on va gagner la confiance de quelqu'un.
— Que l'on porte : liaison prochaine.
— Que l'on perd : négligence dans l'exécution d'un projet.

Célibataire

— Que l'on voit : gaieté.

Cendre

— Symbole du passé : expression de la mort et de la déception.
— Voir de la cendre : on sera amèrement trompé et profondément blessé.
— En répandre : un deuil est imminent.
— En recueillir : croissance de la fortune.

Cène

— Cette distinction particulière libère du chagrin et des soucis.
— Voir la Cène : bonheur, félicité et honneur.
— Y prendre part soi-même : libération des chagrins et des soucis.

Centime

— Exhortation à placer son argent ou à faire des économies.

Cercueil

— On prend congé intérieurement du passé ; de nouvelles intentions ne peuvent être réalisées que lorsque le passé est enterré.
— Vide que l'on voit : on se fait des soucis injustifiés à cause de son avenir.
— Avec un cadavre : présage de malheur en mariage ou avec un partenaire.
— Dans lequel on se voit étendu : événement heureux en mariage ou avec un partenaire.

Cercle

— Symbole de la vie dont le cours ramène au point de départ ; on erre et on ne trouve pas d'issue.

— Que l'on voit : calomnie.
— Que l'on dessine : on va compliquer une affaire au point de ne plus pouvoir en sortir.
— Dans lequel on se trouve : on sera induit en erreur.

Céréales

— Que l'on voit : surabondance, quand on en voit une grande quantité, pauvreté et pénurie quand on en voit une petite quantité.
— Que l'on fauche et que l'on rentre : les soucis prennent fin.
— Avoir affaire à un marchand de céréales : des affaires seront réglées avantageusement.
— Voir un champ de céréales : profit et succès.

Cerf

— Avec bois symbole sexuel quelque peu douteux pour l'homme; chez les femmes souvent rêve d'un désir, surtout si les bois ont beaucoup de chevilles.
— Que l'on voit : on a un ennemi orgueilleux.
— Voir des cerfs en harde : beaucoup d'amis nouveaux.
— Que l'on entend bramer : bonnes nouvelles.
— Que l'on poursuit sans parvenir à le capturer : souhait irréalisable.
— Que l'on chasse : on participera à une affaire avantageuse.
— Que l'on tue : héritage.
— Que l'on voit courir : des plans vont réussir.
— Que l'on voit combattre : on accédera au pouvoir.
— Voir une biche : on recevra des honneurs.

Cerf-volant

— En papier que l'on voit voler : faux bonheur.

Cerises

— Pour surmonter une difficulté, on a recours à un litige; en outre, les cerises sont un symbole érotique.
— Que l'on cueille : on se fera de bons amis.
— Que l'on mange : joie et gain.
— Acides que l'on mange : déception en amour.
— Pourries : calomnie.

Cerisier

— Que l'on voit : annonce le beau temps.
— Sur lequel on grimpe : une amourette à court terme.
— Dont on tombe : désenchantement après une aventure gaie.

Certificat

— Que l'on reçoit : s'il est bon, une affaire gênante sera réglée à votre désavantage; s'il est mauvais, le règlement d'une affaire gênante se passera bien.

Céruse

— Décence.

Cervelle

— Que l'on voit ou que l'on mange : héritage.

Cervelle

— De veau : satisfaction.
— De porc : bonheur.

Chagrin

— Que l'on a : on sera bientôt trouvé.

Chaîne

— On est affligé par un fardeau dont on ne veut pas faire état.
— De fer que l'on voit : longue vie.
— Être enchaîné : avenir trouble.
— Que l'on entend cliqueter : une mauvaise nouvelle qui aura des conséquences défavorables pour l'avenir.
— En or que l'on voit : aisance.
— En or que l'on reçoit en cadeau : on suscite un penchant fidèle; pour les personnes jeunes, fiançailles.

Chair

— Si ce n'est pas directement un rêve de nécessité, sens purement sexuel.
— Que l'on mange : maladie.
— Manger sa propre chair : amélioration de la situation.
— De la chair humaine : on sera un objet de mépris.
— De la chair avariée : on aura de la malchance dans une entreprise.
— Que l'on jette aux chiens : on sera traité avec mépris.
— Que l'on voit : joie.

Chaire

— Que l'on voit : on exercera de l'influence sur des tiers.
— De laquelle on tient un discours : on veut toujours avoir raison.

Chaise

— Que l'on voit : repos et détente.
— Sur laquelle on est assis : annonce une période de peine et d'efforts ininterrompus.

Chambre

— Que l'on voit : joie et plaisir.
— Voir un valet de chambre : on reverra un ami.
— Voir une femme de chambre : obstacle.
— Être une femme de chambre : une autre personne se souciera de l'avenir.

Chambre à coucher

— Sens sexuel sous toutes ses formes.
— Voir sa chambre à coucher : on connaîtra une déception.
— La chambre à coucher d'une autre personne : on fera la connaissance de quelqu'un et on aura avec cette personne des relations intimes.
— Ranger sa chambre à coucher : il faudra s'inquiéter des suites.
— Une chambre à coucher étrangère : sans le vouloir, on se trouvera au courant d'une affaire privée d'une autre personne.
— Épier quelqu'un dans une chambre à coucher : dans une affaire, on ne trouvera pas son compte.
— Être épié : on sera victime d'une indiscrétion.
— Voir un étranger pénétrer dans sa chambre à coucher : on se trouvera dans une situation gênante.
— Pénétrer sans y être invité dans la chambre à coucher d'une autre personne : on mettra quelqu'un dans une situation gênante.

Chambre noire

— Que l'on voit : on est observé sans le savoir.
— Dans laquelle on travaille : en dépit de toute la prudence d'un adversaire, on remarquera et déjouera ses mauvaises intentions.

Chameau

— Symbole de la patience et du calme qui permettent d'obtenir de meilleurs résultats que la colère et l'action irréfléchie.
— Que l'on voit : on aura beaucoup de difficultés à surmonter.
— Sur lequel on est monté : on se décharge de ses devoirs sur quelqu'un d'autre.
— Voir des chameaux chargés : on sera récompensé après avoir consenti un gros effort.

— Que l'on achète : on perdra de l'argent par un coup du hasard.
— Poils de chameau : les affaires chancellent.

Champ

— Indique une activité future.
— En jachère que l'on voit : annonce la stagnation d'une entreprise.
— Dévasté : avenir triste.
— Que l'on laboure : beaucoup de travail.
— Que l'on ensemence : guerre et malheur.
— Vert que l'on voit : bonne acquisition.
— De céréales que l'on voit : on va accéder au sommet du bonheur.

Champ

— Cultivé : bonne récolte.
— En jachère : insuccès professionnel ou malheur prochain.
— Fumé au purin : une affaire avancera bien.
— Couvert de plantes régulièrement : bonheur et joie.
— À l'abandon : déception.

Champagne

— On s'évade de la discipline à laquelle on est soumis; souvent interprétation sexuelle.
— Que l'on voit : bonheur de courte durée.
— Que l'on boit seul : on ne trouve pas de compréhension dans son entourage.
— En compagnie : passe-temps joyeux.
— Casser une bouteille de champagne : un événement passionnel est imminent.

Champ de courses/Courses

— Des difficultés considérables, que l'on voudrait surmonter par un coup de force, à l'arrière-plan.
— Que l'on voit : dans une affaire, veiller à ne pas se laisser devancer.
— Participer à une course : on manquera une correspondance.

Championnat de course

— Que l'on voit : on atteindra un certain objectif.
— Auquel on participe : le proche avenir montrera qu'on ne peut pas atteindre tout ce que l'on voudrait.

Champignon

— Symbole sexuel; il ne faut pas se laisser empoisonner par des séductions.

— Que l'on voit : prudence dans le choix de ses amis.
— Voir des champignons comestibles : on aura des amis de peu d'apparence, mais influents.
— Vénéneux : mise en garde contre la perfidie de tiers.
— Cueillir des champignons : on trouvera son bonheur à l'écart des bruits du monde.
— Manger par mégarde un champignon vénéneux : mise en garde contre un grand malheur.

Chancelier

— La puissance et les honneurs vous attendent.

Chandelle

— Symbole sexuel masculin.
— Que l'on achète : événement heureux.
— Que l'on allume : promesse de longue vie.
— Brûlée jusqu'en bas ou s'éteignant : décès dans la famille.
— Que l'on voit brûler dans la cuisine : on regrette un acte qui a nui à quelqu'un.
— Que l'on voit étirer, fondre ou brûler : on assistera à une fête.

Chanoine

— De mauvaises actions seront pardonnées.

Chant

— Tentative de libérer son âme d'un fardeau; il faut essayer de se soulager un peu.
— Que l'on entend : gaieté.
— Auquel on s'adonne : tristesse.

Chanter

— Des événements anciens sont remis en mémoire de manière émotionnelle.
— Entendre une chanson gaie : de bonnes nouvelles.
— Une chanson triste : de mauvaises nouvelles.
— Chanter soi-même : on est observé par quelqu'un d'un regard critique et sans complaisance.
— En chœur : beaucoup d'amis et d'amies fidèles.

Chapeau

— En général cache ce qu'on a effectivement en tête, et surtout quand on pense que les détails ne regardent personne.
— Que l'on fait : quelque chose d'extraordinaire sera réclamé.
— Neuf que l'on possède : chance et avantages.
— Que l'on met : on sera irrité.

— Neuf que l'on porte : on veut plaire à quelqu'un.
— Que l'on voit sur la tête d'autrui : on deviendra prétentieux.
— Emporté par le vent : un gain échappera.
— Voir une femme perdre son chapeau : perdre sa liberté.
— Lever son chapeau : joie et plaisir.
— Avoir un mauvais chapeau : on tombera dans une situation désagréable.
— Voir un chapeau flotter sur l'eau : on apprendra le suicide d'une connaissance.
— Porter un chapeau de paille : on est trompé en amour.
— Porter un beau chapeau : on prendra de bonnes décisions.
— Tenir un chapeau à la main : on se tire bien d'affaire dans la vie.

Chapeau à plumes

— Honneurs.

Chapeau de paille

— Que l'on porte : on est trompé en amour.
— Neuf que l'on voit : on fera bientôt de grands plans.
— Vieux : on se résignera à abandonner un beau plan.

Chapeau haut-de-forme

— Que l'on voit ou porte : on prendra part à une solennité.

Chapelle

— Satisfaction.

Chapon

— Contrariétés et ennuis.

Charbon

— Que l'on voit : chance.
— Avec lequel on se chauffe : présage de malheur.
— Voir des charbons ardents : heureux événement imprévu.

Chardons

— Présage de malheur, noter qu'il faut en être soi-même la cause.
— Que l'on voit : déboires.
— Que l'on plante : on va s'attirer des désagréments.
— Que l'on arrose : on récoltera l'ingratitude.
— Qui vous piquent : contrariétés.

Charlatan
— Ne pas perdre un temps précieux.

Charogne
— On renonce définitivement à quelque chose.
— D'un cheval : des temps agréables, une longue vie.
— D'une autre bête : douleur et tristesse, situation instable.

Charpentier
— On édifiera soi-même son propre bonheur.

Charrue
— Que l'on voit : exhortation au travail.
— Endommagée : mauvais présage pour une entreprise envisagée.

Chasse
— On croit chasser, alors qu'on l'est soi-même; prudence à l'égard de personnes qui veulent se rapprocher.
— Que l'on voit : des adversaires rendent la vie difficile.
— À laquelle on va : on est pris de l'envie de se marier.
— À laquelle on manque le gibier : on ne connaîtra pas le succès avec ses intentions.
— Dont on revient sans gibier : déception.
— À laquelle on est invité : chance à la loterie.
— Voir des chiens de chasse : on se laisse tromper par des personnes rusées.
— Avoir un couteau de chasse : beaucoup de vantardise.
— Entendre jouer du cor de chasse : plaisir.
— Gibecière : veiller à conserver sa fortune.

Chasseur
— Que l'on voit et avec lequel on s'entretient : on sera étourdi.

Chat
— Vieux symbole de remplacement dans les rêves masculins.
— Que l'on voit : mauvais présage dans n'importe quel contexte; en première ligne fausseté chez des amis ou des connaissances ou déceptions en amour.
— Par lequel on est griffé ou mordu : on a des ennemis dangereux.
— Que l'on caresse : on est bon pour quelqu'un qui ne le mérite pas.

— Qui se pelotonne : on est induit en erreur par des flatteries de personnes qui veulent vous exploiter.
— Avec des petits que l'on voit : on aura beaucoup d'ennuis avec des enfants mal élevés.
— Noir que l'on voit : désagréments.
— Que l'on entend miauler ou crier : on sera l'objet de commérages.

Châtaignes

— Symbole indiquant qu'il faut se rendre indispensable à l'homme aimé; rêve purement sexuel de nostalgie.
— Que l'on voit : gain d'une certaine importance.
— Sauvages que l'on voit : on s'emploie à quelque chose qui ne rapportera rien.
— Acheter ou vendre des châtaignes rôties : chance.
— En manger : on aura l'occasion de remporter un grand succès.
— Voir un châtaignier : hâte.
— Être étendu à l'ombre d'un châtaignier : joie et satisfaction après des déceptions de toute sorte.

Château

— On exagère par son luxe et son orgueil des avantages dont on bénéficie dans la vie, et cela tournera bientôt mal.
— Que l'on voit : une ascension brillante.
— Dans lequel on habite : l'orgueil perdra.
— Dans lequel on se trouve invité : annonce d'un protecteur distingué et influent.

Château-fort

— En rêve, symbole non de quelque chose d'assuré, mais du danger qui peut sortir de lui.
— Voir un château-fort ou s'y trouver : danger.
— Arriver devant un château-fort fermé : quelque chose d'inespéré va se produire.
— Voir un château-fort qui brûle avec beaucoup de fumée : présage d'événements graves dans le pays.
— Voir un château-fort en ruines : on se verra rappeler des temps meilleurs.

Chat-huant

— Que l'on voit ou que l'on entend : maladie ou décès.

Chaudron

— Voir sur le poêle un chaudron qui déborde en bouillant : vive agitation.
— Que l'on répare : on sera bien accueilli.
— Voir une marmite : on recevra un grand nombre d'invités.

— Une lessiveuse : la propreté laisse à désirer.
— Rétameur : querelle.
— Chaudronnier : on se fiancera.

Chauffeur
— Que l'on voit : on s'amourache de quelqu'un qui appartient à une couche sociale inférieure.
— Être chauffeur : on a besoin de changement.

Chauve-souris
— Que l'on voit : entreprise incertaine.
— Que l'on capture : prochaine amélioration de la situation; pour les malades : guérison prochaine.
— Voir des chauves-souris : les affaires marchent bien.

Chaux
— Que l'on obtient par calcination : on devrait s'efforcer de mieux se conduire dans la vie.
— Four à chaux : on atteindra un âge avancé.

Chef
— Toujours un signe désagréable; dans la profession de la personne qui rêve, un changement s'annonce le plus souvent.
— Rêver de son chef : désagréments, même si, en rêve, le chef est plein d'aménité.
— Se quereller avec son chef : insécurité dans l'existence.
— Recevoir un cadeau d'un chef : on subira une perte.

Chef de chorale/Chœur
— Joie.

Chemin de fer
— Un nouveau plan, clair, est en préparation.
— Voir un chemin de fer : départ.
— Se déplacer en chemin de fer : progrès bons et rapides.
— En descendre : on atteindra son but.
— Voir sortir le chemin de fer d'un tunnel : on apprendra un secret sur soi-même.
— Assister à une catastrophe de chemin de fer : nouvelles mauvaises d'un ami qui séjourne au loin.
— Être employé de chemin de fer : querelle avec son chef ou désagréments de même ordre.
— Manquer le chemin de fer bien que l'on se soit hâté : manquer une chance.

Chemin de fer à crémaillère
— On surmontera une difficulté d'une manière géniale.

Cheminée
— D'une usine : prospérité.

Cheminée
— Il manque encore beaucoup pour assurer le bonheur dans la maison. Gardez-vous du feu !
— Que l'on voit avec du feu : insouciance.
— Sans feu : soucis.
— Que l'on voit fumer : soucis ménagers.
— Devant laquelle on est assis et lit un livre : on regrette l'absence de quelqu'un qui se trouve au loin.

Chemise
— Rêve érotique, inquiet et offensif; peut également signifier la peur ou le désir d'être montré à nu.
— De soie que l'on porte : mauvaise situation financière.
— Sale : désordre.
— Déchirée : protection contre des témoignages d'hostilité.
— Que l'on ôte : déception amère.
— Que l'on lave : mauvaise société.
— Que l'on repasse : on se fera aimer.
— Voir beaucoup de chemises : prochain mariage ou de nouvelles amitiés.
— Que l'on change : on changera de partenaire en amour.
— Courir en chemise : bonheur en amour.

Chemise de nuit
— Érotique, mais aussi symbole du caractère de la personne, selon l'état de la chemise.

Chêne
— Symbole de la nature forte et saine que l'on souhaite.
— Voir un chêne : présage de bonne santé.
— Sec : séparation ou mort d'un parent ou d'une connaissance.
— Particulièrement grand et avec beaucoup de feuilles : bonheur et longue vie.
— Être assis à l'ombre d'un chêne par une journée chaude : une personne fidèlement dévouée vous préservera du mal.
— Être debout sous un chêne pendant un orage : annonce un danger que l'on devrait éviter.

Chenille
— Que l'on voit : un ami ou une connaissance va se montrer sous un aspect qu'on ne lui connaît pas.

— Que l'on capture ou tue : la méfiance à l'égard d'une certaine personne est justifiée.

Chèque

— Que l'on voit ou que l'on reçoit : il reste à voir si une promesse reçue sera tenue.
— Que l'on établit : on ne devrait rien promettre que l'on ne veuille ou ne puisse tenir.

Cheval

— Ordonnance de la vie psychique et aussi, en général, de la vie sexuelle et érotique.
— Que l'on voit en liberté ou dans un pâturage : indépendance.
— Dans l'écurie : aisance.
— Sellé sans cavalier : on montera haut dans la vie.
— Paisible que l'on monte : on avancera bien et sans obstacle.
— Turbulent, indocile, se cabrant, que l'on monte : quand on aura surmonté beaucoup d'obstacles et de difficultés, on aura la perspective de succès particulièrement beaux et durables.
— Turbulent, dont on ne devient pas maître : on n'atteindra pas son but.
— Que l'on veut monter, mais sans parvenir à la selle : on est malchanceux.
— Se cabrant ou ruant : des difficultés menacent, mais on en viendra à bout.
— Prenant le mors aux dents : l'existence ou l'aisance sont compromises.
— Être assis sur un cheval qui a pris le mors aux dents sans en tomber : on surmontera sans dommage une situation très dangereuse.
— Avec lequel on saute un fossé ou un obstacle : on se débarrassera avec énergie de tous les obstacles.
— Qui vous jette à terre : annonce d'un danger.
— Que l'on voit faire une chute : danger de revers.
— Qui se presse et flaire si l'on a du pain ou du sucre : on aura un ami et camarade fidèle.
— Que l'on conduit par le licol : réfléchir avec soin avant d'entreprendre quelque chose, progresser ensuite lentement, mais sûrement en direction du but.
— Qui se cabre quand on le tient par le licol : succès difficile.
— Qui se défait de son licol : en dépit de toute la peine et de toute la prudence, on échouera.
— Voir son cheval monté ou conduit par quelqu'un d'autre : infidélité dans la famille.
— Que l'on voit avec un simple harnais attelé à une voiture ordinaire : une vie de peine et de travail, mais couronnée de succès à la fin.

— Avec un harnais de prix à une voiture élégante : beaucoup de prestige et de grands honneurs.
— Prendre le mors aux dents avec une voiture : l'existence et le ménage sont sérieusement en danger.
— Faire une chute, tandis que la voiture se renverse : perte de l'existence et du bonheur au foyer.
— S'être trouvé soi-même dans une voiture renversée : une fin marquée par la désolation.
— Dressé au cirque : on aura un protecteur puissant.
— Un poulain : un événement qui causera un grand bonheur.
— Remarque : quand il s'agit de chevaux blancs, les significations favorables ci-dessus sont renforcées, les significations défavorables affaiblies; quand il s'agit de chevaux noirs, la couleur a le sens inverse.
— Qui mord : joie.
— Crevé : pertes.
— Auquel on met bride et harnais : on entreprendra quelque chose de nouveau.

Chevalier

— Que l'on voit avec son armure : une aventure galante qui ne sera pas sans danger.

Cheveu / Chevelure

— Symbole de l'attachement à la vie animale; grand symbole érotique, mais au sens figuré.
— Que l'on teint : on fait des efforts pour quelque chose qui a déjà échoué.
— Que l'on lave : inquiétude.
— Que l'on coupe à quelqu'un : on obtiendra un gain aux dépens de quelqu'un.
— Que l'on tresse : on rétablira une liaison rompue.
— Que l'on se fait couper : chagrin.
— Que l'on peigne : voyage de nuit.
— Qui tombe : enterrement.
— Bien frisée : une belle amitié.
— Que l'on voit blanchir : perte totale de la fortune.
— Que l'on a noire : santé.
— Rouge : on se fera estimer.
— Grise : soucis.
— Noire, courte et bouclée : on va connaître une mauvaise période.
— Voir des poils pousser sur les mains : mauvais présage.
— Avoir un cheveu dans la bouche : événement effroyable.
— Voir un homme sans cheveux : prestige et richesse.
— Une femme sans cheveux : mépris.
— Voir des boucles de cheveux : succès en amour.
— Un homme avec des cheveux de femme : tromperie en amour.

— Trouver un cheveu dans la soupe : querelle.
— Long et blanc : bonheur.
— Des poils sur la poitrine : bonheur.
— Sur le ventre : santé.
— Faire brûler des cheveux : prudence partout.
— D'un mort : honneurs rendus.
— Perdre ses cheveux : on se sentira encore jeune dans sa vieillesse.
— Blonds ou jaunâtres : joie et bonheur dans la vie.
— Ruban ou peigne dans les cheveux : la joie que le travail procure est source de bonheur.
— Pommade pour les cheveux : on obtiendra beaucoup de prestige.

Chèvre

— Que l'on voit : on aura affaire à quelqu'un qui critiquera tout.

Chevreuil

— Que l'on voit en liberté : il ne faut pas effaroucher par une maladresse ce qui fait le bonheur.
— Apprivoisé : des enfants seront une source de joie.
— Que l'on tire ou tue à la chasse : une liaison d'amour sera troublée par une grande souffrance.
— Mort dans un magasin de gibier : succès matériel.
— Voir une bête mâle : mise en garde contre une grosse sottise.
— Voir préparer un rôti de chevreuil : gain inattendu.
— Le préparer ou le manger : on sera invité par des gens de marque ou recevra des gens de marque.

Chien

— Signe instinctif, réaction normale à un désir ou à un souhait qui se fait jour par cet intermédiaire.
— Noir que l'on voit : on sera trahi par un ami.
— Blanc : on fera une connaissance agréable.
— Enragé : peur injustifiée de quelque chose.
— Méchant : calomnie.
— Familier et caressant : on sera attiré dans une embuscade.
— Mort : on se trouve parmi des gens hostiles.
— Avec lequel on joue : contrariétés et désavantage.
— Que l'on voit chasser : désordre.
— Par lequel on est attaqué : prudence!
— Qu'on lance contre quelqu'un : source d'hostilité.
— Qu'on entend aboyer : il faut être vigilant.
— Voir plusieurs chiens se battre : querelle de famille à cause d'un héritage.
— Par lequel on est mordu : maladie.
— Hurlant : danger.
— Niche à chien : on tombera dans la misère.

Chiffons

— On veut dépenser ce que d'autres ont économisé; exhortation à mieux réfléchir.
— Que l'on voit, que l'on collecte ou dont on fait le commerce : on aura des recettes imprévues ou sortant de l'ordinaire.
— Être vêtu de chiffons : on est peu apprécié en société ou, dans ses relations avec autrui, on a une affaire pénible.
— Voir quelqu'un vêtu de chiffons : on aura bientôt des nouvelles de quelqu'un dont on doit hériter.

Chimiste

— La révélation des secrets de la nature par la chimie indique que dans la vie également, beaucoup sera dévoilé.
— Voir un chimiste : on va percer un secret.
— S'entretenir avec un chimiste ou avoir affaire à lui : quelqu'un a des intentions sérieuses à l'égard de la personne qui rêve.
— Fabriquer des articles chimiques : on a de mauvaises intentions à l'égard de quelqu'un.

Chine

— La voir ou s'y trouver : on va apprendre du nouveau; il est douteux qu'on ait à s'en féliciter.
— La voir dans l'atlas ou sur une carte géographique : on a des remords.
— Se rendre en Chine : présage d'une entreprise dangereuse.

Chinois

— Signification très variable; souvent peur de la rouerie ou de révélations sur sa propre rouerie.
— Avoir des relations avec un Chinois : on aura affaire à une personne trompeuse.
— Voir un Chinois : l'application mène au but.

Chocolat

— Que l'on voit ou mange : force et santé.
— Que l'on reçoit en cadeau : on aura un bon camarade.
— Que l'on offre en cadeau : ce n'est pas avec du vinaigre qu'on attrape les mouches.

Choléra

— Une maladie indique la présence d'un danger; dans l'inconscient, la peur de tomber malade est toujours présente.

— Voir le choléra : annonce une maladie.
— Se trouver dans un lieu atteint d'une épidémie : présage d'accident.
— Voir des membres de sa famille atteints du choléra : exhortation à la prudence.

Chômeur
— Être chômeur : perte d'un emploi ou échec de quelque chose sur quoi on a fondé de grands espoirs.

Chou
— Que l'on plante : on vivra bien.
— Que l'on mange : on aura des douleurs.

Chouette
— Symbole sexuel; en outre, comme toutes les bêtes, souvent rêve prémonitoire; on devrait tenir compte des conseils donnés par des tiers.
— Outre le sens sexuel symbolique signe d'apaisement; la passion est en lutte avec l'esprit.
— Que l'on voit : on recevra un bon conseil, que l'on devrait suivre.
— Que l'on entend hululer : maladie grave ou décès d'une personne proche.
— La capturer ou la voir dans une cage : indique des hôtes inquiétants.

Chrétien/Chrétienne/Enfant-Jésus
— En prières : foi assurée.
— Que l'on voit et entend parler : joie et bénédiction.
— Louant Dieu : bonheur et bénédiction toujours.

Chronique
— Que l'on lit : présage d'un bon avenir.

Chronomètre
— Que l'on possède : orgueil.
— Que l'on utilise quand on fait de la musique : on aura un travail monotone à faire.
— Que l'on endommage : désordre dans la vie privée ou professionnelle.

Chrysanthèmes
— Signe que l'on attend amour et mariage.
— En voir : accéder aux honneurs.
— Noirs, largement épanouis : maladie prochaine d'une personne de l'entourage immédiat.
— Blancs : on va assister à un enterrement.
— Fanés : les espoirs ne se réaliseront pas.

Chute

— À laquelle on assiste ou que l'on fait soi-même : un projet ou l'avancement se heurte à des difficultés imprévues.

Chute d'eau

— Que l'on voit : ruine d'un membre de la famille.

Ciboule

— Que l'on voit ou que l'on mange : on prendra goût à quelque chose qui avait paru jusqu'ici sans importance ou une source d'ennui.

Ciel

— Consolation pour compenser ce que la vie a d'incertain.
— Bleu que l'on voit : joie.
— Rouge : des discordes de tout genre.
— Couvert de nuages : inconstance.
— Triste : contrariétés.
— Avec des étoiles : réalisation d'un souhait.

Cigare

— Symbole sexuel très primitif, mais clair.

Cigogne

— Symbole de la fécondité; rêve suscité par le désir et la nostalgie.
— Que l'on voit : elle apporte un bébé dans la maison.
— Voir de jeunes cigognes dans leur nid : on aura affaire à un foyer d'enfants, un jardin d'enfants, etc.

Cils

— Grands, que l'on a : joie.
— Qui tombent, qui sont espacés, brûlés, etc. : perte.

Cimetière

— Inquiétude suscitée par de nouveaux problèmes, surtout si l'on doit prendre subitement une décision.
— Que l'on voit : perte d'une personne chère.
— Militaire que l'on voit : annonce des troubles et le danger d'une guerre.
— Où l'on porte des fleurs : décès dans la famille.
— Dans lequel on séjourne : mort prochaine d'un membre de la famille ou d'un ami.
— Dans lequel on est enfermé : guérison d'un ami malade.

Cinéma

— Devant lequel on se tient : un secret inquiète.
— Dans lequel on a pris place : on est indécis dans une affaire très importante, parce que l'on ne parvient pas à faire la lumière.
— Dont on sort avant la fin de la représentation : on sera induit en erreur.
— Que l'on voit : on fera une invention.

Cirage

— Que l'on voit ou que l'on utilise : de nouveaux vêtements.

Cire

— Que l'on voit : bonheur par le travail.
— Figure de cire : une frayeur se dissipera.
— Image de cire : on causera de la joie par des cadeaux.
— Chandelle de cire : aisance.
— Éclairage aux chandelles : on assistera à une festivité.

Cire à cacheter

— Des commandes fourniront du travail.

Cirque

— Recherche d'une issue inhabituelle.
— Que l'on voit : on réussira un tour de force que personne ne reproduira de sitôt.

Ciseaux

— Dans la plupart des cas sens érotique, crainte d'une perte, du fait que l'on n'est capable de rien retenir.
— Que l'on voit : une séparation dont une femme est la cause.
— Avec lesquels on coupe : on mettra fin à une liaison avec une femme.

Cithare

— Que l'on voit ou entend : une histoire d'amour.
— Dont on joue : chagrin d'amour.

Citoyen

— On est isolé et désire entrer en relations avec des tiers avec lesquels on pourrait s'entretenir.
— Être citoyen : recevoir des honneurs.

Citron

— Frais que l'on voit : des heures amères, mais une belle récompense viendra.

— Pressé que l'on voit ou presser un citron : on ne parvient pas à se défendre contre les exploiteurs.
— Voir un citronnier en fleurs : on vivra quelque chose de beau.

Citrouille

— Que l'on voit : on a beaucoup de protecteurs.
— Que l'on mange : maladie.

Civière

— Signe que quelque chose de nouveau est apporté; même la mort d'une personne apporte, d'un autre côté, un héritage.
— Voir une civière : décès et héritage.
— Être couché sur une civière : avoir quelque chose de bon.

Clé

— Sens érotique, en rapport avec le trou de la serrure, etc.
— Que l'on voit : indique un secret.
— Que l'on perd : on ne parviendra pas à apprendre quelque chose que l'on voudrait bien savoir.
— Que l'on avait placée dans un autre endroit ou perdue et que l'on retrouve : attention que des plans ou des intentions ne soient pas dévoilés par une maladresse.
— De quelqu'un que l'on trouve : on découvrira le secret de quelqu'un.

Clinique

— Réaction de consolation du bas vers le plus haut.
— Que l'on voit : on fera une visite à un malade.
— Dans laquelle on se trouve comme malade : quelqu'un s'occupera de vous.
— Dans laquelle on travaille comme infirmière : on supportera avec patience une souffrance intérieure.
— Que l'on quitte : on s'établira à son compte.

Cloche

— Que l'on entend : bon présage.
— Que l'on voit : on va prendre un risque sans succès.
— Que l'on sonne : on fera à quelqu'un une joie sans le vouloir.

Clôture

— Par son initiative, on parviendra à éliminer des obstacles, mais il faudra pour cela de gros efforts physiques.

— Que l'on voit : un obstacle.
— Par-dessus laquelle on grimpe : on surmontera un obstacle.
— Que l'on veut escalader sans y réussir : un projet échouera par suite de circonstances extérieures que l'on n'a pas le pouvoir de modifier.
— Que l'on escalade, mais à laquelle on reste accroché, se blesse ou déchire ses vêtements : on parviendra à son but, mais on avait pensé que le succès serait autre.

Clou (en fer)

— Que l'on voit : un adversaire qu'il faut prendre au sérieux.
— Que l'on enfonce : on subira un dommage sérieux du fait du comportement d'un adversaire.
— Que l'on veut enfoncer, mais qui se courbe : on mettra un ennemi hors de combat.
— De cercueil : chance.

Clouer

— Une chose quelconque : contrariété.
— Des planches : consolidation de la situation.
— Un plancher : succès sur une base tout à fait assurée.

Cloutier

— Les souhaits se réaliseront tous.

Clown

— Incertitude, crainte d'être l'objet de moqueries et sentiment d'infériorité.
— Voir un clown : on recevra une distinction.
— Être un clown : on ne sera pas compris de ses amis.

Coasser

— Symbole de sous-développement psychique et de la recherche d'une issue.

Cocaïne

— Que l'on prise : on ruine sa santé.
— Qu'on commerce : on commettra un crime.

Cocher

— Que l'on est : on se joue de quelqu'un.
— Avec lequel on se querelle : on aura affaire à des personnes peu compréhensives.

Cochon d'Inde

— Haine, mais peut aussi annoncer de la joie.

Cocktail

— Que l'on boit : désir de changement.
— Que l'on prépare : malentendus dans la vie privée.

Cœur

— Son état indique comment on se trouve et dans quel état on est au plus profond de soi-même.
— Que l'on voit : on est cordialement aimé.
— Que l'on découpe : séparation d'un proche.
— Que l'on voit saigner : offense.
— Que l'on mange : on peut avoir l'assurance que l'amour est réciproque.
— Malade ou blessé que l'on a : soucis dans la parenté.
— Que l'on n'a pas ou que l'on perd : avantage pour les ennemis.
— Avoir des battements de cœur : on éprouve un penchant pour quelqu'un.
— Maladie de cœur : tourments intérieurs et inquiétude.
— Être sans cœur : chagrin et misère.

Coffre-fort

— Que l'on voit vide : pertes et échecs en affaires.
— Plein : beaucoup de succès.

Coiffeur

— Une réforme intérieure de faible importance est en cours, surtout quand la personne qui rêve est une femme.

Coiffure

— Une petite réforme intérieure est en cours, surtout quand il s'agit de rêves de femmes.
— Porter une coiffure fantastique : on se rendra ridicule.

Coin/Maison en coin/Pierre faisant coin

— On obtiendra des avantages.

Coing

— Symbole sexuel, s'interprète selon l'état du fruit.
— Que l'on voit : chance en amour.
— Que l'on cueille ou fait tomber de l'arbre : danger de perdre l'amour du partenaire par suite d'une impétuosité exagérée.
— Tombé de l'arbre et que l'on ramasse : l'objet de l'amour n'est plus une feuille blanche.
— Que l'on mange : avec un peu de patience, on trouvera la satisfaction de sa nostalgie.
— Pourri : une personne aimée ne mérite pas de l'être.

Coït

— Signification exclusivement sexuelle; à un âge avancé, plans de nouvelles créations.
— Avec une amie : bon présage.
— Avec l'épouse : affliction.

Col de montagne

— Que l'on voit : on surmontera une difficulté considérable.
— Que l'on franchit : on apprendra à connaître l'autre face d'une chose ou d'une personne.

Col d'homme

— Que l'on voit : on fera la connaissance d'un monsieur.
— Que l'on repasse : contrariété et désagréments avec une personne du sexe masculin.
— Que l'on met : on prendra part à une fête ou rencontre officielle ou on y sera invité.
— Que l'on veut mettre sans y réussir : une affaire urgente devrait être réglée dans les plus brefs délais.

Colère

— Des affaires désagréables.

Colle

— Que l'on voit : on forgera soi-même son bonheur.
— Que l'on a sur les mains : on entreprendra quelque chose d'interdit.

Colle forte

— Si le sens n'est pas purement sexuel et érotique, c'est une mise en garde : on ne parvient pas à se libérer d'affaires d'amour ou de liaisons érotiques.
— Que l'on voit : maintenir quelque chose que l'on voudrait abandonner.
— Avec laquelle on travaille : relâchement ou perte d'une relation ou d'une liaison.
— À laquelle on colle : on sera dupé par quelqu'un.

Coller

— Des tracts ou des affiches : colère et ennuis.
— Si ceux-ci sont noirs : graves désaccords financiers et pertes d'une certaine importance.

Collier

— Image d'un lien intime, chez les femmes en général de nature érotique; sa rupture s'interprète en conséquence.

— Que l'on voit ou que l'on porte : bonheur en amour.
— Avec des pierres précieuses : héritage de parents éloignés.

Colonel

— Que l'on est ou auquel on a affaire : on aura une bonne position.

Colonne

— Symbole d'aide et de concours, s'interprète également dans un sens érotique avec la force comme fondement.
— Que l'on voit : dans une situation difficile, on trouvera un appui assuré.
— Que l'on érige : un succès obtenu sans aide extérieure procure des amitiés ou la bienveillance de personnes qui sont en mesure d'apporter un concours précieux.
— Éclatée ou renversée que l'on voit : annonce un coup dur du destin, pour lequel ni les amis ni la famille ne peuvent apporter d'aide ni de secours.

Colonne vertébrale

— Difforme que l'on voit ou que l'on a : on ne pourra pas assurer un bonheur sans mélange à une certaine personne.

Combat

— On ne se défend pas assez des attaques dont on est l'objet.
— Que l'on voit ou auquel on participe : hostilité, haine et envie.
— Combattre sur un champ de bataille : on se sauvera d'une catastrophe générale.
— Voir un lieu de combat : des préparatifs pour un travail fatigant.
— Assister à un match : on se réjouit du malheur d'autrui.

Combat singulier

— Que l'on voit ou que l'on livre : des divergences.

Combattre

— Rêve prémonitoire qui indique le commencement d'une maladie; on devrait veiller à accroître son potentiel de résistance.
— Sur un champ de bataille : on se sauvera d'une catastrophe générale.
— Avec un Noir : des ennuis superflus.

— Avec des bêtes sauvages : on sera libéré d'un grand danger.

Combinaison (sous-vêtement)
— Que l'on voit : des intimités en perspective.

Comédien/Comédienne
— On est rendu ridicule.

Comète
— Lire dans le journal qu'une comète a été découverte : changement radical dans le pays.
— Que l'on voit : grands événements désagréables, une guerre éventuellement.

Commandant
— Que l'on voit : querelle.

Commandant en chef
— L'être : se garder d'une confiance exagérée en soi.

Commerçant
— Que l'on voit : gain dans le commerce.
— Que l'on est : on s'établira à son compte.
— Dont on reçoit une lettre : on sera contraint de payer ses dettes.
— Rencontrer un grand nombre de commerçants : annonce d'une conférence importante.

Communion
— À laquelle on assiste : des souhaits s'accompliront.

Compartiment d'un wagon
— La poursuite du mouvement dans le wagon est une glissade dans le cours de la vie.
— Dans lequel on a pris place : un plaisir.

Compas
— Que l'on voit ou utilise : dans une affaire, on tourne en rond au lieu d'avancer.

Composer de la musique
— De faux amis.

Comte/Comtesse
— Que l'on voit : danger de vivre au-dessus de ses moyens.

— Que l'on est : on est trop exigeant.
— Que l'on épouse : on aura une liaison avec une personne de souche populaire.

Concert

— Pour lequel on reçoit une invitation : on sera reçu avec des honneurs particuliers dans une société.
— Que l'on entend dans une salle de concert : on fera la connaissance d'un artiste célèbre.

Concombre

— Symbole typique des rêves de femmes, sens presque exclusivement sexuel.
— Que l'on mange : illusion, pour les malades guérison prochaine.
— Au vinaigre que l'on mange : on fera une expérience négative.
— Que l'on plante : travail pénible et inutile.

Confession

— Que l'on voit : on se fait des reproches.
— À laquelle on assiste : exhortation à réexaminer sa vie.
— Être soi-même le confesseur : on exercera des activités dans une œuvre philanthropique.

Congé

— Rêve exprimant un désir suscité par une trop grande nervosité, l'organisme est fatigué.
— Que l'on obtient : on ne pourra pas prendre part à un plaisir dont on se réjouissait d'avance.

Conjuration

— Que l'on voit ou dévoile : on se fera des ennemis inutilement en essayant de se faire apprécier par les supérieurs.
— À laquelle on prend part : on s'amusera beaucoup en jouant un tour à une personne d'un rang plus élevé ou à un supérieur.

Connaissances

— Que l'on rencontre et avec lesquelles on s'entretient : on apprendra quelque chose de nouveau.

Conseiller municipal

— Que l'on voit ou avec lequel on a des relations : on sera délivré d'un souci.
— Avec lequel on a une querelle : annonce un conflit sérieux.

Conseil municipal
— On va mettre de l'ordre.

Conserve
— Que l'on mange : on se satisfait d'une société ennuyeuse ou d'une ancienne liaison amoureuse, parce qu'on ne trouve rien de mieux.

Consolation
— Que l'on reçoit ou que l'on apporte : on a des amis secourables.

Constipation
— Si le symbole ne doit pas être interprété comme une simple mise en garde physique (besoin pressant), c'est très souvent le signe d'une avarice exagérée.

Construire
— On édifie aussi sa vie. Faire des plans conduit au succès.
— Une maison : avancement rapide dans la vie et existence assurée.
— Coopérer à la construction de sa maison : bonheur et aisance.
— Démolir un édifice : les plans ne se réaliseront pas.
— Voir un édifice s'écrouler : un grand malheur va vous frapper ou frapper votre famille.

Contempler
— Se contempler soi-même : on suscite de la pitié par suite d'un accident.
— Quelque chose pour l'admirer : vanité satisfaite.

Contrariété
— Que l'on cause : on cherche à se quereller.

Contrat
— Que l'on conclut : on s'engage dans une entreprise risquée.

Contrebasse
— L'écouter : porte bonheur.
— En jouer : source de joie.

Conversion
— Exhorte à persister dans les bonnes œuvres.

Coq
— Symbole de l'homme et d'intentions viriles.
— Que l'on voit : incendie.
— Que l'on entend coqueriquer : on entendra des choses désagréables.
— Que l'on voit pondre des œufs : recettes subites et imprévues.
— Que l'on voit parmi des poules : une amitié va se transformer en un vif amour.
— Que l'on voit combattre : discorde.

Coquillage
— Que l'on voit : une affaire déjà ancienne sera éclaircie.
— Que l'on trouve et que l'on ouvre : un secret personnel, que l'on avait gardé soigneusement sera révélé ou trahi.

Copier
— Honte, ennuis et peur.

Coraux
— Souffrance.

Corbeau
— Symbole de pensées très sombres; des instincts profonds qui ont été refoulés se font entendre.
— Que l'on voit : danger de vol ou de malversation.
— Voir plusieurs corbeaux : malheur.
— Voir des corbeaux voleter autour de soi ou se poser sur soi : danger de mort.
— En effaroucher : on parviendra à échapper au bon moment à un grand danger, à condition d'ouvrir les yeux.
— Que l'on entend croasser : mauvaises nouvelles.

Corbeille
— Danger ou crainte d'essuyer un refus.
— Voir une corbeille vide : peine et tourment.
— Avec des fleurs : chance.
— Voir une corbeille à linge : on sera exploité par des personnes sournoises.

Corbeille à linge
— Que l'on voit : on sera exploité par des personnes rusées.

Corde

— Le critère déterminant est l'usage de la corde, selon qu'elle supporte ou entrave; mais toujours, c'est un lien qui peut soit être gênant, soit apporter le salut.
— Rêve suscité par la peur que cause une dépendance sexuelle.
— Que l'on voit : indique un lien.
— Que l'on tend ou avec laquelle on fixe quelque chose : les efforts déployés pour établir une relation avec une affaire ou avec une personne resteront infructueux.
— Que l'on dénoue : on gagnera quelqu'un par sa tolérance.

Corde (d'instrument de musique)

— Que l'on voit : présage de gaietés.

Cordon

— On manquera à sa parole.

Cordonnier

— Que l'on voit au travail : exhortation à bien préparer une démarche importante que l'on veut accomplir.
— Auquel on donne du travail : une démarche qui paraissait infructueuse conduit finalement au succès grâce à l'intervention d'un ami.

Corneille

— Que l'on voit : annonce d'un décès.
— Voir plusieurs corneilles : gain.
— Sur des arbres : rencontre familiale.
— Capturer une corneille : deuil et dissensions.
— L'entendre crailler : mauvaises nouvelles.
— Voir une corneille morte : on découvrira une calomnie.

Cornes

— Peur du mari ou de l'amant qui se sous-estime.
— Que l'on voit : mariage ou amour malheureux.

Cornettiste

— Que l'on voit ou que l'on entend jouer : des ennemis approchent.

Corps

— Rêve purement sexuel; en général, représentation de désirs qui n'ont pas été réalisés.

— Avoir un corps grand et beau : prospérité matérielle et bonne santé.
— Grandissant ou s'élargissant : pour les hommes, amélioration de la situation; pour les jeunes filles, histoires secrètes d'amour; pour les jeunes femmes, grossesse; pour les femmes âgées, annonce de subsides.
— se rapetissant ou se rétrécissant : aisance réduite, affaiblissement de la santé ou maladie.
— Se décomposant : lourde perte ou maladie mettant les jours en danger.
— Avec des blessures : on manquera de quelque chose.
— Lourd comme du plomb et gêné dans ses mouvements : il y a lieu d'attendre dans une affaire de gros obstacles ou une grave malchance.
— Sans pesanteur terrestre, planant : des situations adverses ou des circonstances auxquelles on ne peut pas échapper.
— Que l'on met à nu : on tombera dans la honte.
— S'il est mis à nu par des tiers : mise en garde : ne pas se laisser tromper par des paroles captieuses.
— Voir le corps d'une autre personne mis à nu : dans le cas d'une tendance érotique, le désir d'amour sera satisfait; sinon, on fera une découverte surprenante.
— Mettre à nu le corps d'un tiers : dans le cas d'une tendance érotique, signe d'histoires d'amour secrètes ou interdites; sinon, la honte d'un tiers sera révélée ou un faux ami sera démasqué.

Corpulent

— Être corpulent : cf. « Ventre ».

Corridor

— Que l'on suit : on aura des querelles.
— Se trouver dans un corridor long et sombre : des surprises désagréables.

Corset

— Que l'on porte : effort inutile.
— Que l'on ôte : libération d'un mal.

Cortège

— Que l'on voit : grand bonheur prochain.

Cosses

— Que l'on ouvre : on fera une découverte.

— Que l'on mange : on fera la connaissance d'une personne sans prétentions.

Costume

— Signification symbolique, sociale : chacun s'habille selon son appartenance sociale; en rêve, on est déshabillé.
— Posséder ou acheter un : richesse et célébrité.
— En changer : les secrets que l'on avait sont découverts.
— Porter un costume noir : maladie imminente.
— Voir des tiers porter des costumes noirs : déception.

Côtes

— On se verra témoigner de la reconnaissance.

Cou

— S'il est vu dans des rêves prémonitoires ou s'il se trouve au centre du rêve, le cou est particulièrement fragile au point de vue de la santé.
— Que l'on voit : bon présage.
— Enflé : chance.
— Long et gros : succès.
— Petit et mince : insuccès.
— Qui est serré ou pressé par une personne que l'on connaît : cette personne exercera une influence positive.
— Avoir mal au cou : changement de temps.
— Foulard : se garder de prendre froid.

Coucou

— Que l'on voit : on aura affaire à des égoïstes.
— Que l'on entend : de l'argent.
— Que l'on capture : on mettra fin à des bavardages dépourvus de sens.
— Que l'on tue : on aura des désagréments pour s'être mêlé des affaires d'autrui.

Couleur

— Le symbolisme de la couleur est presque toujours en liaison avec des passions sexuelles; le noir et le blanc (sexe masculin et sexe féminin) sont considérés comme les extrêmes entre lesquels diverses nuances se trouvent. Bleu = adaptation, douceur; jaune = intuition; vert = qui s'éveille, indécis; rouge = vice, rage, diable, sexuel; noir = nuit, inquiétant; blanc = froid, pas encore achevé, vierge.
— Se barbouiller avec de la couleur : on sera victime d'un mensonge.

— Peindre un objet avec de la couleur : on n'est pas tout à fait sincère à l'égard d'un ami.
— Se barbouiller le visage avec de la couleur : on est trouvé ridicule.
— Barbouiller de couleur le visage d'un tiers : il ne faut pas se railler d'un tiers.
— Peindre une voiture en couleur : surprise; se rapporter à la couleur correspondante.
— Broyer de la couleur : bonne marche des affaires.
— En acheter : désir de changement.
— En avoir dans un récipient : promesse de caisse pleine.
— Préparer de la couleur pour aquarelle : on va s'engager dans une affaire incertaine.
— Utiliser des couleurs à l'huile : on consolidera sa position.

Couleuvre

— Que l'on voit : danger pour le bonheur en amour ou dans le mariage.
— Par laquelle on est mordu : mise en garde contre les faux amis ou liaison malheureuse.

Coup de main

— Des désirs étranges se fraient une voie; souvent, simple cauchemar.

Coupe

— S'interprète dans le sens de source réconfortante.
— Que l'on voit pour boire : présage d'une belle détente de la vie quotidienne.
— Qui est offerte : de belles heures auprès d'une personne chère.
— Que l'on offre : solitude bienfaisante.
— À laquelle on veut boire, mais que l'on trouve vide : des jours pénibles et difficiles.
— Que l'on brise : des heures d'agitation.
— Pleine de fruits, de gâteaux, de pâtisserie sèche ou de choses semblables : on recevra des invités ou on sera soi-même invité.

Couper

— Suivant le résultat, signifie séparation ou bonheur en amour.
— Des produits alimentaires pour pouvoir les consommer : succès d'un projet.
— Autre chose : séparation ou refroidissement de la liaison.

— Se couper : on se rend compte du caractère risqué d'une entreprise dans laquelle on s'engage malgré tout, ce qui conduit à un échec complet.
— Dans des rêves d'enfants : peur d'être châtré.

Couperet
— Des énergies destructrices, chez le sujet qui rêve ou chez des tiers, se fraient une voie et exercent leur action.
— Voir un couperet : malheur.
— Travailler avec un couperet : on avancera bien.

Couple
— Heureux que l'on voit : on se sentira malheureux.

Couplet
— Que l'on chante : présage d'un événement joyeux.
— Que l'on entend chanter : passe-temps gai.
— Que l'on chante avec quelqu'un : on fera une connaissance agréable.

Coupon (valeur)
— Problème de rémunération, surtout chez les femmes.
— Que l'on voit : on gagnera de l'argent rapidement.

Coups de bâton
— Que l'on donne : on aura une surprise agréable.
— Que l'on reçoit : succès que l'on remportera grâce à sa propre énergie.

Cour
— D'un prince que l'on voit : on est trompé.
— D'un propriétaire foncier : avancement rapide.
— Dame d'honneur : on sera exposé à des persécutions de toute sorte.
— Serviteur à la cour : soucis.
— Intendant de la cour : chagrin.
— Bouffon de la cour : de l'amusement.
— Maison du roi : on aura une existence brillante.

Courage
— La conscience d'infériorité se traduit en rêve par des preuves d'un courage particulier.
— Avoir du courage : on va acquérir du prestige et de l'influence.

Couronne
— Désir de mariage chez la femme; symbole sexuel du couple.

— En or : pour les malades, la mort; pour les riches, le succès; pour les pauvres, la malchance.
— En argent ou en vil métal : on recevra un cadeau.
— De fleurs : joie sans mélange.
— D'ossements : maladie mortelle.
— De myrtes : mariage.
— Que l'on tresse : bel avenir.
— Que l'on porte : on parviendra aux honneurs.
— Que l'on dépose sur une tombe : réconciliation.
— Fanée que l'on porte sur la tête : déception.

Couronnement
— Que l'on voit : chance.
— Être couronné soi-même : on atteindra un objectif important en peu de temps.

Course de chevaux
— Que l'on voit : on aura un plaisir extravagant.
— Pour laquelle on fait un pari : rien sans peine.
— À laquelle on prend part comme jockey : dans une entreprise, il faut faire confiance à la chance plus qu'à soi-même; en même temps, exhortation à ne pas se laisser aller à une insouciance exagérée.

Cousin
— Une visite en perspective.

Coussin
— Que l'on achète : on se sent fatigué et désire paresser.
— Être étendu sur des coussins : assistance dans une situation difficile.

Couteau
— Expression d'une explosion de force primitive et dangereuse; en général, interprétation sexuelle.
— Que l'on voit : séparation.
— Avec lequel on se coupe : illusion ou déception.
— Émoussé avec lequel on veut se couper sans y réussir : échec d'un projet.
— De boucher que l'on voit : mise en garde contre un danger.
— Rasoir : contrariétés familiales.
— Voir couteau et fourchette : on recevra une invitation ou aura des invités.
— Que l'on aiguise : querelle et dissension.

Couvercle en carton
— Que l'on voit : on sera trahi.

Couverture
— Elle a pour rôle de couvrir une vérité dont on a honte.

Couvre-feu
— Que l'on entend : une rencontre tendre sera troublée.

Cracher
— Sur quelqu'un ou recevoir des crachats : bonheur et succès.
— En parlant d'un serpent : malheur et contrariété.

Craie
— Que l'on voit : on fera des dettes inutiles.

Crâne
— Que l'on voit : un projet se réalisera bien.
— Que l'on trouve en faisant des fouilles : héritage ou autre allocation.

Crapaud
— Beaucoup de possibilités nouvelles, amélioration de la situation grâce au hasard ou à votre opiniâtreté.
— Que l'on voit : beaucoup d'argent.
— Que l'on entend coasser : on recevra des éloges.
— Que l'on tient dans la main : gain.
— Que l'on tue : on se fera du tort à soi-même.
— Que l'on mange : maladie.

Cravate
— Que l'on reçoit en cadeau : on trouvera un ami fidèle.
— Neuve que l'on porte : on voudrait faire impression par sa tenue à quelqu'un qui cependant ne s'intéresse qu'à ce que l'on est intérieurement.
— Vieille et déchirée que l'on porte : on s'occupera de problèmes plus importants, faisant oublier les circonstances extérieures de la vie.

Crayon
— Que l'on voit ou avec lequel on écrit : annonce des nouvelles.
— Avec lequel on dessine : on devrait suivre son penchant artistique, car on aura du succès.

Créancier
— Dépassement des obstacles.

Crèche
— Pleine que l'on voit : gain.
— Avec Enfant-Jésus : bonheur et richesse.

Crème
— Que l'on voit : gain.
— Que l'on boit : dans une affaire, on optera pour la meilleure partie.

Crever
— On n'aura pas d'amis.

Cricket
— Jouer au cricket : on rencontrera des personnes orgueilleuses.

Cris
— Annonce d'un malheur.

Cristal
— Que l'on voit : on fera la connaissance d'une personne sincère et ayant du caractère.
— Que l'on brise : une bonne amitié sera ruinée par une étourderie.

Crocodile
— Que l'on voit : quelqu'un a un besoin urgent de faire votre connaissance.
— Voir beaucoup de crocodiles : surprise.
— Être mordu par un crocodile : on est menacé d'un danger.
— Tuer un crocodile : on luttera contre un puissant adversaire.

Croix
— Que l'on voit au bord de la route : bon message.
— Sur une tour : on aura des pensées élevées.
— Que l'on voit porter : deuil et peines.
— Que l'on voit parée de fleurs : bonheur au foyer.
— En or ou métal : un souhait pieux.
— Que l'on porte : chagrin.
— Que l'on a sur la tête : propos malveillants.
— Sur laquelle on se voit : on supportera une grande souffrance avec beaucoup de patience.
— Renversée que l'on voit : des plans ambitieux ne se réaliseront pas.
— Que l'on brise : on a de mauvaises pensées à l'égard d'un ami.
— Que l'on voit avec le Sauveur : bonheur.

Croque-mort
— Une émotion en perspective.

Cruche
— Que l'on voit : larmes.
— Vide que l'on porte : on sera abandonné par un ami.
— Pleine que l'on porte : beaucoup de joie.
— Que l'on casse : querelle en ménage.

Cuiller
— Que l'on voit : on recevra une invitation.
— Avec laquelle on mange : il faut payer les verres que l'on a cassés.
— Grande (à faire la cuisine) que l'on voit : on n'a aucune autorité chez soi.

Cuir ou objets en cuir
— Que l'on voit : pour avoir du succès, il faut faire preuve de persévérance dans une affaire.
— Que l'on travaille : confère beaucoup de résistance dans la vie et consolide la position extérieure.

Cuirasse
— Que l'on voit : prudence à l'égard d'un ennemi plein de mauvaises intentions.
— Que l'on porte : en dépit de toutes les attaques, on atteindra l'objectif qu'on s'est fixé.
— Voir un véhicule blindé : il faut se mettre à l'abri d'une personne qui nous veut du mal.
— Se déplacer dans un véhicule blindé : rappelle des promesses ou des engagements gênants à cause desquels on est tracassé; prochains troubles dans le pays également.

Cuire au four
— Du pain : bonheur.
— De la pâtisserie : la situation s'améliore.
— Des gâteaux secs : quelques souhaits se réaliseront.

Cuisine
— Que l'on voit : un objet auquel on tient sera cassé par un tiers.

Cuisinier/Cuisinière
— Que l'on voit : joie.
— Que l'on congédie : il faudra réduire ses dépenses.
— Que l'on est : surprise agréable.

Cuivre

— Que l'on voit non travaillé : des souhaits se réaliseront.
— Voir des objets en cuivre : avancement rapide.
— Voir de la monnaie de cuivre : dépenses soudaines.
— En perdre : malchance.
— En posséder : orgueil.
— En trouver : on sera préservé d'un grave dommage.
— En donner à un mendiant : gros gain.

Cupidon

— Amourette sans lendemain.

Curé

— Inquiétude générale; symbole de la personne qui indique le chemin.
— Que l'on voit ou avec lequel on parle : on a mauvaise conscience dans une affaire quelconque.

Curieux

— L'être : dédain envers autrui.

Cygne

— Que l'on voit : symbole heureux d'amour beau et fier.
— Auquel on donne à manger : on trouvera une personne qui sera un camarade fidèle pour la vie entière.
— Qui chante : mort.

Cylindre

— D'une machine que l'on voit : beaucoup de travail.

Cyprès

— Que l'on voit : des heures tristes viendront, mais elles seront suivies de joie, peut-être mêlée de larmes.

D

Dame
— la liaison avec une femme permettra aux désirs et aux espoirs de se réaliser.
— Voir plusieurs dames ou s'entretenir avec elles : on sera la victime de racontars.

Dame noble/Gentilhomme
— Honneur.

Danger
— Dans lequel on se trouve : on recouvrera le calme.

Danser
— Si une personne seule danse, le symbole se rapporte à l'antagoniste que l'on a dans son être propre; si c'est un couple, le symbole a une signification uniquement sexuelle.
— Voir danser : on devra faire un choix entre deux personnes.
— Soi-même : en choisissant entre deux personnes, on fera un mauvais choix.

Danseur sur la corde raide
— Que l'on voit : mise en garde contre des initiatives risquées.
— Que l'on voit tomber : une entreprise risquée tourne mal.
— Que l'on est : l'équilibre intérieur est menacé.
— En l'étant, on tombe : on aura un grave conflit intérieur.

Dattes
— Symbole féminin à signification érotique.
— Que l'on cueille : désir d'amour.
— Que l'on donne en cadeau : on recevra des baisers.
— Que l'on mange : on est aimé par une femme.

Dé à coudre
— Travail.

Débit de boissons
— Rêve prémonitoire, car l'alcool n'est pas susceptible de servir de fondement à des amitiés.

Déborder

— Voir quelque chose déborder : dommage.

Décapitation

— Révision de la conception que l'on a eue jusqu'à présent de certains processus vitaux.
— Voir décapiter : triomphe sur un ennemi ou apparition d'un nouvel ennemi.
— Un ami ou une personne proche : séparation d'une personne chère.
— Décapiter soi-même : si le sang coule, on gagnera un procès ou un litige; s'il n'y a pas de sang ou si la personne décapitée retrouve la vie, c'est qu'en dépit de tous les efforts, on ne parvient pas à mettre un ennemi hors combat.
— Être décapité : si l'on éprouve des douleurs, présage de maladie; sinon, on souffrira sous le coup de la honte et de l'humiliation.

Décédé

— Se voir soi-même décédé : chance.

Déchirer

— Une lettre ou d'autres écrits : de mauvaises nouvelles.
— Autre chose : il faudra tenir un engagement désagréable.

Décorations

— Se méfier des séductions; on désire certaines distinctions.
— Que l'on voit : annonce une distinction.
— Voir quelqu'un ou avoir des relations avec quelqu'un qui porte de nombreuses décorations : une connaissance précieuse.
— Que l'on reçoit : mise en garde contre l'orgueil.
— Que l'on se met ou que l'on porte : perte de l'honneur et du prestige.

Découverte

— Que l'on fait : on apprendra beaucoup de choses nouvelles.

Déficit

— Avoir un déficit : on perdra un procès que l'on croyait déjà gagné.

Défilé aux flambeaux

— Que l'on suit : joie.

Défunts

— Que l'on voit : dans la plupart des cas, secours inattendu ou aide permettant de sortir d'une situation difficile, ou bonne nouvelle; peut aussi indiquer qu'un souhait déjà ancien se réalisera.

Dégoût

— Réaction toute physique à des pensées inconscientes.
— Éprouver du dégoût : annonce un embarras gastrique.
— Pendant le repas : quelqu'un vous veut du mal.
— Tenir dans la main une bête dégoûtante : beaucoup de succès en amour.

Déménagement

— Que l'on fait : par suite d'un événement, on sera contraint à modifier complètement certaines dispositions concernant le proche avenir.

Demi-frère/Demi-sœur

— Que l'on voit : perturbation de la paix au foyer.

Démolir

— Abandon de plans, souvent découragement quant au remplacement de quelque chose qui a été perdu; crainte que des tiers, par ce qu'ils disent et ce qu'ils font, contribuent à ruiner des plans ou une réputation.

Démolition

— Crainte que des tiers, par ce qu'ils disent et ce qu'ils font, contribuent à ruiner des plans ou une réputation.
— D'une maison : il est vraisemblable qu'une situation nouvelle pourra être trouvée sur une base sûre.

Démontage

— Peur d'un avenir incertain.

Dénonciation

— Faire une dénonciation : on perd son emploi et on s'efforcera sans succès d'en trouver un nouveau.
— Être l'objet d'une dénonciation : discorde et nervosité.

Dent

— Symbole sexuel.

— Voir de belles dents chez des tiers : des amis ou connaissances dans l'aisance.
— Avoir de belles dents : beaucoup d'avantages dans le proche avenir.
— Voir des dents mauvaises ou branlantes chez des tiers : une connaissance ou relation désavantageuse.
— Avoir des dents mauvaises ou branlantes : pertes matérielles.
— Qui tombent : maladie ou empêchement extérieur.
— Se faire extraire une dent : on est entraîné dans la situation déplorable d'un tiers.
— S'extraire une dent : mauvaise spéculation.
— Extraire une dent à un tiers : on tirera profit de la détresse d'un tiers.
— Se faire plomber une dent : difficultés financières, on bouche un trou en en creusant un autre.
— Voir des dents fausses chez des tiers : mise en garde contre un escroc.
— Avoir soi-même de fausses dents : on réalisera un profit en apparence seulement.
— Voir un dentiste au travail : un ami aidera à sortir d'une situation précaire.
— Avoir des maux de dents : une dépense imprévue va faire un grand trou dans la caisse.
— Voir un cure-dent : soulagement financier.
— Utiliser un cure-dent : au point de vue financier, il faudra avaler une pilule amère.

Dentelles

— Rêve d'excitation sexuelle, surtout s'il s'agit de lingerie.
— Que l'on voit pour de la lingerie ou des habits : une amère déception causée par des tiers.
— Que l'on porte : on fait erreur dans une affaire.

Dénudé

— Marcher dénudé : on tombera dans la misère.
— Être effrayé par la vue soudaine d'une personne nue : frayeur grave dans la vie également.
— Voir une belle personne nue d'un sexe différent : satisfaction d'un ardent désir secret.
— Une personne laide nue d'un sexe différent : une affaire d'amour sera la cause de railleries et de honte.
— Voir des petits enfants nus : promesse du bonheur le plus beau et le plus pur.

Départ

— Symbole de ce que le destin a d'irrévocable; le choix de la bonne ou mauvaise direction reste au sujet qui rêve.

— En auto, en avion ou par le train : on échappe à une catastrophe imminente.
— Se voir soi-même partir : on essaie d'échapper à une responsabilité.

Dépêche
— Télégraphique : des émotions.

Déplacement (en véhicule)
— Poursuivre sa voie dans la vie; les autres passagers sont importants pour le déplacement.

Dépôt mortuaire/Corbillard
— Perte d'un proche ou de la fortune.

Députés
— Les voir ou leur parler : espoir qui ne se réalisera qu'en faible partie.

Derrière
— Érotisme anal à tendances exclusivement sexuelles et souvenirs de la plus jeune enfance.
— Voir son derrière : honte.
— Celui d'un homme : désagréments.
— Celui d'une femme : on apprendra des nouvelles.
— Celui d'un enfant : on sera libéré de maux de toute sorte.

Dés
— Bonne situation.

Désarmer
— Se laisser désarmer : déshonneur.

Désert
— Tout est absolument vide; éventuellement, rêve de puissance sexuelle et d'amour, en pareil cas présage très mauvais et désolant.
— Que l'on voit : on sera très seul dans un proche avenir.
— Dans lequel on se trouve : on sera privé de quelque chose qui est très nécessaire.

Déserteur
— Que l'on voit ou que l'on est : on recevra des nouvelles de personnes éloignées.
— Voir beaucoup de déserteurs : mécontentement dans le pays, grèves ou manifestations.

— Aider un déserteur à fuir : on trouvera de l'aide pour sortir d'une difficulté.

Déshabiller
— Cf. « Quitter ».

Déshérité
— Être déshérité : annonce une perte.

Désordonné
— L'être : on devrait prendre à cœur les mises en garde reçues.

Desservir
— Voir quelqu'un desservir une table : il est indispensable de faire des économies dans le ménage.
— Le faire soi-même : une légère maladie s'annonce.

Dessin
— Que l'on voit : on sera placé devant un fait accompli.

Dessiner
— Soi-même ou voir des tiers dessiner : une petit cause aura un grand effet.

Détective
— Que l'on voit : temps agités.
— Que l'on est : on aura à remplir une tâche qui engage la responsabilité.
— Qui vous poursuit : vous n'avez pas la conscience pure.

Détention
— Être placé en détention : chagrin, misère, mais joie plus tard.

Déterrer
— On va acquérir un trésor ou recevoir une lettre.

Détonation
— Que l'on entend : un événement désagréable.

Détour
— Que l'on fait : on ne parviendra que lentement à son but.

Détritus
— Augmentation de la fortune.
— Il reste encore beaucoup à nettoyer dans la vie, si tout doit bien se passer.
— Que l'on voit : gain.
— Dans lesquels on cherche quelque chose que l'on ne trouve pas : on mettra sa situation en danger par une initiative imprudente.
— Dans lesquels on trouve de l'argent : exhortation à garder son portefeuille en sûreté contre les voleurs.
— Dans lesquels on marche : des désagréments.
— Dans lesquels on voit un tiers marcher : sans le vouloir, on causera des ennuis à un tiers.

Dettes
— Que l'on fait ou que l'on a : mise en garde contre de faux amis.

Deuil
— Souffrance passagère.

Devinette
— On obtiendra un renseignement.

Devises
— Que l'on voit : on veut garder quelque chose secret, mais on n'y réussira pas.
— Qu'on commerce ou que l'on reçoit : chance dans le travail.

Diable
— La situation psychique est confuse; il est indispensable de l'éclaircir.
— Que l'on voit : on se laissera entraîner à un acte passionnel que l'on n'aurait pas accompli de sang-froid.
— Qui menace ou attaque : un acte passionnel suscitera de mauvaises querelles.

Diadème
— Que l'on met : on recevra une distinction.
— Que l'on place sur la tête d'un tiers : on aura beaucoup de joie et de satisfaction.
— Que l'on perd : on sera offensé.
— Que l'on trouve : désir d'honneur et de grandeur.

Diamant
— Très souvent, sentiment d'infériorité, bluff; surestimation de soi.

— Que l'on voit : avenir sympathique.
— Se voir en possession de plusieurs diamants : aisance.

Diarrhée
— Que l'on a : chagrin, peine et dommage.

Dieu
— Toujours très important; compensation de tensions intérieures et de dépressions.
— L'adorer : foi assurée.
— Le voir et l'entendre parler : joie et bénédiction.
— Le louer : joie et bénédiction pour tous les temps.

Dindes
— Que l'on voit ou que l'on mange : aisance au foyer.

Dîner
— Bonne nouvelle; chance le jour suivant; règlement satisfaisant d'une affaire.

Diplomate
— Que l'on voit : on éliminera un adversaire dangereux.
— Que l'on est : on a une tâche difficile à accomplir.
— Faire un voyage diplomatique : événements importants et favorables.

Diplôme
— Que l'on reçoit : avancement rapide.
— Ne pas recevoir un diplôme attendu : déception; on n'atteindra pas son but aussi vite qu'on l'avait espéré.

Directeur
— Le devenir : un souhait va se réaliser.
— S'entretenir avec un directeur : on fera une connaissance qui entraînera des désagréments sur le plan des affaires.

Directeur général
— Que l'on voit : promesse d'avancement très rapide.
— Que l'on est : on gagnera bien sa vie.
— Avec lequel on se trouve en affaires : on prendra part à une conférence importante.

Dirigeable
— Les spéculations relatives à l'existence future deviennent d'une actualité brûlante.

— Que l'on voit se déplacer : on s'abandonne à une illusion.
— Avec lequel on se déplace : on prendra une initiative malheureuse.
— Que l'on voit tomber : on est victime d'une illusion.
— Avec lequel on tombe : danger de mort! Une initiative malheureuse ou une erreur vont causer un grave dommage.

Discours
— Que l'on fait : vanité insatisfaite.
— Que l'on écoute : mise en garde, il ne faut pas se laisser tromper par des paroles captieuses.

Diseur/Diseuse de bonne aventure
— Que l'on voit ou à qui l'on parle : il s'agit en général de choses qui se produiront à brève échéance; si on ne peut pas se souvenir des détails annoncés, on aura grand besoin d'un bon conseil dans une affaire.

Dispute
— Que l'on a avec quelqu'un : on s'entendra bien avec quelqu'un que l'on ne pouvait pas supporter jusqu'ici.

Distingué
— Voir des personnes distinguées : les apparences sont trompeuses.

Distributeur automatique
— De marchandises : des facilités agréables s'annoncent.
— De timbres-poste : mettre un terme à une affaire par un compromis ne constituera qu'un succès partiel.

Divan
— Que l'on voit : on se verra rappeler les « bons vieux temps ».
— Sur lequel on est assis : on échangera des souvenirs chers avec une vieille connaissance.

Divorce
— Rêve suscité par la peur de perdre par sa faute une personne chère.
— De tiers que l'on voit : exhortation à la fidélité.
— Voir son propre divorce : amour fidèle.

Documents
— Que l'on ouvre : héritage.

Dogue
— Que l'on voit : on a de bons amis, dont on est aimé et protégé.
— Par qui on est mordu : on sera trompé par l'un de ses meilleurs amis.

Doigt
— Sens simplement sexuel.
— Avoir de beaux doigts : on sera désiré.
— Des doigts sales : on sera mêlé à une mauvaise affaire.
— Se faire une coupure dans un doigt : on sera l'objet de mauvais propos.

Dollar
— Que l'on voit : héritage.
— Que l'on voit ou que l'on acquiert : on se lance dans une affaire au-dessus de ses forces, l'échec suivra.
— Que l'on perd : un malentendu cause des ennuis, mais tout s'arrangera.
— Que l'on trouve : on recevra un cadeau.

Dommage
— Que l'on subit : mise en garde, afin que l'on se conduise d'une manière plus avisée dans une situation que l'on a déjà connue.
— Que l'on cause à quelqu'un : on subira un grave dommage par sa propre faute.

Don
— Que l'on reçoit d'une personne compatissante : bon placement de capitaux.
— Que l'on répartit au hasard : on sera discrédité.

Don Juan
— Dans le rêve d'un homme : une femme en qui on a entière confiance en abusera.
— Dans le rêve d'une femme : une prochaine aventure d'amour sera dangereuse et tournera mal.
— S'entretenir avec un Don Juan : on est victime de mensonges.

Donner à manger aux animaux
— La bienfaisance rapporte.

Dormir
— Peur des réalités et fuite devant elles.

— Voir quelqu'un dormir : on ne devrait pas manquer une bonne occasion.
— Voir dormir une personne de l'autre sexe : une bonne occasion s'offre en amour, on ne devrait pas la manquer.
— Voir dormir une personne jeune et belle : bonheur intérieur et d'amour.
— Une personne vieille et laide : avantages matériels ou extérieurs.
— Dans son lit : une surprise au foyer; en plein air : une surprise en perspective; dans un autre lit ou hors de chez soi : des relations singulières avec une autre personne; dans un abri provisoire : des circonstances déplaisantes.
— Dormir avec une personne de l'autre sexe : on n'est pas ou le partenaire n'est pas strictement fidèle, à condition que le partenaire soit jeune et beau; il s'agit d'une liaison amoureuse dans laquelle on s'est engagé pour des motifs matériels, et qui suscite une répulsion intérieure, si le partenaire est vieux et laid; des scènes de ménage vont se produire, s'il s'agit de conjoints.

Dorure

— Signe d'aisance et d'honneurs.

Dos

— Peur de l'inconscient; on pressent le danger, mais ne le discerne pas.
— Que l'on voit : on verra ou apprendra à connaître l'envers de quelque chose.
— Tourner le dos à quelqu'un : une vieille amitié sera scellée à nouveau.

Dot

— Voir, recevoir, acheter une dot : mariage.

Doublage

— D'un vêtement : opulence.

Douche

— Réaction des actes que l'on a accomplis.
— Recevoir une douche froide : on est méconnu dans ses bonnes intentions.
— Prendre une douche chaude dans une pièce froide : santé.
— Prendre une douche en joyeuse société : beaucoup d'amusement.

Douleur
— Que l'on éprouve : dans une affaire, on est trop pessimiste.

Douleurs (de l'accouchement)
— Soucis et douleur.

Douzaine (douze)
— Que l'on voit : réalisation des plans.

Dragon (soldat)
— On ira à l'étranger.

Dragon
— Vitalité et sang-froid : on triomphe de tous les obstacles pour parvenir au succès.
— Voir un dragon (animal fantastique) : on obtiendra la faveur de personnes haut placées.
— Méchant : perte.
— Qui vous blesse : un ennemi puissant vous menace.
— Que vous tuez : vous allez vous libérer d'une situation difficile.

Drap
— Succès en affaires.
— Grand que l'on voit : grave maladie dont vous-même serez victime, sinon l'un de vos proches.

Drapeau
— Symbole de plans concernant la vie, de créations et de polarités.
— Voir un drapeau battant au vent : désagréments et souffrance.
— Le porter : prestige.
— L'abaisser : repentir à propos d'une action.
— Un drapeau noir : inimitié.
— Porter le drapeau national : on rendra un service à son pays.
— Voir beaucoup de drapeaux sur la façade des maisons : le gouvernement du pays aura la main forte.
— Brandir un drapeau : les temps seront bons.

Droguerie
— Que l'on voit : on voudrait plaire à quelqu'un, et on y réussira.
— Dans laquelle on travaille : perspective de bonne position.
— Dans laquelle on achète quelque chose : on aura une bonne idée.

Duc

— Que l'on voit ou que l'on est : on recevra une charge honorifique.

Ducats

— On parviendra à une haute situation et à des honneurs.

Duel

— Se voir demander réparation en duel : annonce un danger mortel.
— Vaincre lors d'un duel : on atteindra son but au prix de nombreuses difficultés, et ce but ne procurera pas de joie.
— Assister de loin à un duel : désagréments causés par la jalousie.

Dynamite

— Plans nouveaux, projets pour la vie, espoirs soudains, qui doivent faire sauter tous les obstacles.
— Voir de la dynamite exploser : on sera très considéré.

E

Eau

— L'état de l'eau correspond à votre état intérieur.
— Claire que l'on voit : succès et gain.
— Trouble ou sale : une situation confuse ou incertaine.

Eau-de-vie

— Que l'on voit ou que l'on boit : on subira un dommage que l'on aura soi-même causé.
— Que l'on renverse ou dont on arrose le sol : mise en garde contre quelque chose d'irréfléchi que l'on s'apprête à entreprendre.
— Que l'on vend : on a de mauvais desseins envers quelqu'un.

Eaux ménagères

— Sales et grasses : mauvais présage : les rêves d'eau trouble ne peuvent être interprétés positivement.
— Propres et claires : présage meilleur.

Eau minérale

— Que l'on boit : joie inoffensive et facile.
— Fortement gazeuse : une joie ne manquera pas d'un piquant particulier ou d'un charme spécial.

Échafaudage

— Que l'on voit : entreprise dangereuse.
— Sur lequel on travaille : on fera face avec courage à un danger.
— Dont on tombe : des obstacles imprévus empêchent de réaliser les plans.
— Dont on voit tomber : il faut du courage, mais la témérité nuit.

Échange

— Auquel on procède : on sera très présomptueux.

Échecs

— Que l'on voit : exhortation à la prudence.
— Auxquels on joue : perspective d'un partenaire avisé, par lequel on pourra obtenir beaucoup d'avantages.
— Auxquels on gagne : on ne sait pas tirer profit des avantages qu'offre un partenaire, ou on les perd par suite de ses propres fautes.
— Auxquels on perd : avec l'aide d'un partenaire avisé, on obtiendra des succès et des gains considérables.

Échelle

— Incertitude quant au succès ou à l'échec.
— Couchée ou remisée que l'on voit : une chance qui s'offre ne devrait pas être négligée.
— Que l'on porte : on se tirera ou tirera quelqu'un d'une mauvaise situation; on parviendra ou aidera quelqu'un à parvenir au succès.
— Que l'on voit portée par d'autres : le danger existe que des tiers vous gâtent une chance.
— Que l'on appuie à une fenêtre : on a des desseins secrets.
— Que l'on voit appuyée à une fenêtre : menace de vol ou d'escroquerie.
— À laquelle on monte : succès.
— Dont on descend : insuccès.

— Dont on tombe : un effondrement de grande envergure risque de se produire.
— Voir se renverser une échelle appuyée à une fenêtre : on sera protégé d'un grave dommage.
— Une échelle branlante ou brisée : on devrait suspendre une entreprise prévue, car le dommage et les désavantages empêcheront d'atteindre le but fixé.
— Essayer d'utiliser une échelle branlante ou brisée : une entreprise ou une initiative tournera mal.
— Chariot à ridelles avec une charge élevée : aisance.

Écho
— En général, simple rêve suscité par un bruit, sinon mise en garde.
— Entendre l'écho : annonce une visite.
— Dans la forêt : solitude.

Échouer
— Quand on va passer un examen : on sera reçu.
— Dans d'autres circonstances : succès.

Éclair
— Clarté subite sur la situation et les événements : bon signe surtout chez les personnes aisées.
— Voir un éclair: perte d'argent, contrariété, querelle familiale, désagréments en affaires.
— Le voir s'abattre sur sa tête ou sur sa maison: perte des biens et de la vie.
— Être touché par un éclair sans être blessé : un danger auquel on échappera.
— Être blessé par un éclair : coup imprévu du destin ou mauvaises nouvelles.
— Voir des éclairs de chaleur : bon présage.
— Voir des éclairs et entendre le tonnerre : on aura le plaisir de revoir un ami ou une amie.
— Voir un éclair qui s'abat avec un bruit de tonnerre : présage de perte.

Éclair de chaleur
— Que l'on voit : présage d'événements grands et importants.

Éclaircissement de malentendus
— On peut essayer d'améliorer son existence, mais il faudra lutter pour y arriver.

Éclaireur
— Que l'on voit : exhortation à rester dans le droit chemin.

— Que l'on est : on cherchera le bonheur à l'abri des regards et on l'y trouvera; c'est également une exhortation à protéger son bonheur contre les envieux.

Éclipse de lune

— Que l'on voit : des pertes ou des difficultés particulièrement graves.

Éclipse de soleil

— Annonce des événements de grande importance, qui peuvent causer de lourdes pertes.

École

— La vie vous soumettra à de nouvelles épreuves.
— Que l'on voit : on s'apprête à répéter une sottise que l'on a déjà commise; on devrait tirer les leçons de l'expérience acquise.

Écolier

— Que l'on voit : on va vous jouer un tour stupide.

Écorce

— Que l'on voit : il ne faut pas trop révéler de ses affaires privées.
— Dans laquelle on grave des lettres ou quelque chose d'analogue : certains souhaits du cœur se réaliseront.
— Que l'on pèle : on s'exposera trop dans une affaire et il en résultera des désavantages.

Écraser (par une voiture)

— L'être : on sera placé par quelqu'un dans une situation bien gênante.
— Écraser quelqu'un : des dépenses inutiles causées par le manque d'attention.

Écrevisse

— Que l'on voit : affaires en régression.
— Que l'on capture : un travail fatigant sera bien rémunéré.
— Que l'on mange : on parviendra à une fortune considérable.

Écrire

— Soi-même : dans une affaire, on ne devrait pas se contenter d'accords imprécis.
— Voir quelqu'un écrire : dans une affaire, on ne devrait pas adopter un point de vue définitif ni se lais-

ser amener à adopter un tel point de vue, car on le regretterait plus tard.

Écritoire

— Que l'on voit : on se voit rappeler la nécessité d'écrire une lettre importante.
— Dans lequel on ne trouve pas d'encre : il faudra expier un oubli.

Écureuil

— Que l'on voit : pour les célibataires mariage, pour les personnes mariées enfants.
— Que l'on observe pendant qu'il mange : vie de famille paisible et heureuse.
— Être mordu par un écureuil : un mauvais conjoint ou des enfants qui tournent mal.
— Tuer un écureuil : maladie d'un proche.

Écurie

— Que l'on voit : on sera aimablement reçu par ses hôtes.
— Dans laquelle on se trouve : un retard va se produire.

Écurie de course

— Que l'on voit: des chances aux jeux de hasard.
— Que l'on possède : des entreprises ou spéculations risquées.

Édifice

— Chacun doit édifier la maison de sa vie; plus elle est haute, plus la vie est marquée par le succès.
— Que l'on voit construire : on aura beaucoup de prestige.
— Neuf que l'on voit : perspective de ressources nouvelles.
— Très haut (gratte-ciel) : on aura beaucoup d'argent.
— Administratif : désagréments et perte d'argent.
— Qui s'effondre : un plan sera contrarié.

Effondrement

— Malheur.

Église

— Symbole du sacrifice; votre bonheur peut être soit sacrifié, soit comblé.
— Que l'on voit : on est retenu de se lancer dans un projet injuste.

— Dans laquelle on pénètre : on ressent la crainte de Dieu.
— Dans laquelle on prie : on obtiendra ce que l'on souhaite.
— Que l'on voit brûler : on a de mauvais principes.
— Que l'on voit s'effondrer : un malheur va se produire.

Électricité
— Être électrocuté : événements inattendus de nature érotique.
— Voir des étincelles électriques : désenchantement après un amour passionné.
— Lumière électrique : mise en garde venant de l'inconscient, danger mortel en cas d'imprudence.
— Visiter ou voir une centrale électrique : rencontre sérieuse.
— Y travailler : on sera chargé d'une tâche lourde de responsabilités.

Éléphant
— En général, rêve féminin se rapportant à la force masculine.
— Voir un éléphant : on trouve des soupirants dont il n'est pas si facile de se débarrasser.
— Monter un éléphant : promesse de bonheur en mariage ou, si l'on n'est pas marié, liaison avec une personne digne de confiance.
— Voir un éléphant dans un cirque : à force de vouloir plaire, on se rendra ridicule.
— Voir un éléphant femelle avec un petit : vie de famille simple et calme.

Elfes
— Que l'on voit : présage d'un bel amour.
— Dont on est entouré : on hésite à choisir entre deux personnes que l'on aime.
— Que l'on voit fuir ou disparaître : si l'on essaie de les retenir, tristesse en amour.

Emballer
— Ses propres affaires : changement.
— Les affaires de tiers : des tiers seront importuns ou causeront de la mauvaise humeur.
— Voir quelqu'un emballer : visite venant de loin.

Embarcation
— On est prêt à assumer un risque pour avancer.
— Dans laquelle on se déplace : on peut s'attendre à un changement positif.

— Changement de direction dans la vie; l'eau est moins sûre, surtout si elle est trouble.
— Voir une embarcation : présage de changement.
— Faire une excursion avec une embarcation : si le temps est clair, présage d'événement favorable; sinon, événement défavorable (cf. « Canot »).

Embarcation à voile/Voilier

— Que l'on voit toutes voiles dehors : période favorable à la réalisation de grands projets.
— Où l'on a pris place : on pourra réaliser bientôt de grands projets grâce à une occasion extraordinaire ou à d'autres circonstances favorables.
— Que l'on voit voguer par calme plat avec voiles détendues : indique une période défavorable à la réalisation de grands projets.
— Où l'on se trouve par calme plat : un plan ambitieux ne se réalisera pas.
— Que l'on voit à l'ancre : annonce l'élaboration de plans ambitieux dans un proche avenir.
— En pleine tempête : on sera fortement gêné dans la réalisation de plans ambitieux par des circonstances extérieures défavorables.
— Où l'on se trouve par tempête : des plans ambitieux ne pourront être réalisés qu'au prix de gros sacrifices.
— Que l'on voit chavirer : un plan ambitieux s'avérera irréalisable.
— Qui chavire et où on se trouve : pour la réalisation d'un plan ambitieux, il faudra consentir de gros sacrifices.

Embarras

— On triomphera de ses ennemis et on se rapprochera très sensiblement de l'objectif que l'on a fixé à sa vie en dépit de nombreux obstacles.

Émeute

— Que l'on voit : la situation devient incertaine.
— À laquelle on participe : un changement radical s'annonce dans la vie.
— Où l'on voit couler du sang : dépenses inattendues.

Émigrer

— Un changement s'annonce dans la vie.

Empereur

— Que l'on voit : chance et honneur.
— Avec lequel on parle : on est très considéré.

— Que l'on est soi-même : on ne devrait pas s'abandonner à des espoirs exagérés, car on risque des déceptions.
— Être chargé d'un office à la cour d'un empereur : on sera appuyé par une personne haut placée.

Empoisonner
— Résoudre des problèmes par la force reste inefficace à la longue.
— Quelqu'un : dans une affaire, l'entêtement ne servira à rien.
— Être empoisonné : tourmenter des tiers, même par plaisanterie, n'est pas le signe d'une belle âme ; cela suscite en outre des inimitiés superflues.

Encens/Eau bénite
— Que l'on répand : on est entouré de flatteurs.

Enchanté
— Être enchanté : on fera la connaissance d'artistes.

Enchantement
— Que l'on voit : on rencontrera une vieille connaissance et constatera avec étonnement combien cette personne a changé.
— Enchanter : on ne pourra rien changer à quelque chose, quoiqu'on le désire vivement.

Enchanteur
— Surestimation de sa propre personne ; on attend d'être tiré par miracle d'une situation de contrainte ou d'une incertitude.
— Que l'on voit : on trouvera une solution simple à une question très difficile.
— Que l'on est : il ne sera pas possible d'arriver à quelque chose en sous-main.

Enclume
— Travailler sur une enclume : le destin se présente sous des aspects nouveaux, qui peuvent conduire au succès, mais aussi ébranler les bases de l'existence.
— Voir une enclume : petit gain.
— Voir tomber une enclume : les bases de l'existence sont ébranlées.

Encre
— Exhortation à régler des affaires en suspens.

— Que l'on voit : il ne faut pas se contenter de promesses ou d'accords vagues; il faut tout fixer avec exactitude.
— Avec laquelle on écrit : un document que l'on a reçu revêtira bientôt une grande importance.
— Que l'on renverse : un accord se soldera par un échec inattendu.

Endive
— Difficultés.

Endroit solitaire
— Soucis et chagrin.

Enfant
— Dans une situation de conflit, on cherche une issue; on veut s'engager dans une voie nouvelle et repartir à zéro avec des idées nouvelles.
— Que l'on voit : en général bon présage.
— Dont on accouche : de nouvelles possibilités d'existence vont s'offrir.
— Que l'on voit durant l'accouchement : pour l'homme, séparation de sa femme; pour les pauvres, un bon présage; pour les gens d'affaires et les gens riches, un mauvais présage; pour qui voyage, retour au pays.
— Que l'on voit sous les traits d'un bébé : bonheur pour la mère.
— Que l'on porte sur les fonts baptismaux : signe d'une vie chrétienne.
— Que l'on voit dormir : bon avenir.
— Que l'on voit jouer : joie.
— Que l'on voit malade, tomber ou que l'on entend se quereller ou crier : récession en affaires.
— Maigre : présage que les temps seront mauvais.
— Gros : les temps seront bons.
— Mourant : un succès inespéré.
— Que l'on assassine : on se causera un grand dommage.
— Jouer avec beaucoup d'enfants : chance en amour et succès dans tout ce qu'on entreprendra.
— Être invectivé par des enfants : on dit du bien de vous.

Enfant de chœur
— On aura peu de joie.

Enfant naturel
— Que l'on voit (ou dont on voit la mère): on portera un jugement injuste sur quelqu'un.

— Que l'on a : il faut s'accommoder de quelque chose.

Enfer

— Que l'on voit : changement de situation.
— Dans lequel on est : on sera tourmenté par des ennemis.
— Dont on est délivré : on sera sauvé d'un danger.

Enfouir

— Essai de cacher au monde des instincts destructeurs et de faire croire que l'on a renoncé à des vices; souvent aussi acharnement à défendre un point de vue qu'intérieurement, on a reconnu faux.

Engrais

— Que l'on voit : gain.
— Sur lequel on se tient debout : maladie.
— Répandre de l'engrais : on obtiendra de très bons résultats dans une entreprise.
— Fosse à engrais : aisance.

En haut

— Être en haut : pour le travail que l'on fait actuellement, on est à la place qui convient.

Enlèvement

— Que l'on effectue : promesse de mariage ou liens d'amitié.
— D'un enfant : chance inespérée.
— D'une haute personnalité de la vie publique : expression de mécontentement du peuple à l'égard d'une tendance politique.

Ennemis

— Rêve prémonitoire, qui doit éveiller certains instincts par rapport à des personnes de l'entourage immédiat.
— Que l'on rencontre : attention aux embûches.
— Sur le champ de bataille, à la guerre : querelle et contrariétés.

Enregistreur

— On a l'habitude d'être ponctuel.

Enrouement

— Gain et avantage.

Enseignant

— On va subir un examen et on doute de faire tout comme il faut.
— Que l'on voit ou avec lequel on a des relations : on aura joie et profit à étudier un problème.
— Que l'on est : on veut savoir tout mieux que les autres.

Enseigne

— Au-dessus d'un magasin, sur une usine : des amis envieux donnent des soucis.

Ensemble

— On vivra de grands événements.

Enterrement

— Provisoirement ou pour toujours, quelque chose est mort dans l'âme.
— Voir son propre enterrement : en général bon présage,
— L'enterrement de bons amis : des ennuis.
— D'inconnus : héritage.
— D'une haute personnalité : changement politique.
— Assister à l'enterrement d'un inconnu : un ami va tomber dans le malheur.

Entrailles

— Joie et amour.

Entrelarder

— Foyer heureux.

Entremetteur/Entremetteuse

— On n'est pas traité honnêtement.

Entreprendre

— Une chose quelconque : nouvelle désagréable.
— De lire un livre : avantages matériels dans un proche avenir.

Entrepreneur en bâtiment

— En être un ou avoir affaire à un tel : on obtiendra une position satisfaisante.
— Avoir des différends avec un tel : prudence dans toutes les entreprises prochaines.

Envie

— Des tensions intérieures dans les rapports avec le monde extérieur font que la vie ne satisfait pas; chagrin et soucis.

Épaulettes

— Que l'on voit ou que l'on porte : honneurs et prestige.
— Dorées que l'on porte : réalisation d'un espoir.

Épave

— Que l'on voit : annonce l'échec d'un plan.

Épée

— L'homme peut y voir le symbole de sa sexualité, la femme se sent menacée.
— Tenir l'épée en main : honneur.
— Recevoir un coup d'épée: danger pour la vie.
— Une épée rouillée : un plan ne se réalisera pas.
— Honneur et gloire.

Épeire diadème

— Porte bonheur.

Éperons

— Que l'on voit : des obstacles et des difficultés.
— Que l'on porte : on veut obtenir par la force ce que la force ne procure pas.

Épervier

— Infidélité ou pas de chance à la loterie.

Épicéa

— Sens sexuel.
— Que l'on voit : fort amour physique.

Épices

— Que l'on voit : gain et joie.

Épinard

— Santé.

Épine

— Du point de vue de la femme, signification sexuelle : peur de dangers résultant de relations sexuelles.
— Voir une épine : on deviendra malade d'amour.

— Se piquer avec une épine : joie de l'amour.
— Être piqué par une épine : on perd une connaissance de vue.
— Une couronne d'épines sur la tête : annonce un mal psychique.
— Tomber dans un buisson d'épines : on va se trouver dans une situation très embrouillée.

Épingle

— Que l'on voit : on recevra nombre de coups d'épingle.
— Que l'on cherche sans la trouver : agitation.
— Au moyen de laquelle on fixe quelque chose : une nouvelle relation, sur laquelle on fonde de grands espoirs, ne sera pas de longue durée et décevra ces espoirs.
— À laquelle on se pique : une sotte affaire déjà ancienne sera remise en mémoire par quelqu'un.

Épis

— Isolés : satisfaction.
— Voir un champ couvert d'épis : être comblé de biens en ce monde.
— Le champ d'épis qui ondoient sous le vent symbolise que la tâche à laquelle on a consacré sa vie est accomplie; succès dans le commerce.

Éponge

— De toilette que l'on voit : bien que l'on ne s'en soucie guère, on devrait intervenir contre des propos médisants, sinon on risque de perdre la faveur d'une personnalité importante.
— Avec laquelle on se lave : on réfutera une calomnie.

Équarrisseur

— Le voir et le rencontrer : bonheur.
— Lui parler ou avoir des relations avec lui : dommage.

Ermitage

— Que l'on voit ou dans lequel on est : on perdra l'amour de l'humanité.
— Vivre avec son conjoint dans un ermitage : le conjoint ou la personne chère vont devenir ennuyeux et taper sur les nerfs.

Ermite

— Que l'on voit : on aura affaire à des hypocrites.
— Que l'on est : on deviendra membre d'une association.

— Que l'on rencontre avec des vêtements en loques : mauvaise nouvelle.
— Venir en ermite dans sa propre habitation et n'être pas reconnu : on sera séparé de sa famille pendant un certain temps.

Erreur
— On a peur du mensonge et on se fait néanmoins illusion à soi-même.

Escalier
— Que l'on voit : exhortation à veiller à sa réputation menacée.
— Que l'on monte : on aura mauvaise réputation.
— Que l'on descend : on sera cordialement bienvenu chez des personnes auprès desquelles on se rendra prochainement.
— Dont on tombe : on parviendra à rétablir sa réputation qui a reçu des éclaboussures.

Escalier roulant
— Que l'on voit : des avantages grâce aux concessions faites par quelqu'un.
— Que l'on utilise : on va effectuer une démarche difficile.

Escargot
— Que l'on voit : exhortation à la patience.
— Se retirer dans sa coquille : une personne dont on voudrait obtenir quelque chose fera languir pendant longtemps encore.
— Que l'on mange : on met à l'épreuve la patience de quelqu'un.
— Que l'on écrase : un acte prématuré sera la cause d'un désavantage.

Esclave
— Que l'on voit : on est l'esclave d'une passion ou d'un penchant; il en résultera des désavantages ou des dommages, si on ne lutte pas pour s'en libérer.
— Que l'on est : dans un projet, on suivra sa propre voie, sans se soucier de la résistance opposée par les autres.

Escroc
— Que l'on surprend pendant le jeu : on se vengera de quelque chose.
— Être surpris dans ce rôle au cours d'une affaire : bons progrès.

— Avoir affaire à une femme escroc : annonce une aventure d'amour.
— L'escroquerie, dans le rêve, indique que ce qui est montré par le rêve doit être entendu à l'inverse dans la vie; là où on cherche de l'amour, on est trompé; là où on espère la sincérité, il y a lieu d'être sur ses gardes.
— Avec lequel on a des relations : on jettera l'argent par la fenêtre.
— Que l'on est : on accroîtra ses biens et sa fortune.

Espion
— Rêve prémonitoire : on essaie secrètement et par derrière de vous faire tort.

Espoir
— Que l'on a : on aura des pertes d'argent.

Esprit
— Symbole de fantôme que l'on poursuit.
— Que l'on voit : on apprendra des choses désagréables.
— Avec lequel on parle : on obtiendra de bonnes impressions.

Essaim d'abeilles
— Le voir : consolidation d'une relation amoureuse.
— Être entouré par lui : promesse de grande joie.

Essence
— En voir : passion qui s'enflamme facilement, mais qui s'éteint tout aussi vite.
— Qui brûle : un entretien amusant s'annonce.

Essieu
— Qui grince: des affaires stagnantes.
— Qui tourne bien : une affaire fortement freinée jusqu'ici va bien progresser.

Essuyer
— Joie et bien-être.

Estomac
— Rêve prémonitoire, qui se produit souvent après un repas abondant; mise en garde d'ordre général contre les excès.
— Se gâter l'estomac : on devrait, dans une certaine affaire, éviter de dépasser la mesure.

— Maladie de l'estomac : affaiblissement de la position ou pertes concernant la fortune.

Estropié

— Que l'on voit : on recevra du secours.
— Que l'on est : on deviendra dépendant de tiers.
— Que l'on soigne : on aura de la pitié pour une personne malheureuse.

Établissement d'enseignement supérieur

— Que l'on voit : progrès intellectuels.
— Que l'on fréquente : chance dans l'avenir.
— Dans lequel on est élu à un poste : grand honneur, mais en même temps vie monotone, à l'écart.

Étain

— Que l'on coule : on apprendra des nouvelles étranges.

Étaler

— Orgueil ou fierté.

Étalon

— Pour les femmes, symbole purement sexuel ; recherche d'une vie puissante. Les hommes montant des étalons espèrent que leurs désirs se réaliseront.

Étang

— Que l'on voit : une expérience douloureuse sera suivie d'un nouveau bonheur.
— Rêve de fécondité ; association avec le liquide amniotique.
— Que l'on voit avec de l'eau claire : on trouvera un nouvel ami ou une nouvelle amie.
— Avec de l'eau trouble ou sale : on surprendra un ami ou une amie au cours d'une infidélité.
— Avec beaucoup de poissons : on recevra beaucoup d'argent.
— Avec des poissons morts : perte d'argent.

Étau

— Que l'on voit ou avec lequel on voit des tiers travailler : on sera bien coincé.
— Avec lequel on travaille : on est coincé, mais on parviendra à se libérer.

Éteindre

— Une lumière ou une lampe : voir « Lumière », « Lampe », « Lanterne ».

— Un incendie : on échappera de justesse à un accident.

Été
— Indication de la puissance sexuelle comme le printemps, l'automne et l'hiver; les saisons représentent des périodes de la vie.

Éternuer
— Présage de succès.

Étincelles
— Que l'on voit : bonnes recettes.
— Dans une forge : pour les jeunes, mariage; pour les personnes plus âgées, vie familiale harmonieuse.

Étoffe
— On aura de grands succès en affaires.

Étoile
— L'objectif fixé à la vie prend plus d'ampleur; les plans que l'on fait se diversifient.
— Que l'on voit au firmament : des jours bons et fructueux.

Étoile du soir
— Des événements prochains vont troubler le calme et la paix du cœur.
— Voir briller l'étoile du soir : les plans prévus seront aisés à réaliser.
— La voir avec d'autres étoiles : les projets actuels vous rapprocheront de votre but et vous procureront de gros avantages financiers.
— La voir derrière des nuages et obscurcie : espoir vain.

Étoile filante
— Que l'on voit tomber : un vœu particulièrement cher sera exaucé.

Étouffer
— Soi-même : rétablissement de la santé, ou succès qui suscitera la jalousie et l'envie d'autres personnes.
— Voir des tiers étouffer : on triomphera de ses ennemis.
— Étouffer quelqu'un : un adversaire veut vous faire un mauvais coup.

Étourneau
— On ne devrait pas tant bavarder.

Étranger
— Se rendre à l'étranger : un grand changement va se produire.
— Se trouver à l'étranger : désir d'une situation stable.

Étranglé
— L'être : imminence de quelque chose de pénible.

Être assis
— Sur un vase de nuit: on réalisera un gain.
— Sur un trône : perspective de posséder une maison.

Être enfermé
— La solitude offre la possibilité d'un jeu coquet, pour être bientôt en société.

Être étendu
— En plein air : bon présage.
— Auprès de la personne aimée : joie durable.

Étrier
— On parviendra à son but.

Étudiant(e)
— Que l'on voit ou avec qui l'on a des relations : annonce la compagnie d'une personne gaie et même pétulante.

Évangile
— Que l'on entend ou que l'on lit : un bon conseil.

Évanouissement
— S'évanouir : héritage ou allocation de quelque nature.
— Voir quelqu'un s'évanouir : quelqu'un vous demandera un prêt.

Éveil
— Bon accomplissement.

Éventail
— Les vraies intentions sont cachées ou déguisées; coquetterie avec des désirs et des plans concrets.

Évêque
— La relation établie avec un prêtre signifie soumission et, la plupart du temps, punition.

— Voir un évêque : querelle et dissension.
— Avoir un différend avec un évêque : on se heurtera à une hostilité violente.

Évocation
— Voir une évocation ou y assister : renversement dans la vie sociale.
— Procéder à une invocation : présage de grands événements dans la vie.

Examen
— Où l'on échoue : on y réussira, si on doit en passer un dans la vie.
— Où l'on est admis : on parviendra à son objectif.

Exanthème
— Des déficiences de la santé font de l'argent et du bonheur une juste compensation.
— Souffrir d'un exanthème : il est possible de traiter des affaires ou de prendre des dispositions qui procureront un gain élevé.
— Voir des tiers atteints d'exanthème : la situation générale va s'améliorer.

Excellence
— À qui l'on parle : on bénéficiera d'une protection.

Excréments
— Que l'on voit : chance.
— Dans lesquels on pose le pied : richesse, ou sortie de la misère.

Excursion en montagne
— La faire : des difficultés considérables sont péniblement surmontées.
— Au printemps, par beau temps : on est plein d'espoir et croit au succès.
— Par temps pluvieux : on aura des soucis.

Exécution
— On apprend sur soi des propos malveillants.
— Révision de l'attitude que l'on a eue jusqu'ici dans la vie à l'égard de certains événements.
— Que l'on voit : triomphe sur un ennemi ou se faire un nouvel ennemi.
— D'un ami ou d'une personne proche : séparation d'une personne qui est chère.
— À laquelle on procède : si le sang coule, on gagnera

un procès ou un litige; si le sang ne coule pas ou si l'exécuté redevient vivant, c'est qu'en dépit de tous ses efforts, on ne parvient pas à mettre un ennemi hors de combat.
— Que l'on subit : si l'on éprouve des douleurs, c'est une maladie qui est annoncée; sinon, on souffrira de subir honte et humiliation.

Exercice (Faire de l')
— Voir faire de l'exercice : querelle.
— Faire soi-même de l'exercice : surprises gênantes.

Explosion
— Que l'on voit : inquiétude nerveuse qui s'apaisera subitement.
— Avec des victimes : on sortira d'une situation critique sans dommage.
— D'une grande usine avec incendie : événement avantageux.

Exposition d'un mort sur un catafalque
— Tristesse.

Extravagant
— On se moque trop de son entourage; il vaudrait mieux rire de soi-même.
— L'être ou avoir des idées extravagantes : une distinction ou une existence apaisante.

Extrême-Onction
— Que l'on reçoit : signe d'une grave maladie.

F

Fable
— Que l'on lit ou que l'on raconte : offense.

Fabricant de ceintures
— Que l'on voit au travail : riche conjoint.

Fabrique
— Inquiétude et plans nouveaux.
— Voir une fabrique : bonnes affaires.
— La posséder : on dépensera beaucoup d'argent sans utilité.
— Y travailler : satisfaction professionnelle.
— Cheminée d'une fabrique : besoin sexuel aigu.

Facteur
— Bonne santé.

Facture
— Doutes quant à sa propre valeur; chez les hommes, souvent rêve concernant la puissance virile.
— Que l'on établit ou fait parvenir à quelqu'un : on s'engage dans une affaire incertaine.
— Que l'on reçoit : on se voit rappeler que l'on n'a pas encore tenu une promesse.

Faim
— On vit dans l'abondance et on a peur de la privation.
— Avoir faim : on accroîtra ses possessions.

Faire cadeau
— De quelque chose à quelqu'un : on bénéficiera dans une affaire de complaisance et de compréhension.

Faire de la gymnastique
— Voir faire de la gymnastique : on fera une excursion.
— En faire : on accroîtra sa résistance physique.

Faire de l'escrime
— Symbole négatif, indique des dissensions.
— L'arme à la main : on se brouillera avec des amis.

Faire les comptes
— Avoir de l'hostilité.

Faire signe
— En guise d'adieu : promesse que l'on se reverra.
— En guise de bienvenue : annonce un départ.
— Pour attirer l'attention sur soi : il ne faut pas poursuivre dans la voie dans laquelle on s'est engagé.

Faisan
— Que l'on voit : joie.

— Que l'on capture ou que l'on tue : bons progrès.
— Que l'on mange : santé.

Fakir

— Que l'on voit : on tombera sous le charme de quelqu'un.
— Faire ses tours d'adresse : on tombera amoureux d'une personne plus âgée.
— Se voir sous les traits d'un fakir : manifeste le désir de participer à quelque chose d'illicite.

Famille

— Que l'on voit ou que l'on a : bonheur.

Fard

— Que l'on voit : exhortation à ne pas se laisser tromper par les apparences.
— Que l'on utilise soi-même : on ne réussira pas à masquer quelque chose.
— Voir des tiers fardés ou se farder : on a dans son entourage un ami qui n'est pas sincère.

Fardeau

— Que l'on porte : on réglera une affaire avec succès.
— Que l'on voit des tiers porter : on aura des tâches ou des travaux difficiles à effectuer.

Farine

— Que l'on moud : on procure, à dessein ou sans le vouloir, une joie à quelqu'un.
— Que l'on voit moudre par des tiers : joyeuse surprise.
— En tas ou en sacs que l'on voit : des heures délicieuses et des fêtes joyeuses.
— Sur son vêtement : on aura à souffrir de propos malveillants ou d'une calomnie.
— Blanche : l'alimentation sera bonne.
— Noire : bien-être.
— Vers de farine : on fera des économies.

Fatigué

— L'être ou ressentir une grande fatigue : on s'affirmera dans toutes les situations de la vie.

Faucille

— Symbole exprimant l'angoisse en face de la vie, une angoisse qu'il faut maîtriser.
— Que l'on voit : il ne faut pas dédaigner les petits profits.

— Avec laquelle on travaille: petit profit pour un travail pénible.

Faucon

— Que l'on voit : succès à la chasse.

Fausse couche

— Si le symbole ne constitue pas un avertissement direct, il est un signe d'incertitude dans l'élaboration des plans et d'attente d'un échec.
— D'un enfant : nouvelle entreprise, nouvelle action.

Fausse voie

— Que l'on voit ou sur laquelle on se trouve : se garder de sortir du droit chemin.

Faute

— Que l'on fait : on sera offensé.
— Voir ses propres fautes : on s'occupe trop de soi-même.

Fauteuil

— Longue maladie.
— Que l'on voit : promesse de repos, de paix et de détente.
— Dans lequel on est assis : il faut travailler pour arriver au succès.

Faux

— L'être : honte.
— Fausse monnaie, or ou marchandise faux : déception.

Faux (instrument agricole)

— Que l'on voit : le moment où un souhait déjà vieux doit se réaliser est venu.

Fée

— Symbole originel de l'amour éprouvé pour l'autre sexe.
— Que l'on voit : avenir heureux.
— À laquelle on parle : fiançailles ou mariage sous peu.

Femme

— Comme symbole du rêve, en général expression de désirs et d'espoirs.
— Que l'on voit : petites discordes.

— Belle : on est amoureux.
— Enceinte : des nouvelles agréables.
— Jeune et nue : désir irréalisable.
— Avec de longs cheveux : bonheur et honneurs.
— Avec des cheveux rouges : on est poursuivi.
— Noirs ou marron : maladie.
— Coiffés à la garçonne : un beau plaisir.
— Que l'on prend dans ses bras : querelle.
— À laquelle on donne un baiser : gain.
— À laquelle on fait la cour : on sera trompé par des flatteurs.
— De qui on reçoit la faveur : discorde.
— Qui se transforme en homme ou inversement : mariage ou liaison durable.
— Que l'on voit accoucher : prospérité et bonheur.
— Voir une femme vieille : souvent souvenirs et mémoire idéalisée de la mère.
— À laquelle on donne un baiser : querelle en ménage.
— En prière : bon présage.
— Fardée : hypocrisie.
— Avec un enfant : soucis.
— En société : discorde et bavardages.
— Avec des souliers élégants : frivolité.
— Avec une coiffe de nuit : paresse.
— Voir beaucoup de femmes : on donnera une soirée.
— Le sexe d'une femme : désir insatisfait.

Fenêtre

— La vision doit être examinée en relation avec « Maison » et dans certains cas avec « Porte », c'est-à-dire comme organe sexuel.
— Voir une fenêtre ouverte : bonheur et satisfaction.
— Entrer par une fenêtre : querelle et désagréments.
— Sortir par une fenêtre : perte de fortune.
— Voir une fenêtre fermée : on sera persécuté durement.
— Être assis ou debout à une fenêtre : soucis professionnels.
— Voir une fenêtre dont les vitres sont cassées : on sera injurié.
— Regarder par une fenêtre : espoirs déçus.
— Tomber d'une fenêtre : on attendra en vain du secours.

Fer

— Force; volonté de résistance; dans certaines circonstances, résistance contre les plans que l'on a forgés.
— Travailler du fer à la forge : dissensions et querelles.
— Voir un fer rouge : amour ardent.

— Vieux et rouillé : on se séparera d'un ami ou d'une amie.
— Être frappé par un morceau de fer : gros chagrin.
— Faire fondre du fer : amour.
— Tôle de fer : caractère affermi.
— Grille en fer : des obstacles.
— Chaîne en fer : avenir morne.
— Anneau de fer : on fêtera ses noces d'or ou on assistera à de telles noces.

Fer à cheval

— Que l'on voit : on sera contraint de faire un voyage imprévu.
— Que l'on trouve : on échappera à des désagréments.
— Au moyen duquel on ferre un cheval : on aura une vieillesse assurée.
— Que l'on ôte à un cheval : on ne peut pas forcer le bonheur.

Fer à repasser

— Que l'on voit ou que l'on utilise : présage de gain.
— Avec lequel on brûle quelque chose : changement positif.

Fermage

— L'incapacité de venir soi-même à bout des problèmes de l'existence rend nécessaire de se livrer à un tiers.
— Que l'on prend : on sentira peser la dépendance dans laquelle on se trouve à l'égard de quelqu'un.
— Que l'on donne ou avoir des relations avec un fermier : mauvaise utilisation de sa propre fortune ou de ses avoirs par des tiers.

Ferme

— Que l'on voit : richesse.

Fête

— Expression du calme et de l'équilibre intérieurs.
— Célébrer une fête : gaieté.

Feu

— L'un des symboles les plus importants. Selon la situation destructeur, stimulant, réchauffant; selon le cas bon où inquiétant. Les incendies de maisons doivent toujours retenir l'attention, parce que la maison doit être considérée comme une personne. Souvent rêve prémonitoire ou liquidation de choses anciennes.

— Que l'on voit : des flammes claires signifient un amour réciproque avec les siens; beaucoup de fumée est un signe de malheur.
— Que l'on fait ou que l'on voit en plein air : on contractera une belle amitié.
— Autour duquel on danse ou voit des tiers danser : une excursion gaie.
— Dans lequel on tombe : grosse perte.
— Que l'on voit dans le poêle ou dans la cuisinière : perspective d'enfants ou de beaucoup de joie qu'ils procureront.
— Que l'on éteint dans le poêle ou la cuisinière : maladie grave.

Feu d'artifice

— Que l'on voit : illusion.
— Que l'on tire : on fera beaucoup de bruit, mais cela passera vite.

Feu de signalisation

— Confusions, éventuellement aussi troubles du cerveau, surtout si on le porte sur la tête.
— Allumé : chagrin.
— Éteint : joie et bonheur.

Feu follet

— Que l'on voit : il faut se garder de sortir du droit chemin.

Feuillage

— Symbole de ce que la nature a d'éphémère; invite à saisir la chance et à en tirer parti.
— Beau et vert que l'on voit : un souhait se réalisera.
— Qui tombe : malheur.
— De diverses couleurs ou fané : déceptions et soucis.

Feuille

— Les feuilles des plantes et des arbres montrent le changement qui se produit dans la nature, la croissance et la mort.
— Les feuilles d'un livre : acquérir du savoir.
— Voir de belles feuilles vertes : un souhait se réalise.
— Des feuilles fanées ou bariolées : déceptions et soucis.
— Qui tombent : désastre.

Fiacre

— Que l'on voit ou dans lequel on se déplace : honneurs et richesse.
— Dont on descend : perte de fortune.

Fiançailles
— Se fiancer : un flirt prendra bientôt fin.
— Voir ou fêter les fiançailles de quelqu'un : fiançailles ou mariage sous peu; pour les personnes mariées, une belle amitié.

Fiancé
— Ce que l'on attend n'est pas toujours conforme au bonheur.
— Voir un fiancé : mariage prochain d'amis ou de proches.
— Donner un baiser à son fiancé : présage d'une petite querelle avec lui.
— Se quereller avec son fiancé : il surprendra agréablement.

Fiancée
— Le désir de mariage et de sécurité est aussi fort que le désir de bonheur.
— Voir une fiancée : joie et bonheur.
— Se voir sous les traits d'une fiancée : on aura la possibilité d'améliorer sa situation.

Ficelle
— En faisant contre mauvaise fortune bon cœur, on pourra agir.
— Quand on défait un paquet : joyeuse surprise.
— Quand on coupe la ficelle ou déchire l'emballage : déception amère.
— Bien enroulée en pelote : une affaire ennuyeuse.
— Enchevêtrée : une situation embrouillée.
— Démêler de la laine : il faudra faire contre mauvaise fortune bon cœur.
— Comme parure : on sera aimé et respecté.

Fiche
— On éparpille ses forces en s'occupant de choses insignifiantes et on se rend la vie trop pénible.
— Que l'on voit : une chose insignifiante coûtera un jour beaucoup de réflexion.

Fièvre
— Rêve prémonitoire; souvent simple perturbation de la circulation.
— Que l'on a : inconstance en amour et amitié.
— Voir quelqu'un malade de la fièvre : on sera abandonné par un ami.

Figues
— Symbole exclusivement sexuel, chez les jeunes gens

souvent en relation avec de nouvelles aventures.
— Fraîches que l'on voit ou que l'on mange : meilleure situation.
— Sèches que l'on voit : diminution de la fortune.
— Cueillir des figues : succès d'un projet.
— En recevoir en cadeau : relations amicales.
— Feuille de figuier : chasteté.
— Faire à la main une feuille de figuier : on sera raillé.
— Figuier : il faut contrôler ses envies.

Figure d'idole

— Que l'on adore : on sera contraint de se laisser humilier.
— Que l'on possède : on sera influencé par des personnes mauvaises.

Fil

— On est nerveux et ne parvient pas à se concentrer; on devrait essayer de recouvrer le calme.
— Souvent signe d'irritation des nerfs, quand le fil est très long.
— Voir un fil : quelque chose dont on espérait que cela passerait rapidement traîne en longueur.
— Le peloter : exhortation à bien garder ses secrets.
— Le dévider : on découvrira un secret.
— Coudre une robe blanche avec un fil noir : malheur.
— Coudre avec un fil de soie rouge : fiançailles ou, d'une manière générale, chance en amour.

Fil à plomb

— Les succès en affaires s'amenuisent.

Fil de fer barbelé

— Que l'on voit : on est particulièrement apprécié de l'autre sexe ou on a plus d'un adorateur ou d'une adoratrice.
— Auquel on reste accroché ou se blesse : on goûte en plusieurs endroits les fruits de l'amour.

Fil métallique

— Expression d'obstacles insurmontables.
— Voir un fil métallique : un piège vous est tendu.
— En or : les affaires progresseront bien.
— En argent : les plans malveillants de tiers seront déjoués.

Fil retors

— Que l'on voit : annonce une liaison qui durera plus qu'on le désirera.

Filer
— Au rouet : mariage.

Filet
— Interprétation sexuelle; on désire être pris (femme) ou s'engager dans une liaison (homme).

Filles de joie
— On va se trouver en mauvaise société.

Film
— Que l'on voit : ennui.
— Dans lequel on joue un rôle : on va faire une connaissance distinguée, à laquelle on devra beaucoup dans l'avenir.
— Que l'on produit : on fera de bons progrès.

Fils
— Réclamation intérieure parce que la vie profonde n'est pas en ordre, si ce n'est pas une mise en garde directe de veiller sur son fils.
— Voir son propre fils : intervient très souvent dans les domaines de la transmission de pensée, de la double vue et du «sentiment à distance». Ce sont les détails de la vision qui revêtent une importance majeure; d'une manière générale, il existe un rapport entre les circonstances dans lesquelles le père ou la mère voit son fils et la réalité.

Fin du monde
— Que l'on vit : discussion avec séparation qui s'ensuivra.

Firmament
— L'avenir est assuré.

Flambeau
— Changement de caractère vraisemblable.
— Voir un flambeau : on apprendra un secret.
— Le porter : on est aimé.
— Le voir briller : on éclaircira une affaire obscure.
— L'éteindre : destruction d'une relation agréable.
— Le voir éteint : espoirs irréalisables et désirs insatisfaits.
— Voir danser des Indiens avec des flambeaux : beaucoup de chance à l'étranger.
— Voir des flambeaux brûler en plein jour : on obtiendra quelque chose à quoi on avait déjà renoncé.
— Les voir tomber du ciel : mauvaises nouvelles.

Flaque d'eau

— Un malheur arrivera.

Fléau (à battre)

— Chagrin.

Flèche

— On a un complexe d'infériorité et se sent contraint de répondre aux flèches lancées par des tiers.
— Que l'on voit : malheur prochain qui vous frappera ou dont vous subirez indirectement les effets.
— Que l'on lance : on provoque un danger par sa faute.
— Dont on est atteint : grave catastrophe ou effondrement.

Fleurir

— La floraison montre (de même que les fleurs) la croissance et l'épanouissement de la nature par comparaison à la vie humaine.

Fleurs

— Que l'on voit : nombreuses significations, sens souvent sexuel ; tout dépend de la fleur.
— Fraîches : santé.
— Belles : succès.
— Odorantes : beaucoup de bien.
— Fanées : insuccès.
— Que l'on cueille : se garder de subir des dommages ; bonne récolte pour les cultivateurs.
— Que l'on arrache et jette : on évite ce qui apporterait le bonheur.

Fleurs de tilleul

— Que l'on voit : on est entouré d'un secret.
— Dont on sent l'odeur : un secret sera révélé.

Fleuve

— Que l'on voit : des changements importants, mais en général désavantageux.
— Sur lequel on se déplace en bateau, dans lequel on nage ou par lequel on se laisse porter : pour éviter d'être mêlé contre sa volonté à des événements malheureux, on connaîtra beaucoup de soucis et d'agitation, même si l'on n'est pas directement affecté.
— Que l'on remonte en bateau, à la nage, ou contre lequel on se défend : de durs combats pour l'existence.
— Par lequel on est emporté à la dérive : misère et détresse en perspective.

Flûte
— Que l'on voit, dont on joue ou que l'on entend : déception.

Foie
— En général, rêve dû à une excitation; s'il se répète, veiller à sa santé.
— Que l'on voit, que l'on achète, que l'on prépare ou que l'on mange : très bon pour la santé.
— Manger du foie avarié ou jeter du foie : affaiblissement de la santé, malaise ou maladie.

Foin
— Principe animal qui indique que tout travail de ce genre ne rapporte que peu.
— Que l'on voit : événement sérieux.
— Que l'on charge sur une voiture : beaucoup de travail mal payé.
— Frais dans lequel on est étendu : on se satisfera de peu.
— Pourri : les entreprises marchent toutes mal.
— Que l'on fauche : accroissement de l'aisance.
— Beau que l'on a : attention aux voleurs.
— Que l'on sent : santé.
— Meule ou charrette de foin : profit.

Foire
— On a une fausse conception de la vie et on devrait en changer.
— À laquelle on se trouve : souffrance intérieure et soucis.
— À laquelle on fait des achats : dépenses.

Folie
— En être atteint : dans une affaire d'amour, les sentiments l'emporteront sur le bon sens.
— Voir des personnes folles : mise en garde contre une amourette envisagée.

Fonctionnaire
— Que l'on voit : en règle générale, présage négatif.
— Auquel on donne de l'argent : pertes.
— Avec lequel on a des différends : beaucoup de désagréments par suite d'une discussion ou d'un procès.

Fontaine jaillissante
— Que l'on voit : un plaisir coûteux.
— Par laquelle on est aspergé : un plaisir finira mal.

Football

— Symbole d'étourderie; expression du souci de ne pas venir à bout de son travail.
— Jouer au football : on va négliger son travail.
— Assister à un match de football : participation à des manifestations sportives.

Forêt

— Ce symbole peut être anodin ou dangereux; il groupe tous les facteurs sexuels et de mise en garde; la tonalité sexuelle et érotique est évidente.
— Que l'on voit : le proverbe selon lequel les arbres cachent la forêt se révèle exact.
— Voir la lisière d'une forêt : annonce la fin d'une relation.
— Que l'on traverse : héritage.

Foret

— Que l'on voit : longue maladie.
— Que l'on emploie : travail pénible qui ne rapportera rien.
— Avec lequel on fait un trou dans la terre : mort d'un membre de la famille, d'un ami ou d'une autre personne proche.

Forgeron / Forge

— Voir un forgeron au travail : il faut forger le fer tant qu'il est chaud.

Forteresse

— Peur d'attaques et d'obstacles, selon que l'action se passe dans la forteresse ou à l'extérieur; important, quand le rêve est fait par des femmes jeunes.
— Que l'on voit : hostilité.
— En construction : crise politique.
— En ruines : souvenir triste.

Fortune

— Que l'on a ou que l'on acquiert : soucis financiers.

Fosse

— Que l'on voit : on aura un accident de circulation.
— Que l'on creuse : on subira un dommage par sa propre faute.
— Par-dessus laquelle on saute : on atteindra son but.
— Dans laquelle on tombe: on rencontrera beaucoup d'obstacles.

Fossoyeur

— Des nouvelles en perspective.

Fouet

— Que l'on voit ou entend claquer : on est menacé d'un dommage du fait de sa propre négligence ou de celle de tiers.
— Être fouetté : on sera offensé ou aura à souffrir des suites d'une offense.
— Que l'on porte : on avancera bien.

Four

— Vu de l'extérieur : annonce la prospérité.
— Voir la braise dans le four : chance et bonheur.

Fourche / Fourchette

— Éparpillement dans la vie privée, souvent aussi au point de vue sexuel.
— Que l'on manie : on sera trompé.
— Que l'on laisse tomber : dissentiments et querelle.
— Porter un coup de fourche à quelqu'un : on est exploité.

Fourche à foin

— Accroissement des biens.

Fourche à fumier

— Profit.

Fourmis

— Tenir compte de ce que, souvent, il existe un rapport avec des perturbations du système nerveux végétatif.
— Voir des fourmis : travail opiniâtre, beaucoup de patience et une vue claire assurent de gros avantages.
— Sur son propre corps : bonheur et succès.
— Écraser des fourmis, détruire une fourmilière : malheur et soucis.
— Être mordu par des fourmis : encouragement à des progrès sur le plan professionnel, avec une amélioration matérielle considérable en perspective.

Fourreur

— On va devoir faire face à une période très chargée de travail.

Fourrure

— Attention à la fièvre et à des maladies possibles.
— Que l'on voit étendue ou suspendue : vie confortable.
— Que l'on reçoit en cadeau : annonce un mariage d'argent ou une liaison dans laquelle l'amour ou l'amitié ne se trouveront pas au premier plan.

— Que l'on porte : on passera une bonne journée aux frais de tiers.
— Voir quelqu'un enveloppé dans une fourrure : on trouvera un ami ou protecteur riche.
— Voir une ferme où l'on élève des animaux à fourrure : grande richesse de courte durée.

Fous

— Que l'on voit ou avec lesquels on s'entretient : on aime la vérité et on aura de la joie.

Foyer

— Avec feu : grande aisance.
— Sans feu : on sera abandonné.

Frac

— Que l'on voit ou que l'on porte : on assistera à une cérémonie très ennuyeuse.

Fracture

— De membres : on subira une perte sensible.

Fragile (de santé)

— L'être : annonce des chagrins pour l'avenir.

Fraises

— Doux espoir avec coloris sexuel.
— Voir des fraises : amitié en progrès avec quelqu'un.
— Les manger : on recevra un baiser d'une personne dont on n'en attend pas.
— Voir ou cueillir beaucoup de fraises des bois : aventure d'amour.
— Les renverser : déception en amour.

Framboises

— Joie et plaisir.

Frapper (des coups à une porte)

— L'entendre : on apprendra des choses nouvelles.

Fraterniser

— Avec quelqu'un le verre en main : amitié fidèle.

Frère

— Rêve de réflexion sur soi-même.
— Voir son frère : bonne santé.

— Prendre congé de son frère : dans une affaire, on est réduit à ses propres moyens.
— Voir mourir son frère : la situation devient mauvaise.

Friser
— Désir d'avoir une bonne présentation, pour accéder au succès et au bonheur; souvent sur une base sexuelle.
— Quelqu'un : on tombera en disgrâce.
— Être frisé : pour les personnes jeunes, fiançailles ou mariage, pour les personnes plus âgées, bonheur matériel.

Froc
— Mariage prochain.

Froid
— Prudence en toutes choses.

Fromage
— Si le sens n'est pas érotique, se reporter à « Eau ».
— Que l'on voit découper : on sera opéré.
— Que l'on mange : santé et gain.
— Mou que l'on mange : inquiétude.
— Que l'on produit dans une hutte des Alpes : avenir assuré et grand âge.
— Travailler dans une fromagerie : amélioration de la situation.
— Manger du fromage vieux, avarié : maladie.

Fromage blanc
— Que l'on voit ou que l'on mange : une affaire dont on attendait des ennuis s'avère avantageuse.

Fruit
— Symbole de l'inquiétude devant le succès recherché, en général sens érotique.
— Que l'on mange : sagesse.
— Que l'on cueille : avantages.
— Gâté : désagréments et perte.
— Voir différents fruits : une discussion finira bien.

Fruits (d'arbres fruitiers)
— Presque sans exception, symbole sexuel, même sous sa forme la plus nette et la plus accentuée.
— Que l'on voit sur des arbres : prospérité.
— Dans un magasin ou à un éventaire: des affaires avantageuses se préparent.

— Dans des corbeilles, des coupes, etc. : on recevra des invités ou sera soi-même invité.
— Que l'on offre : on s'efforce d'obtenir la faveur de quelqu'un.
— Qui sont offerts : mise en garde contre une tentation ou une séduction.
— Doux et bons que l'on mange : bons progrès ou succès d'un plan.
— Amers : difficultés dans un projet.
— Que l'on veut faire tomber de l'arbre sans y réussir : avertissement que la violence ne sert à rien.
— Que l'on fait tomber de l'arbre : dans une affaire, on devrait faire preuve de plus d'énergie.
— Que l'on ramasse sur le sol : on sera largement récompensé d'une petite peine.
— Dont on fait des conserves : on sera préservé de dépenses inutiles.
— En conserves que l'on voit : dans les temps de misère, on aura un compte d'épargne.
— Que l'on fait cuire ou prépare : un gain d'une provenance nouvelle.
— Que l'on voit cuit ou préparé : changement positif.
— Verts que l'on voit ou que l'on mange : maladie.
— Pourris : attention, afin de ne pas être l'objet de moqueries à cause d'une affaire ni de se rendre ridicule.

Fruits de l'églantier

— Que l'on voit ou que l'on mange : on restera célibataire.

Fumée

— Santé en danger; irritation nerveuse qui influe sur le système nerveux végétatif.
— Sombre ou noire que l'on voit : des déboires.
— Blanche : bonheur de courte durée.

Fumer (du tabac)

— Soi-même : agitation, insatisfaction à l'égard de soi-même ou du monde.
— Dans un endroit interdit : dans une affaire, on veut l'impossible, mais on attrapera des bosses qui feront mal.
— Voir des tiers fumer, quand on est fumeur soi-même : on sera privé d'une jouissance espérée.
— Voir des tiers fumer, quand on n'est pas fumeur soi-même : on sera dérangé par des tiers.
— Offrir du tabac à quelqu'un : on réussit à gagner quelqu'un dont les complexes faisaient jusqu'ici obstacle à l'établissement d'une relation.

— Se voir offrir du tabac : on tombera sous le charme de quelqu'un.

Fumier

— Rêve de chance et de succès, la phase de chance devrait être mise à profit.
— Que l'on voit : on aura beaucoup de chance dans une affaire.
— Que l'on charge et décharge ou transporte : en travaillant avec énergie, on parviendra au succès et aura de l'argent.
— Sur lequel on tombe : on est extraordinairement chanceux et devrait tirer parti de ses chances.

Fumier de cheval

— Bonne santé.

Fureur

— Avoir un accès de fureur : un différend sera réglé.
— Mettre quelqu'un en fureur : on ne sera pas satisfait par le règlement d'un différend.

Fusée

— Mise en garde de ne pas vouloir dépasser les objectifs normaux.
— Que l'on fait monter : une ivresse se dissipera bientôt.
— Que l'on voit monter : bonnes nouvelles.

Fusil

— Que l'on voit : on tombera amoureux.
— Que l'on porte : on est à la poursuite de quelqu'un.
— Avec lequel on tire : on se trouvera dans un grand embarras.

Fusil à plomb

— Que l'on porte : on a des intentions impures à l'égard d'un tiers.
— Avec lequel on tire : on aura un accès de colère.
— Voir quelqu'un avec un fusil : quelqu'un cherchera à acquérir de l'influence pour en tirer ensuite profit.

Fusillé

— L'être : honneur.

Fuite

— Moyen d'échapper même en pensée à des dangers. Prudence!

— Aider quelqu'un à fuir : on aura des ennuis à cause de son bon cœur.
— Être en fuite : on échappera à un danger.

G

Gage
— On ne sait comment échapper à de graves soucis et on doit chercher à sauver ce qui peut l'être encore.
— Que l'on donne : mise en garde contre une liaison ou un engagement irréfléchis ou désavantageux.
— Que l'on reçoit : on peut se fier à une amitié ou à une connaissance.
— Participer à un jeu des gages : il ne faut pas s'embarrasser des moyens pour parvenir à son but en amour.

Gai
— Être gai ou organiser des choses gaies ou y assister : on aura bientôt à souffrir.

Gaieté
— Inquiétude, maladie également.

Gain
— En affaires : on gagnera bien son existence.
— au jeu : de bons amis, mais des pertes financières.

Galant
— L'être : triste nouvelle.

Gale
— L'avoir : bon présage.
— La voir chez d'autres : amélioration de la situation générale.

Galère
— On va se trouver dans une triste situation.

Galerie
— Que l'on voit avec des tableaux : on devra faire une visite fatigante.

— dans laquelle on est assis au théâtre : on recevra une invitation d'une personne avec laquelle on n'aime pas sortir.
— Voir une grande galerie avec des marchandises : on fera de bonnes emplettes.

Galoches

— Que l'on porte : jours de pluie.

Gants

— Que l'on reçoit en cadeau : quelqu'un présentera des prétentions injustifiées.
— Que l'on met : joie.
— Que l'on porte : bonheur et prestige.
— Déchirés : on sera négligé.
— Que l'on perd : discorde et querelles.

Garçon de café / Serveuse

— Que l'on voit : on fera une connaissance dans un restaurant.
— Que l'on est : on est influencé par quelqu'un au point de perdre son indépendance.

Garçon de laboratoire

— Bonne marche des affaires en perspective.

Garçon d'honneur

— Que l'on voit : présage de succès de quelque nature.
— Que l'on est pendant la cérémonie du mariage : un événement décisif approche.

Garde

— S'interprète comme « Police » ou « Soldat » : entre exhortation à l'ordre et penchant à l'indiscipline.
— Que l'on voit : dans un projet, on se heurtera à un obstacle.

Gardien de nuit

— Manque d'assurance dans le comportement.
— Que l'on voit ou avec lequel on a des relations : de l'intérieur ou de l'extérieur, un danger menace la paix du foyer.
— Que l'on est : querelle au foyer.

Gare

— Nouvelle entreprise, nouvelle étape dans la vie; décision ferme.
— Voir une gare : un changement va intervenir dans la vie.

— Se promener dans une gare : on va recevoir un message.
— Sortir d'une gare : des affaires pressantes attendent d'être réglées.

Garnement

— Se garder de la présomption.

Garnison

— On changera de lieu de résidence.

Gâteau

— Que l'on fait : signe de prodigalité.
— Que l'on voit ou que l'on mange : pour les hommes la visite d'une dame, pour les femmes la visite d'un monsieur.

Gauche

— Sexuellement ce qui est passif, qui conserve, qui est féminin, par rapport à ce qui se trouve à droite sens péjoratif.

Gaz

— On est inquiet et cherche l'explication de quelque chose; il faut essayer de ne pas se laisser duper.
— Que l'on sent : on essaie de faire illusion à quelqu'un par un pieux mensonge.
— Avec lequel on fait la cuisine : un penchant va s'affaiblir.
— Voir exploser un ballon gonflé de gaz : quelqu'un entrera dans une grande colère à cause de vous.

Gazon

— Symbole érotique; le bonheur en amour est indiqué par l'état du gazon.
— Que l'on voit : s'il est bien entretenu, aisance au foyer; s'il est mal entreténu ou à l'état naturel, hasards heureux.
— Sur lequel on est assis ou étendu : santé et bien-être, chez les personnes plus jeunes un bel amour également.

Géant

— Symbole originel de l'homme; les instincts deviennent de plus en plus forts.
— Que l'on voit : on parviendra à un succès d'une certaine importance.
— Qui menace ou poursuit : une entreprise risquée réussira.

— Que l'on a comme ami ou auxiliaire : grand succès extérieur.

Gel
— On se réconciliera avec des amis.

Gelée de viande
— On conservera sa santé.

Général
— Concerne dans la plupart des cas des « questions de commandement » intérieures, dans certains cas aussi des conflits entre époux.
— Que l'on voit : grand honneur.
— Que l'on est : on sera chargé d'une tâche engageant toute la responsabilité.
— Avec lequel on a des relations : on obtiendra le concours d'une personnalité haut placée.

Générosité
— Dont on fait preuve : prison.

Genièvre
— Baies ou arbustes que l'on voit : le chagrin prendra fin.

Genou
— Symbole de passions simples au jeu ou en amour.
— Sain que l'on a : chance dans toutes les affaires.
— Dans lequel on sent de la fatigue ou de la faiblesse : maladie.
— Enflé que l'on a : on sera déconcerté par un événement.
— Malade : maladie ou mauvaises affaires.
— Avec une blessure qui saigne : la situation matérielle se détériore.

Gens
— Que l'on voit venir vers soi : médisance.
— Portant des vêtements noirs : on aura un accident.

Gentiane
— Que l'on voit ou que l'on cueille : annonce des désagréments.

Geôlier
— On a un bon ami ou on en aura un.

Gerbe

— Il faut s'efforcer de conserver ce qu'on a amassé; symbole des liens qui existent avec une personne.
— Que l'on voit : humiliation d'un ennemi.
— Que l'on noue : on noue une nouvelle amitié.
— Que l'on charge et rentre dans la grange : on sera récompensé de sa peine.
— Que l'on défait : travail qui ne rapporte rien.
— Que l'on voit se défaire : on perdra un ami.
— Que l'on voit battre : on tirera le maximum d'une affaire.

Gibier

— On dispose d'une belle fortune.

Gifle

— Que l'on reçoit : un acte manqué entraînera un revers.
— Que l'on donne : vouloir régler une chose désagréable par des moyens qui ne sont pas appropriés la rend encore plus désagréable.

Girouette

— Que l'on voit : on ne sait pas ce qu'on veut.

Givre

— Que l'on voit en hiver : un amant beau, mais froid.

Glace

— Rêve caractéristique de dangers.
— Voir de la glace en été : entreprise infructueuse.
— Y patiner : amour déçu et espoirs trompés.
— Glisser dessus et tomber : accident.
— La glace se rompt : on a des ennemis dans son entourage.
— Manger de la glace par un jour chaud : aventure fatigante.

Glace (alimentaire)

— Que l'on mange : chance pour les personnes saines, mort pour les malades.

Glacier

— Que l'on voit : récession en affaires.
— Ainsi qu'une femme : fin d'une amourette.
— Sur lequel on se trouve avec son épouse : divorce prochain.
— Au pied duquel on se trouve : une situation très mal assurée.

— Sur lequel on se trouve seul : on viendra à bout de nombreuses difficultés.

Glaçons

— Que l'on voit pendre du toit : un amour deviendra plus profond.

Glands

— Que l'on voit : pauvreté et misère.
— Que l'on cherche : il faudra faire de gros efforts pour sortir d'une situation difficile.
— Que l'on ramasse : gain.
— Que l'on voit tomber de l'arbre : on manquera une bonne affaire ou on fera une maladresse à quelque autre point de vue.
— Que l'on donne à manger aux cochons : annonce un événement heureux.

Globe

— Plans à longue échéance.
— Sur lequel on cherche et trouve quelque chose : on recevra une lettre anonyme.
— Que l'on étudie : on fera la connaissance d'un grand savant.

Globe terrestre

— Symbole de plans à longue échéance.
— Voir le globe terrestre : prochain mariage heureux ou, si l'on est déjà marié, un beau voyage.
— Planer dans l'espace interplanétaire d'une beauté rayonnante : attention au cerveau ou, d'une manière générale, à la santé.
— L'étudier : on fera la connaissance d'un grand savant.

Gloire

— Rêve exprimant un désir qui compense des insuccès.
— Acquérir de la gloire à propos d'une affaire : on échouera.
— Célébrer ou voir célébrer la gloire de tiers : on tirera profit du succès d'une autre personne.

Goître

— Que l'on voit ou que l'on a : on aura la main heureuse.

Golf

— Y jouer : on participera à une soirée distinguée, mais ennuyeuse.
— Voir des tiers y jouer : on cherchera du changement.

Gondole

— Que l'on voit : on entreprend un voyage avec la personne qu'on aime.
— Dans laquelle on est assis seul : promesse d'une aventure dont on gardera un bon souvenir.
— Qui se renverse et de laquelle on tombe dans l'eau : on sera désabusé après un amour passionné.
— Être conducteur d'une gondole : succès en amour.

Gosier

— Ouvert d'une personne que l'on voit : quelqu'un, dont on pense qu'il ment, est sincère et dit la vérité.
— Voir la gueule d'une bête sauvage : mise en garde contre un danger.

Goudron

— Que l'on voit ou avec lequel on se salit : une relation ou liaison désagréable.

Gourmandise

— On est la victime de flatteurs.

Goutte

— Que l'on a : l'existence va devenir amère.

Gouttière

— Grimper par une gouttière : on utilisera une voie interdite ou inusitée pour parvenir à un certain but.
— Glisser ou tomber quand on grimpe : une entreprise interdite ou anormale va connaître un échec.
— Glisser le long d'une gouttière : on parviendra d'une manière inhabituelle à se tirer d'une affaire désagréable.

Gouvernail

— Que l'on voit ou que l'on actionne : dans une affaire, on est dans une mauvaise voie.

Graisse

— Indique une certaine surabondance, qui affranchit des soucis, mais peut être la cause de maladies. Attention !
— Que l'on mange : maladie.
— Que l'on prépare : perte.
— Avoir des taches de graisse sur ses vêtements : riche mariage.
— Être gras : annonce d'une mort douce, naturelle.

Grammaire
— Promesse de bonheur familial.

Grand duc (oiseau)
— Que l'on voit : on sera l'exemple qu'une vieille vérité reste valable.
— Que l'on entend crier : perte.

Grand écart
— Une promesse devrait être tenue.

Grand magasin
— Que l'on voit ou dans lequel on se trouve : une décision difficile à prendre.

Grande roue
— Que l'on voit : pour des heures brèves, on a accès au pays de ses rêves.
— Dans laquelle on a pris place : un bel espoir s'évanouira.

Grand-mère/Grand-père
— Que l'on voit ou à qui l'on parle : un bon projet réussira.

Grands-parents
— Que l'on voit : décès prochain.
— Avec lesquels on est assis à table : longue vie.
— Dont on reçoit un cadeau : héritage.

Grand-messe
— À laquelle on assiste : grande joie prochaine.

Gratte-ciel
— Que l'on voit : tout a ses limites; on verra bientôt quelqu'un de son entourage en faire l'expérience.

Gravier
— Que l'on répand sur un chemin : la prudence permettra d'éviter un accident.

Grêle
— On va subir une perte matérielle ou intellectuelle.
— Que l'on voit : gros dommage.
— D'un endroit abrité : insatisfaction et mauvaise humeur.
— Se trouver dans une tempête de grêle : famille désunie.

Grenade
— Que l'on voit ou que l'on mange : on sera lavé d'un soupçon.

Grenade
— Que l'on voit exploser : on s'engage sans réfléchir dans une entreprise dangereuse.

Grenat
— On passera du bon temps.

Grenouille
— Grand nombre de possibilités nouvelles, amélioration de la position due soit au hasard, soit à l'opiniâtreté.
— Que l'on voit : beaucoup d'argent.
— Que l'on entend coasser : on recevra des éloges.
— Que l'on tient dans la main : gain.
— Que l'on tue : on se causera un dommage à soi-même.
— Que l'on mange : maladie.

Guenon
— Tromperie.

Griffe
— Que l'on voit : on se heurtera à de gros obstacles dans une entreprise.

Grille
— Derrière laquelle on se voit : annonce d'un voyage ou d'une absence prolongée.
— D'une fenêtre par laquelle on regarde : nostalgie d'une personne éloignée.
— Porte avec grille : on souhaite quelque chose d'inaccessible.

Grille (d'un poêle)
— Symbole de l'éphémère; les passions sont anéanties dans le feu qui brûle sur la grille.
— Que l'on voit : amour malheureux ou passion fatale, dans des circonstances désagréables.

Grillon
— Que l'on entend : bonheur.
— Que l'on capture : succès dû à la foi que l'on a en soi.

Gros

— Le fait d'être gros est toujours lié à la chance et au succès.
— Grossir : réalisation d'espoirs et de souhaits.
— Être gros : richesse inespérée.
— Voir une personne grosse : chance et gain.
— Un enfant gros : une époque très favorable commence.

Groseilles

— Que l'on voit sur pied : on aura affaire à des personnes franches.
— Dont on casse des branches : on nouera une amitié fidèle.
— Que l'on a au temps de la moisson : constance et satisfaction.
— Hors de saison : infidélité.
— Boire du jus de groseille : on cherche du changement.

Groseille à maquereau

— Que l'on voit : on se rendra compte prochainement qu'il n'y a pas d'amour sans querelle.
— Que l'on cueille ou mange : l'amour se verra récompensé de son attente patiente.

Grossesse

— La femme qui se voit en état de grossesse attend de la vie quelque chose de nouveau; l'homme transpose ses plans nouveaux sur un autre objet.
— Être en état de grossesse : un souhait se réalisera.
— Voir des tiers dans cet état : chance matérielle.

Grossier

— L'être, ou marchandise grossière : peur des envieux.

Grue

— Que l'on voit : on trouvera une aide efficace pour effectuer un travail pénible.

Guêpe

— À l'opposé de l'abeille, symbole de paresse au lieu de zèle, de dommage au lieu de profit, de méchanceté au lieu de bonté.
— Que l'on voit : un ami deviendra un ennemi.
— Par laquelle on est piqué : la trahison d'un ancien ami aura de graves conséquences, car il tirera profit de certaines connaissances pour causer des dommages.

Guerre

— Que l'on voit : vive agitation.
— Au cours de laquelle on est fait prisonnier : on rencontrera un adversaire puissant qui causera un dommage.
— Voir des armements : malheur qui s'ensuit.
— Lire dans le journal des informations concernant des armements : on recevra de mauvaises nouvelles.
— Voir des armements détruits : apaisement après une catastrophe.

Guerre mondiale

— Que l'on vit : peut être un rêve prémonitoire, surtout si des détails plus précis indiquent une date déterminée et si l'on a déjà eu des rêves prémonitoires; sinon, annonce d'un grand bouleversement intérieur.

Guillotine

— Que l'on voit : on va entendre un jugement impitoyable, mais tout finira par s'arranger pour le mieux.
— Sous laquelle on se voit couché : on attend une décision, mais on ne sait pas si elle sera favorable ou défavorable.
— Assister à une exécution : on sera témoin d'un accident.

Guitare

— Que l'on voit ou que l'on entend : plaisir.
— De laquelle on joue : on tombera amoureux.

H

Habit

— Que l'on achète : chance.
— Que l'on porte : satisfaction.

Hache

— Des énergies destructrices, chez vous ou chez quelqu'un d'autre, se font jour et exercent leurs ravages.
— Voir une hache : malheur.
— Travailler à la hache : bons progrès.

Hampe
— Indique des sentiments sexuels.

Hamster
— On parviendra facilement à l'aisance.

Hanche
— Surtout rêve de femmes, en liaison avec le désir d'avoir des enfants.
— Qui devient plus forte : santé.
— Cassée : affliction et perte d'enfants.
— Que l'on voit : on aura de beaux enfants.

Hanneton
— Que l'on voit : contrariété ou difficultés.
— Que l'on capture : une affaire ennuyeuse ou difficile sera réglée avantageusement.

Haricots
— Que l'on mange : discorde et querelle.
— Que l'on cueille et prépare : bonheur en affaires.
— Que l'on voit sur pied : on a des plans qui ne peuvent être réalisés.
— Symbole sexuel : si on les voit germer et pousser : présage remarquable pour les femmes; chez les jeunes gens et les vieillards, établir une liaison avec le scrotum.

Harnais
— Que l'on voit : on changera d'emploi ou de travail.

Harpe
— En général, rêve prémonitoire suscité par le système nerveux végétatif; il faut faire quelque chose pour recouvrer le calme.
— Que l'on voit ou dont on joue : déception.
— Dont on voit quelqu'un jouer : on va tomber amoureux du jour au lendemain.

Hâte
— Présage d'agitation.
— Se hâter pour prendre un train : annonce beaucoup de choses nouvelles.
— Manquer le train bien que l'on se soit hâté : on veut atteindre un objectif impossible.
— Manger en grande hâte : santé.
— Se hâter pour se rendre au théâtre ou à une autre festivité : une aventure.

Haut-parleur

— Que l'on voit : annonce des nouvelles importantes.
— Dont on perçoit une voix : on apprendra un secret.
— Dont on entend une musique belle et harmonieuse : plaisir d'une joie secrète.
— Une musique dissonante : un danger secret vous guette.

Herbe

— Dans laquelle on est étendu : on s'abandonne à des espoirs flatteurs.
— Que l'on coupe : on rencontrera des personnes gaies.
— Que l'on mange : on sera rendu ridicule.

Herbes

— Que l'on cueille : on s'occupera de sa santé ou de celle d'autres personnes.
— Diverses que l'on trie : on fera une découverte utile à tout le monde.
— Que l'on presse : on aura besoin de médicaments.
— Que l'on mange : avantages et gain.
— Que l'on achète dans une droguerie (pharmacie : on sera appelé au chevet d'un malade pour le soigner.

Hérisson

— On est si naïf que l'on ne voit pas les piquants et que l'on peut subir un dommage par manque de prudence.
— Que l'on voit : quelqu'un est méchant et envieux.
— Que l'on tue : on est délivré d'un ennemi.
— Auquel on se pique : on sera calomnié.
— Que l'on voit capturer une souris : on sera exploité par des gens avides.

Héritage

— L'héritage imprévu est une cause de querelles et de contrariétés.
— Faire un héritage : on va perdre soudain beaucoup d'argent et connaître de ce fait misère et chagrin.
— Refuser un héritage : changement positif de la situation.

Herse

— Que l'on voit : une dette sera oubliée.
— Avec laquelle on travaille : obstacles sur la voie qu'a prise la vie.

Hirondelle

— Que l'on voit voler : bonheur en amour.

— Que l'on voit perchée sur des fils : rencontre avec la personne aimée : chez les personnes mariées, rencontre avec un amour de jeunesse.
— Que l'on entend gazouiller : annonce d'une lettre d'amour ou d'un message similaire.

Hiver

— Rêve sans équivoque de puissance sexuelle ou d'amour; se reporter aux autres saisons.
— Se voir en hiver : dans les jours qui viennent, on ne devrait rien entreprendre d'important, car la période qui vient est défavorable à de nouveaux projets ou à la réalisation de plans et d'intentions.
— Voir ou pratiquer des sports d'hiver : réception froide quand on fera une certaine visite.

Hockey sur glace

— Jouer soi-même : on aime les choses qui passent vite.
— Voir jouer : on cherche à se divertir.

Homme

— Chez les femmes, sens sexuel et érotique; chez les hommes discussion avec soi-même à la lumière des déficiences intérieures que l'on a observées.
— Que l'on voit ou avec lequel on a des relations : si c'est un homme vieux, on recevra un bon conseil; si cet homme est jeune, agitation ou inquiétude.
— Qu'une jeune fille a épousé : elle devra attendre longtemps encore, avant que cela se produise en réalité.
— Qui bat une femme : elle est ineffablement aimée de lui.
— Gros : sait lire dans les yeux d'une femme tout ce qu'elle désire.

Honneur

— Que l'on reçoit : vie joyeuse.
— Que l'on fait à quelqu'un : tristesse.
— Déshonorer quelqu'un : mauvaise période.
— Devoir faire une déclaration sur l'honneur : bonne conscience.
— Robe d'honneur : joyeux avenir.

Honte

— Que l'on éprouve : des cadeaux en perspective.

Hôpital

— Réaction de consolation du bas vers le plus haut.
— Que l'on quitte : on s'établira à son compte.

Hôpital

— Il faudra s'adapter à court terme à une nouvelle situation, peut-être au moyen d'une intervention douloureuse.
— Que l'on voit : amélioration de la situation.
— Dans lequel on se trouve comme malade : il faudrait réexaminer un plan ou un projet, car l'objectif visé est remis en question.
— Dans lequel on travaille : les relations que l'on a avec certaines personnes sont un obstacle à la réalisation de l'objectif fixé.

Horloge

— Que l'on entend sonner : on est appelé à prendre une décision importante.

Hospice pour nécessiteux

— Vu de l'extérieur : richesse et bonheur au prix d'un travail acharné.
— Se voir soi-même comme propriétaire d'un hospice : de grandes idées se traduiront par un vif succès.

Hostie

— Paix de l'âme.
— Que l'on voit ou que l'on avale : annonce une correspondance.

Hôtel

— On est en désaccord avec soi-même et tente d'échapper à soi-même.
— Que l'on voit : on est contraint de cacher son amour à autrui.
— Hall d'un hôtel, dans lequel on se voit assis : on cherche à faire la connaissance d'une personne riche.

Hotte

— Que l'on voit ou que l'on porte : si elle est pleine, bons revenus ; si elle est vide, le contraire.

Houblon

— Des pertes.

Houe

— Que l'on voit : malheur.
— Avec laquelle on travaille : bons progrès.

Huile

— On veut repos et paix, mais on ne parvient pas à les obtenir par ses propres moyens.
— Que l'on voit : vie calme dans l'avenir le plus proche.
— Que l'on manipule : on éliminera un obstacle gênant.
— Que l'on boit : quelqu'un, en dépit de sa grande amabilité, suscitera de la répulsion.
— Qui brûle sans fumée : cadeau précieux ou allocation de quelque nature, de sorte que la vie, dans l'avenir le plus proche, sera calme, paisible et heureuse.
— Avec beaucoup de fumée : le calme et la paix seront troublés profondément par un événement particulier.
— Que l'on achète : gain.

Huile de lin

— Des amis aplaniront votre voie.

Huissier

— Que l'on voit : mise en garde contre des personnes mauvaises.
— Avec lequel on se querelle : exhortation à prendre ses distances envers des personnes dont on n'a rien de bon à attendre.
— Que l'on est : on sera chargé d'une mission ingrate.

Huissier de justice

— Que l'on voit : chance dans ses entreprises.
— Qui procède à une saisie à vos dépens : bonnes nouvelles.
— Que l'on est : on parviendra à réaliser un plan.

Huîtres

— Symbole érotique; difficultés pour atteindre un objectif qui est souvent d'ordre sexuel.
— En voir : des plans ambitieux ne se réaliseront pas.
— En manger : on veut paraître plus que l'on est.

Hurlements

— Que l'on entend : annonce d'un malheur.

Hussard

— Beaucoup de chance en amour.

Hutte

— Indique qu'il faut se contenter de ce que le destin a consenti ; exhortation à être satisfait.
— Que l'on voit : patience dans la souffrance.
— Dans laquelle on prend place : on cherchera protection. Dans laquelle on séjourne : travail pénible.
— Misérable dans laquelle on habite : on s'installera dans un bel appartement.

Hyène

— Que l'on voit : mise en garde contre une attaque de voleurs armés.
— Que l'on voit en grand nombre : catastrophe dans le pays.
— Dont on est menacé : on tombera dans une situation désespérée.
— Que l'on tue : on se sauvera d'un danger.

Hypnose

— On ne sait pas exactement ce que l'on fait ou ce que l'on veut ; ou bien on ne veut pas le savoir, et on s'évade dans l'hypnose qui procure un soulagement.
— Hypnotiser quelqu'un : on exercera une forte influence sur quelqu'un.
— Être hypnotisé : on subira une lourde perte en affaires par la faute d'un inconnu.
— Se trouver en état d'hypnose : on se sait pas ce qu'on fait.

Hypothèque

— Que l'on se procure : gain incertain.
— Qui garantit une somme que l'on donne : un malentendu s'éclaircira.

I

Île
— Peur de son environnement; idées de fuite psychique.
— Que l'on voit : solitude et tristesse.
— Dans laquelle on se trouve : on recevra un emploi.
— Inhabitée dans laquelle on est seul : on cherche le repos et la solitude.
— Que l'on quitte : on s'engage dans une voie incertaine.

Illumination
— Que l'on voit : joie.

Image
— Comme dans un miroir ou sur une photographie : on cherche à se faire une image claire de soi et des autres.
— Voir sa propre image : porte bonheur.
— L'image d'enfants, de femmes ou de connaissances : on va apprendre des nouvelles.
— De parents ou d'amis défunts : libération d'une situation opprimante, secours ou aide.
— De personnes pour ou à cause desquelles on souffre ou on a souffert : on est trop peureux et manque d'assurance.
— Voir beaucoup d'images : présage d'honneur ou hommage.

Immondices
— Il faut encore changer beaucoup de choses dans la vie pour que tout aille bien.
— Que l'on voit : gain.
— Dans lesquelles on cherche quelque chose sans le trouver : on mettra sa situation en danger par une initiative imprudente.
— Dans lesquelles on trouve de l'argent : exhortation à garder son portefeuille hors de portée des voleurs.
— Dans lesquelles on met les pieds : des désagréments.
— Dans lesquelles on voit quelqu'un mettre les pieds : on causera sans le vouloir une contrariété à quelqu'un.

Impôt

— Qu'il faut payer, recevoir une feuille d'impôts ou avoir d'une manière quelconque affaire au percepteur : on regrettera amèrement sous peu de ne pas être son propre maître.

Impudique

— En amour, le succès reste inaccessible.

Incendie

— Insécurité, besoin d'aide, manque de clarté par rapport à l'entourage.
— Voir un incendie : on aura une grande joie.
— Allumer un incendie : on protestera ou luttera sans succès contre un tour défavorable pris par le destin.
— Voir un incendie dans son propre appartement : si l'on voit seulement des flammes claires sans fumée : amélioration de la situation; avec une fumée épaisse : détérioration de la situation.

Inde

— S'y rendre : héritage inespéré.
— Voir des silhouettes hindoues : on s'occupera d'occultisme.

Indéfrisable

— Que l'on voit que l'on a ou que l'on se fait faire : on trouvera un homme constant en amour ou une amie fidèle.
— Que l'on fait à une autre personne : jalousie.

Index

— Bonne conduite.

Index (doigt)

— Il faut se faire des reproches.

Indiens

— Que l'on voit : on est poursuivi par des personnes fourbes.

Indiquer

— Conscience de culpabilité, souvent folie de la persécution.
— Du doigt : ennuis.

Inflation

— À laquelle on assiste : perte totale de la fortune et banqueroute.

— Dont on rêve pendant un procès : on perdra ce procès.

Ingénieur
— Que l'on est : on édifiera soi-même son avenir.
— Avec lequel on parle : perspective d'extension de l'affaire.

Injures
— Que l'on reçoit : discorde et querelle.

Inondation
— Certains sentiments et certains instincts deviennent démesurés et, selon les circonstances, dangereux.
— Au cours de laquelle on voit l'eau atteindre la chambre : si l'eau est claire, visite d'une personne distinguée ou gain particulier; si l'eau est trouble, malheur et querelle.
— Que l'on voit ou dont on est victime : annonce la visite ou des relations avec une personne importune.

Insectes
— Des détails que l'on a refoulés sciemment ont leur importance; ils montrent leur importance en prenant la forme de remords qui aiguillonnent la conscience.
— Que l'on voit : on aura affaire à un bavard importun.
— Des insectes petits et inoffensifs: succès et gain.
— Être piqué par de gros insectes : perte ou maladie.
— Que l'on tue : on triomphera d'une difficulté.

Insolvabilité
— On parviendra à se relever.

Instruments
— Bonheur familial.

Interdiction
— Que l'on édicte : on obtiendra des avantages.

Intérêts
— Que l'on paie : on recevra une récompense.
— Que l'on reçoit : il faudra payer pour une faute.

Interprète
— Être interprète : on recevra une visite.

Interrogatoire

— Des renseignements sont recueillis sur vous.

Intestins

— En général, réaction à des troubles directs des intestins; sinon, forte inquiétude causée par des problèmes intérieurs.

Invalide

— Que l'on voit : mise en garde contre une attaque par surprise.
— Que l'on est : on perdra son indépendance.

Invention

— En général, signe que l'on n'est pas satisfait des circonstances présentes; on tout cas, on devrait apprendre à penser d'une manière plus réaliste.
— Faire une invention : on recevra une communication importante, qui entraînera un changement dans la vie.
— N'avoir pas de succès avec une invention : on a des idées trop idéalistes, qui ne se laissent pas transposer dans la réalité.
— Rêver d'une grande invention dans la technique militaire : annonce des événements politiques inquiétants.

Invitation

— On veut sortir de sa solitude.

Invité

— On se sent seul et séparé de ses amis; on devrait faire un voyage.
— Être invité : on va avoir de grandes dépenses.
— Avoir un invité : visite de l'extérieur.

Isabelle (cheval)

— Annonce l'arrivée d'un ami.

Italie

— S'y rendre : nostalgie du Sud.
— Parler italien : désir d'une personne aux cheveux noirs.
— Voir une Italienne : on aura une amourette passionnée.
— Parler à un Italien : se garder des voleurs.

Ivoire

— Produit précieux d'un animal, attire l'attention sur la vie intérieure.

— Voir de l'ivoire : on se tourne vers le journalisme et l'on aura une plume acérée.
— Voir un objet en ivoire : on sera bien admis dans une société meilleure.
— Recevoir un tel objet en cadeau : quelqu'un pense à vous avec amour ou amitié.

Ivre
— Souvent rêve prémonitoire de troubles de l'oreille ou du cerveau, si ce n'est pas une réaction isolée à un dérangement causé de l'extérieur.
— Être ivre : on passe des heures agréables, mais qui ne laissent pas d'impression profonde.
— Voir des gens ivres : déception intérieure.
— Être ivre à un bal masqué : on sera l'objet de quolibets.

Ivresse
— Être en état d'ivresse : une belle illusion sera détruite par la rude réalité.

J

Jacinthe
— Expression de la vie qui se reproduit; espoir d'une vie riche dans l'amour et le mariage.
— Que l'on voit : on recevra des cadeaux.
— Que l'on reçoit en cadeau : amour profond.
— Fanées que l'on voit : ce que l'on avait entendu de bon de quelqu'un ne se produit pas; il en résulte des déceptions.

Jalousie
— Querelle.

Jambe
— Sens sexuel (comme tous les membres)
— Avoir une jambe saine : présage de joie et de bonheur.
— Avoir une jambe malade : présage de pertes et de dommages.

— Voir une jambe cassée chez autrui : succès dans un concours, examen ou une compétition sportive, etc.

Jambon
— Rêve sexuel ; les instincts prédominent dans la vie.
— Que l'on voit : des avantages matériels.
— Que l'on mange : vie de famille heureuse ou accroissement de la famille.

Japon
— S'y rendre : signe de bravoure.
— Voir un Japonais : on est entouré de personnes rusées qui ne nous veulent pas du bien.

Jardin
— Correspond à la vie intérieure, selon que le rêve le montre en ordre ou à l'abandon.
— Que l'on voit : on trouvera un nouvel amour.
— Dans lequel on se promène : plaisir.
— Dans lequel on travaille : satisfaction du devoir rempli.
— Avec une haute clôture : une demande sera rejetée.
— À l'abandon : on est entouré de mauvais conseillers.

Jardinier/Jardinière
— Contrariété.

Jardin zoologique
— Que l'on voit ou dans lequel on est : dans une affaire, on joue avec le feu.

Jaune
— Couleur de la féminité par laquelle, selon le destin, on connaît le bonheur ou les contrariétés.

Jaunisse
— En général, mise en garde sur le plan de la santé.
— L'avoir ou voir quelqu'un l'ayant : chance dans ses entreprises.

Jazz
— Inquiétude intérieure, séquelles nerveuses ; signe d'inconstance psychique.
— Que l'on voit ou que l'on écoute : on négligera un ami fidèle et se rendra dans une société frivole.

— Jouer dans un orchestre de jazz : on se rend ridicule.

Jésus

— Être auprès de lui : assistance et fin de toute détresse.
— Le voir sur la croix : on sera libéré d'un mal.

Jeu

— L'étourderie et la légèreté ne mènent pas au but.
— Amusements, jeu des gages, jeux de ballon, etc., en plein air : on sera taquiné et mystifié.
— Jeu de cartes, belote, etc.; on prend effroyablement au sérieux une affaire insignifiante.
— Jeu de dés : par sa propre étourderie ou du fait des mauvais conseils de tiers, on subira une perte sensible.
— Billard : une rencontre désirée se heurte à de grosses difficultés.
— Jeu de société demandant réflexion et adresse, dominos, boules, etc. : des difficultés ou des différends avec l'ami ou l'amie.
— Jeux de hasard : causent une déception qui ne vaut pas la contrariété.

Jeune fille

— S'il ne s'agit pas simplement d'un rêve de désir sexuel, ce sont des souvenirs ou un changement dans la structure des désirs et des plans.
— Voir plusieurs jeunes filles : une joyeuse compagnie.
— Vêtues de blanc : un penchant qui rend heureux.
— Être entouré de jeunes filles qui rient : on est la cible de taquineries ou de petites moqueries.
— Donner des baisers à des jeunes filles : on cède à un penchant qui rend ridicule et expose à la moquerie.
— Recevoir des baisers de jolies jeunes filles : désenchantement après une ivresse passagère.
— Les voir pleurer : on aura un enfant.
— Les voir faire des travaux ménagers : mariage.

Jeune fille paysanne

— Avec une couronne de fleurs sur la tête : fiançailles ou bonheur inattendu en amour.
— La voir pleurer : infidélité d'un ami.

Jeûner

— Indication d'une maladie de longue durée.

Jeux olympiques

— Y assister comme spectateur : des tiers ont dans une affaire le même objectif que vous.
— Y participer : on sera vaincu par un rival ou d'autres concurrents.
— Être battu dans une compétition ou ne pas obtenir de décision : on battra ses rivaux ; il est inutile d'avoir des inquiétudes.

Jodler

— Gaieté.

Joie

— Expression de l'équilibre intérieur ; on devrait toutefois vérifier s'il est authentique ou joué.

Joubarbe

— On aura recours à la pharmacie.

Joues

— Que l'on a rouges et saines : bonnes perspectives dans une affaire importante.
— Pâles : une affaire importante aura peu de chances de succès et causera du chagrin et des soucis.
— Fortement fardées : on est tenté de tromper dans une affaire.

Jour férié

— Soucis.

Journal

— Crainte (ou panique) que des tiers puissent percer le secret que l'on a.
— Que l'on voit ou lit : dans une affaire, on n'arrivera plus à se retrouver, car chacun émettra un avis différent.

Journalier

— Des malaises en perspective.

Journaliste

— Que l'on voit ou avec lequel on parle : on trouvera un protecteur influent et bienveillant.

Joyaux

— Mariage et honneur.

Joyaux
— Que l'on possède : on aura de la chance.

Juge
— Que l'on voit ou avec lequel on parle : il faut bien réfléchir dans les temps qui viennent à tout ce que l'on dit et fait, car on est observé dans un esprit très critique.
— Auquel on a affaire dans ses fonctions : un acte bon ou mauvais dont on est responsable trouvera prochainement sa juste récompense.
— Dont on exerce soi-même les fonctions : entre deux voies, on choisira la fausse.

Jugement
— Règlement de comptes avec soi-même ou avec son entourage, selon la personne qui est juge ou accusé; on peut aussi être à la fois les deux.
— Que l'on prononce : on fait erreur dans une affaire, c'est l'autre qui a raison.
— Que l'on reçoit : des journées agitées du fait d'une incertitude.
— Que l'on entend lire : il ne faut être injuste envers personne.
— Comportant condamnation à mort ou à la détention perpétuelle : honte.

Jumeaux
— Que l'on voit : il y aura une confusion malheureuse.

Jumelles
— Que l'on voit ou que l'on utilise : avenir riche et satisfait.
— Endommagées : insécurité matérielle.

Jumelles de théâtre
— Que l'on voit : perspective qu'un désir se réalisera.
— Au moyen desquelles on est observé : on sera importuné, sinon même menacé par des tiers; dans les cas légers, on se fera remarquer dans le bon ou dans le mauvais sens par son comportement.

Jupe
— D'abord interprétation sexuelle, ensuite signification sociale avec indication de l'appartenance à une couche déterminée.

Dans les rêves des femmes :

— Que l'on voit : la prochaine sortie ou la prochaine visite auront une importance particulière.

— Belle et élégante : on aura du succès auprès de l'autre sexe.

— Râpée ou déchirée : insuccès auprès de l'autre sexe.

— Étroite ou trop courte : craindre qu'un homme se fasse trop pressant.

— Large ou trop longue : on se trouvera dans une situation gênante.

— Avec des taches : une calomnie imminente.

Dans les rêves d'hommes :

— Que l'on voit : une femme joue un rôle.

— Belle et élégante : une conquête charmante.

— Râpée ou déchirée : une déception.

— Courte ou trop étroite : une rencontre qui n'est guère sérieuse.

— D'une largeur inaccoutumée ou avec des taches : on sera l'objet de commérages par suite d'une histoire de femme.

— Jupon : dans tous les rêves : intimités.

Juriste

— Avec lequel on a des relations : discorde.

K

Kermesse

— Que l'on va voir : on passera des jours gais.

Kouglof

— Baptême d'un enfant.

L

Laboratoire

— Que l'on voit : on va se trouver face à une affaire ou tâche compliquée et dont l'issue est incertaine.
— Dans lequel on travaille : on s'engage par ses propres manœuvres dans une affaire compliquée.

Labourer

— Voir labourer : on est appelé à effectuer un travail qui ouvre des perspectives de succès, mais on est libre de décider si l'on veut s'en charger ou non.
— Labourer soi-même : beau succès à remporter à la sueur de son front.

Labyrinthe

— Que l'on voit: annonce la révélation d'un secret.
— Dans lequel on se perd : on sera conduit dans des situations douteuses par ses propres secrets ou égarements.

Lac

— Des décisions nouvelles deviennent urgentes.
— Que l'on voit : on rencontrera une personne justifiant le proverbe selon lequel il n'est pire eau que l'eau qui dort.
— Dans lequel on se baigne ou sur lequel on se déplace dans une embarcation : c'est à soi-même qu'il faut appliquer le proverbe ci-dessus.
— Croisière sur un lac : porte bonheur.
— Port au bord d'un lac : on vit dans le calme et la tranquillité.
— Pirates : dans une affaire, on atteindra son objectif.
— Bataille sur un lac : une affaire sera une source de joie.
— Tempête sur un lac : chagrin.

Lacets

— Que l'on fait en patinant sur la glace : on tombera dans de mauvaises mains.

Laine

— Que l'on voit ou manipule : gain matériel.
— Que l'on tond : aisance au prix d'un travail soutenu et d'une gestion économe.

Laisser tomber
— Quelqu'un avec qui on avait un rendez-vous : on reverra quelqu'un que l'on ne désirait pas revoir.

Lait
— Souvent symbole sexuel ; sinon, s'interprète comme « Eau » ; bon présage, s'il est clair ; mauvais, s'il est trouble.
— Que l'on trait : chance et succès dans la réalisation d'un projet.
— Que l'on voit : plaisir innocent ou joie pure.
— Que l'on renverse ou que l'on laisse passer pardessus : on se fait des soucis superflus à cause de quelque chose.
— Que l'on boit : on se fera beaucoup apprécier pour quelque chose.
— Aigre : mécontentement et contrariétés.
— Que l'on a dans les seins : chez les femmes jeunes grossesse, chez les femmes âgées gains matériels.
— Préparer ou manger des laitages : changements positifs.

Lait de chèvre
— Que l'on trait, que l'on voit ou boit : bien que quelqu'un ait sans cesse des critiques à formuler, on s'entend bien avec cette personne et aura même des avantages grâce à elle.

Laiton
— Ou des objets en laiton que l'on voit : l'apparence trompe.
— Que l'on fond : gain.

Lampe
— Des confusions intérieures oppressent et demandent à être éclaircies.
— Que l'on allume : on cause à dessein ou sans le vouloir une joie à quelqu'un ou on lui porte secours.
— Que l'on voit allumer par des tiers : des tiers vous feront du bien.
— Voir une lampe brûler avec une flamme claire : on vivra quelque chose de beau, on connaîtra joie et bonheur.
— Fumer ou trembloter : quelque chose de beau ne peut pas s'épanouir comme il conviendrait ou est perturbé.
— Filer : malchance grave en perspective.
— Éteindre une lampe : à dessein ou sans le vouloir, on gâtera, assombrira ou anéantira ce qui procure joie ou bonheur à quelqu'un.

— Voir des tiers éteindre une lampe : on subira une perte.
— Voir une lampe se briser : par mégarde, on subira un grave dommage ou on s'exposera à un danger.
— Voir une lampe brisée ou voir quelqu'un briser une lampe : mise en garde à l'égard d'une entreprise qui comporte des dangers ou causera des pertes.

Lampe de poche
— Que l'on voit : des circonstances non éclaircies ou impénétrables.
— Que l'on utilise : on fera la lumière sur une affaire jusqu'ici impénétrable.
— Ne fonctionnant pas, mais avec laquelle on s'efforce de faire de la lumière : en dépit de tous les efforts, on ne parviendra pas à éclaircir une affaire.

Lance
— Dans presque tous les cas, symbole exclusivement érotique.
— Que l'on voit : on sera mêlé à une querelle.
— Que l'on porte ou que l'on manie : on est soi-même la cause d'une querelle ou on en fournit l'occasion.

Lande
— Que l'on voit en fleurs : dernier rayon d'espoir dans une affaire.

Langes
— Que l'on voit : toute chose a deux faces.

Langue
— Symbole et organe sexuel (au sens direct et au sens figuré); aucun doute par conséquent quant à l'interprétation.
— Que l'on voit : il faudrait contrôler très sévèrement ce qu'on dit.
— Que l'on se brûle : en parlant trop, on a suscité de la défiance ou on en suscitera.

Lanterne
— On se fait des soucis superflus; à l'opposé de la lampe, la lanterne peut apaiser.
— Que l'on voit allumer, éteindre, briser : voir « Lampe ».
— Que l'on porte : si la lumière est claire et vive, on va percer un secret; si elle est trouble ou tremblotante, c'est qu'on fait fausse route dans une affaire.

Lapin

— Que l'on capture : on fera la connaissance d'une personne beaucoup plus jeune.
— Que l'on élève : on parviendra à un grand âge.
— Voir des lapins blancs : joie; des noirs, deuil.

Lard

— Souvent en rapport avec « Porc » ; symbole par ailleurs du manque de sensibilité; c'est l'égoïsme qui triomphe.
— Que l'on voit : mise en garde contre les tentations égoïstes de tiers.
— Que l'on mange : on succombera à une tentation sans le vouloir.

Larmes

— Recherche d'une détente intérieure et de calme.
— Que l'on voit : joie.

Latte

— Que l'on voit : on surmontera un obstacle.
— Que l'on arrache ou que l'on rompt : on fera une sottise.

Laurier

— Que l'on cueille : on se rendra ridicule.
— Voir devant soi ou devant d'autres personnes un rameau ou une couronne de laurier : annonce une distinction ou des honneurs particuliers.
— Porter un rameau de laurier ou une couronne de laurier ou en être paré : on se rend ridicule ou perd son prestige.
— Voir un pied de laurier : on recevra une haute distinction ou des honneurs.

Lavande

— Que l'on voit ou que l'on sent : le moment est venu de remporter des succès.

Lavement

— Que l'on voit : libération de tous les maux.

Laver

— Des choses sales : des tiers causeront des contrariétés ou des ennuis.
— Se laver : on devra se laver d'une suspicion ou d'une calomnie méchante.

Leçon
— Que l'on donne : présage d'une bonne position.
— Que l'on reçoit : relations avec des personnes ayant de l'esprit.

Legs
— Que l'on reçoit : relations ou liaison avec une autre personne.

Légumes verts
— Les courges, le maïs, les carottes, les asperges sont des symboles sexuels et érotiques dans les rêves des femmes (symboles masculins du rêve).
— Que l'on voit frais dans le jardin : découverte d'un secret attristant.
— Dont on fait le commerce : querelle avec les voisins.
— Que l'on mange : maladie.
— Que l'on plante : joies du cœur.

Lentilles
— Que l'on voit : contrariété, mécontentement, querelle.
— Que l'on mange : il faudra venir à bout d'une chose désagréable.

Léthargie
— Dernière exhortation intérieure à changer radicalement.
— Dans laquelle on tombe : des temps agités en perspective.
— Dans laquelle on voit tomber des tiers : mise en garde, le silence de quelqu'un ne signifie pas qu'il ait oublié.

Lettre (missive)
— Que l'on reçoit : nouvelles désagréables.
— Lettre d'amour : mauvaises nouvelles.
— Lettre de condoléances : bonnes nouvelles.

Lettre chargée
— Que l'on reçoit : on recevra une sommation.
— Que l'on expédie : on recevra de l'argent.
— Voir le facteur qui distribue les mandats : dépense imprévue.

Lettre d'amour
— Que l'on reçoit : mauvaises nouvelles.
— Que l'on écrit : on est amoureux.

Lettre de change
— Dans le commerce et les affaires : les affaires marchent bien.
— Que l'on ne peut pas encaisser : régression dans les affaires.

Lettre de condoléances
— De bonnes nouvelles.

Lettres
— Que l'on voit et apprend : bonheur au foyer.
— Que l'on écrit dans l'ordre alphabétique : on va régler une affaire.

Levier
— On surmontera des difficultés.

Lèvres
— Si ce n'est pas un rêve suscité par une excitation, c'est le symbole de désirs érotiques. La couleur et la forme en cœur doivent également être interprétées symboliquement.
— Belles, rouges ou riantes que l'on voit : amitié cordiale ou bonheur en amour.
— Pâles, fanées : une amitié ou un amour vont se refroidir.
— Pincées ou que l'on se mord : on aura à souffrir de l'envie, de l'hostilité ou de la haine de tiers.
— Bâton de rouge à lèvres : querelle ou brouille avec une femme.

Lévrier
— Que l'on voit : on tombera amoureux d'une personne qui ne prend pas la fidélité très au sérieux.

Licenciement
— Que l'on reçoit : avenir assuré.
— Que l'on prononce : on n'a pas de confiance dans le camarade avec lequel on partage sa vie.

Licol
— On fera un voyage.

Lied
— Le passé revient en mémoire et influe sur l'humeur présente.
— Que l'on entend : s'il est gai, annonce de quelque chose d'agréable, s'il est triste, exhortation à ne pas être trop gai.

— Gai que l'on chante : on a la conscience paisible.
— Triste : on s'abandonne à des réflexions superflues.
— Méchant : on a mauvaise conscience dans une affaire.

Liens
— Réaction nerveuse à des tensions; souvent en relation avec un cauchemar.
— Être chargé de liens : la rencontre avec une personne jadis aimée fait une forte impression.

Lierre
— Endroit où couvent les insectes qui sucent le sang; par ailleurs, plante grimpante romantique servant de nid d'amour.
— Voir du lierre : bonheur en amour et en amitié.
— Qui grimpe le long des arbres : des faux amis.
— Sur des murs : une relation sera consolidée.
— Tressé en couronne : on a un ami très fidèle.

Lièvre
— Symbole de la fécondité; on va braconner par des voies interdites et pour un butin interdit.
— Que l'on voit : on aura peur de quelque chose.
— Que l'on poursuit : on cherchera une aventure.
— Sur lequel on tire : chance.
— Que l'on mange : satisfaction.
— Que l'on voit courir : peur subite.
— Que l'on voit assis : un bon conseil.

Lilas
— Symbole de l'amour offert, ainsi que de la nostalgie d'une offre.
— Que l'on voit : nostalgie de l'amour.
— Flétris : désillusion après une aventure d'amour.
— Que l'on cueille : on aura un adorateur ou une adoratrice d'un tempérament romantique.
— Être debout sous des lilas : une aventure amoureuse imprudente.
— Recevoir un bouquet de lilas en cadeau : annonce une déclaration d'amour.

Lime
— Que l'on voit : avertissement de se tenir mieux.

Limer
— Les ongles : ennui.
— Du bois : entreprise incertaine.

Limonade
— Que l'on boit : relations peu sérieuses; danger de tomber dans une façon de vivre toute superficielle par sa propre faute ou par celle de personnes que l'on fréquente.

Lin
— Que l'on achète : mariage.
— Que l'on file : mariage heureux.
— Marchand de lin : bon avenir.

Linge
— Que l'on voit : attachement au foyer.
— Que l'on suspend pour le faire sécher : profit.

Linge de lit
— Que l'on lave : il faut mettre de l'ordre dans ses affaires.
— Dormir dans du linge d'une blancheur éclatante ou avec de riches ornements : amélioration de la situation.
— Dans du linge sale : on souffre de complexes d'infériorité.

Lion
— Symbole de combativité ardente; l'instinct se manifeste avec trop de force.
— Que l'on voit en liberté : on aura un adversaire puissant.
— Que l'on chasse : on s'engagera dans une entreprise risquée.
— Par lequel on est attaqué : mise en garde contre un danger qui menace.
— Dont on est vainqueur : on mettra un ennemi hors de combat ou triomphera de lui.
— Captif que l'on voit : on trouvera protection contre un adversaire puissant.
— Mort : l'hostilité d'un adversaire perd de son influence.
— Jeune par lequel on se fait accompagner : on parviendra à beaucoup d'influence et on sera craint.
— Voir une lionne avec des lionceaux : le bon moment pour se réconcilier avec un adversaire.

Liqueur
— Que l'on voit : heure du berger en perspective.
— Que l'on sert ou que l'on offre : on a des intentions secrètes à l'égard de tiers.
— Que l'on boit : on sera captif d'une liaison aimable ou tendre.

Lit
— Sens sexuel; dans certaines circonstances expression d'un besoin de repos.
— Voir un lit vide : décès.
— Faire le lit : bonheur familial.
— Être couché dans un lit frais : satisfaction.
— Dans un lit sale : insatisfaction.
— Ne pas pouvoir dormir dans un lit : irrésolution.
— Être au lit avec un enfant : un espoir se réalise.

Livre
— Tenir compte du titre; il signifie dans certaines circonstances « Livre de la vie ».
— Voir ou lire un livre : on fait une connaissance de valeur durable.
— Écrire un livre : insatisfaction dans la vie professionnelle.
— Lire un livre sérieux : honneur et sagesse.
— Acheter un livre : on fait œuvre utile pour soi et pour des tiers.

Livre de prières
— Que l'on voit ou que l'on lit : consolation dans la souffrance.
— Que l'on reçoit en cadeau : on aura affaire à des personnes bonnes.
— Que l'on perd : on perdra une personne fidèle.
— Que l'on jette : on tombera dans la misère par sa propre faute.

Livrée
— Que l'on voit : si l'on est dépendant, succès et avancement; si l'on est indépendant, une affaire désagréable ou importune ou des dépenses inutiles.
— Que l'on porte : si l'on est dépendant, distinction ou cadeau du supérieur; si l'on est indépendant, privautés inconvenantes avec des subalternes ou des domestiques.

Livres de commerce
— Que l'on voit ou auxquels on travaille : annonce de beaucoup de soucis.

Locomotive
— À vapeur que l'on voit : on fait des plans trop vastes.
— Avec de la vapeur blanche : le voyage prévu donnera de bons résultats.
— Avec de la vapeur noire ou sombre : mauvais présage.

— Que l'on voit : on fera un voyage, ou le voyage d'une autre personne aura de l'importance pour vous.

Loge
— Dans laquelle on est assis : on suscitera l'envie.

Logement
— S'interprète comme « Chambre » ou « Maison » : on est soi-même le logement.
— Être dans son logement ou le voir : on se sentira chez quelqu'un comme chez soi.
— Voir un logement étranger ou s'y trouver : des journées inconfortables au foyer.
— Que l'on loue : amélioration de la situation.
— Que l'on obtient : mariage prochain.

Logement (de militaires, etc.)
— On aura affaire à des personnes fausses.

Lointain
— Voir dans le lointain : évolution heureuse.

Loquet
— Que l'on voit : on fera une connaissance.

Loterie
— Mise avec échec ou perte vraisemblable.
— À laquelle on assiste : d'une manière générale déception.
— À laquelle on voit un numéro : on devrait acheter un billet portant ce numéro.

Louange
— Que l'on reçoit : calomnie.
— Que l'on exprime : preuve de bonne amitié.

Loup
— Une lutte pénible est en cours contre les instincts intérieurs.
— Que l'on voit : il ne faut pas se faire un ennemi d'une connaissance qui pourrait devenir un adversaire très désagréable.
— Par lequel on est attaqué : une connaissance suscite des difficultés dans une affaire.

Loupe
— Que l'on voit : petite cause à grand effet.

— Voir quelque chose sous la loupe : on est porté à attribuer une importance exagérée ou superflue à des choses ou à voir des choses qui n'existent pas.

Lumière

— Symbole originel; à mettre en relation avec d'autres signes; valeur négative chez les personnes gravement malades.
— Que l'on voit : joie.
— Du loin: joie future.
— Jeux de lumière : on est favorisé.

Lumière nocturne

— Que l'on utilise: inquiétude.

Lune

— Chez les hommes, le principe actif féminin intérieur; des femmes plus robustes, viriles, rêvent de la lune pour trouver une compensation adoucissante.
— Que l'on voit : annonce d'un changement ou d'une modification.
— Claire et pure : chance inconstante, gains inconstants.
— Entourée d'un halo : on fait la connaissance d'une personne qui n'a pas de bonnes intentions.
— Que l'on voit disparaître derrière les nuages : des heures troubles.
— Qui s'éloigne ou va et vient rapidement ou tombe : annonce d'un grave danger auquel on va être exposé.
— Pleine, claire et pure : grand honneur ou distinction ou réalisation d'un objectif élevé.
— Pleine avec un halo : perte de prestige ou ruine d'une espérance.
— Croissante, claire et pure : une initiative sera menée à bonne fin.
— Croissante avec un halo : le succès ne sera obtenu qu'au prix de gros efforts pour surmonter les obstacles ou les difficultés.
— Décroissante, claire et pure : insuccès d'une entreprise ou d'une initiative, sans que l'on ait de dommage à subir.
— Décroissante avec un halo : l'insuccès entraînera un dommage ou désavantage personnel.
— Qui se reflète dans l'eau : si la surface de l'eau est unie et calme, un beau voyage ou un voyage fructueux, ou encore succès et gain grâce au voyage que des tiers entreprennent; si la surface de l'eau est agitée, menace d'accident ou de malchance en voyage ou d'accident en relation avec le voyage que des tiers entreprennent.

Lunettes

— Inquiétude intérieure, on est préoccupé par soi-même.
— Porter ou voir des lunettes : présage de malchance.
— Porter des lunettes vertes : présage positif en affaires ou dans d'autres domaines.

Lutter

— Ou assister à une lutte : une explication désagréable.
— Avec quelqu'un et être le moins fort : explication avec réconciliation par la suite.
— Avec quelqu'un et être le plus fort : explication avec séparation qui s'ensuit.

Luxe

— Vivre luxueusement : il faut compter que la fortune acquise s'amenuisera.

Lynx

— Que l'on voit : on trouvera plus rusé que soi.

Lys

— Symbole de l'intériorité, de l'épanouissement de nouveaux sentiments.
— Que l'on voit fleurir : on peut se lancer sans crainte à la poursuite de son objectif, car on l'atteindra.
— Que l'on cueille : on devrait penser non seulement à soi, mais aussi à d'autres.
— Voir cueillir des lys : attention! quelqu'un essaie de de faire à votre égard un mauvais emploi de sa puissance.
— Que l'on tient dans la main : on sera aimé et vénéré.
— Que l'on jette ou détruit : abus de puissance, la punition va suivre immédiatement.
— Des fleurs ou feuilles de lys sans tige : illusion nuisible.
— Voir beaucoup de lys : se contenter de ce que l'on a en amour.

M

Macaroni
— Que l'on voit : exhortation à se hâter dans une affaire.
— Que l'on mange: une affaire que l'on voudrait voir rapidement terminée traîne en longueur.

Machine
— Que l'on voit: situation ordonnée et régulière.
— Que l'on dessert: on devra s'occuper d'une affaire compliquée.
— Avariée ou ne fonctionnant pas que l'on voit: mise en garde contre un genre de vie irrégulier ou déréglé; annonce des événements qui perturberont la régularité de l'existence.
— Avariée ou ne fonctionnant pas que l'on remet en marche: élimination d'obstacles ou de difficultés qui perturbent la bonne ordonnance de l'existence.
— Que l'on ne parvient pas à remettre en marche: on se trouve dans une situation désordonnée qui sera la cause d'un revers ou d'une perte.

Machine à coudre
— Que l'on voit: un plan ou une intention réussiront.
— Dont on se sert: beaucoup de travail qui ne rapporte guère.
— Avec beaucoup de difficultés, ou le fil se rompt: beaucoup de peine pour rien.

Machine à écrire
— Que l'on voit: on est trop vieux jeu dans ses conceptions.
— Avec laquelle on écrit: du succès dans de nouvelles voies.

Machine à vapeur
— Que l'on voit: confort.
— Avec laquelle on se déplace: on effectuera un travail satisfaisant.

Maçon
— Que l'on voit: il faut avoir plus de patience dans une affaire.
— Effectuer des travaux de maçonnerie: on se construit un bonheur durable.

Magasin

— Exhibition de son for intérieur: offre par trop volontaire.
— Passer devant un magasin rempli de marchandises: on manquera une bonne occasion.
— Y entrer: début d'une entreprise qui connaîtra du succès.
— Le posséder: avantages matériels.
— Posséder un magasin vide: chagrin et soucis.
— Sortir d'un magasin rempli de marchandises: perte matérielle.
— Entrer dans un magasin vide: déception.
— En sortir: indication ou exhortation qu'il faut abandonner une affaire sans avenir.
— Passer devant un magasin vide: on échappera par bonheur à une perte ou à un désagrément.

Magasin

— Symbole d'exhibition des pensées intimes, offre par trop volontaire.
— Que l'on a: de la peine et du tourment.

Magazine

— Que l'on lit: on fera une connaissance agréable.

Mai

— Ne pas perdre courage.

Maigre

— Voir des femmes maigres : chance et succès en amour.
— Des hommes maigres: mauvaises perspectives pour la réalisation de souhaits anciens.
— Être maigre ou maigrir: on atteindra l'objectif désiré.
— Trop ou anormalement maigre: on dépassera son but, il en résultera des dommages ou des pertes.

Maigrir

— Se voir maigrir: ce n'est pas un bon présage. Des querelles, des chagrins et des amis envieux.
— Voir maigrir des tiers: la prospérité vous attend.

Mailles

— Que l'on voit: mise en garde contre un piège tendu.
— Dans lesquelles on s'empêtre: on tombe dans un piège ou s'empêtre dans les intrigues ourdies par soi-même ou par des tiers.

Main

— Symbole de force et d'habileté; la main gauche est féminine, la main droite masculine.
— Que l'on contemple: chagrin et souffrance.
— Que l'on se brûle: on a des envieux.
— Que l'on serre à quelqu'un : on conclura une amitié fidèle.
— Que l'on voit sans doigts: grave perte et fortes influences adverses.
— Petite : infidélité d'amis ou de serviteurs.
— Avec des poils: malheur.
— Voir beaucoup de mains: honneurs et fortune.
— Se laver les mains: prestige.
— Voir une main blessée: on aura un désavantage.
— Avoir une main enflée: discordances.
— Tenir les mains devant les yeux: il faudra se montrer indulgent à l'égard de quelqu'un.
— Avoir les mains sales : privautés avec une mauvaise fille.
— Voir ou avoir une main coupée ou desséchée : infidélité du meilleur ami.
— Avoir une main belle et forte : on conclura une bonne affaire.
— Perdre la main droite: mort du père.
— La main gauche: mort de la mère.
— Baiser la main: affectation.

Maire

— Que l'on voit ou à qui l'on parle: on fera une connaissance utile.
— Avec lequel on a un différend: désagréments.
— Être maire: progrès sur le plan professionnel.

Mairie

— Que l'on voit: exhortation à suivre un bon conseil que l'on a reçu.
— Dans laquelle on a à faire: on s'instruira à ses dépens.

Maison

— Symbole du corps de l'homme et de son état intérieur ou extérieur; toit = tête; portes = parties sexuelles; fenêtres = organes secondaires de nature sexuelle; cave = pieds ou organes inférieurs; balcon = poitrine et seins.
— Que l'on construit: bonne situation.
— Que l'on possède: des jours exempts de soucis.
— Quitter sa propre maison: ouvre de nouvelles voies pour l'avenir.
— Que l'on voit brûler: chance inespérée.

— Que l'on voit démolir : un obstacle va être écarté.
— Que l'on voit s'effondrer : annonce d'un décès.
— Avec beaucoup d'étages : très gros gain.

Maison à escalier étroit

— Changement d'état civil en perspective.

Maison de réclusion

— On se trouve dans une situation de contrainte dont on est soi-même responsable ou que d'autres ont causée.
— Que l'on voit : on recevra une offre peu attirante.
— Dans laquelle on est enfermé : libération d'une situation désagréable.

Maison de joie

— Mise en garde contre des faux pas.

Maître de chai

— Accroissement de la fortune.

Maître de danse (ou danseur mondain)

— On a de bonnes manières.

Mal

— Dont on est victime : un malaise.

Marée basse

— Les marées montrent les hauts et les bas de la vie, en général avec des limites indécises.
— Voir la marée basse au bord de la mer : gain ou héritage.
— Ainsi que la marée haute : bonheur inconstant.

Marée montante

— Ce qu'il y a de négatif dans la vie, et contre quoi on doit faire des efforts.
— Et descendante que l'on voit : bonheur inconstant.

Mariage

— Signification sexuelle ; rêve de désir ; discussion au sujet d'un mariage à conclure ou déjà conclu.
— Contracter mariage : bonheur et gain.
— Avec une veuve ou un veuf : présage de soucis.
— Adultère : danger d'incendie.
— Épouse : aisance.
— Époux : avoir une situation assurée.
— Divorce : propos mal intentionnés.

Marionnettes
— Fidélité de la part des subordonnés.

Marteau
— On essaie d'atteindre à toute force ce qu'on aurait pu avoir depuis longtemps en réfléchissant.
— Que l'on voit: on contractera une assurance sur la vie.
— Que l'on utilise: en dépit de beaucoup d'obstacles, on atteindra son but.

Martre
— Symbole de la soumission exagérée à l'instinct sexuel; il faut mieux se contrôler.
— Que l'on voit: se méfier d'un vol ou d'une escroquerie.
— Que l'on tue: on parviendra à conjurer une perte menaçante ou à éliminer des choses désagréables.

Martyr
— Que l'on voit: mise en garde contre des actions irréfléchies.
— Que l'on est: on a des soucis par sa propre faute.

Masques
— Symbole de la peur de la vérité ou de révélations; souvent manque de clarté sur soi-même ou sur une autre personne.
— Que l'on voit: mise en garde contre un faux ami ou une intrigue ou exhortation à ne pas être trop bavard.
— Que l'on porte: on est dans l'existence un bon comédien, pour le meilleur et pour le pire.
— Être à un bal masqué: on joue avec quelqu'un et ses sentiments, ou l'on est soi-même le jouet d'un autre.

Massage
— On va tomber malade et on doit essayer de prendre des mesures préventives.
— Que l'on voit effectuer sur d'autres personnes: exhortation à revenir sur la voie qu'on a quittée.
— Que l'on effectue sur d'autres personnes: on corrigera ou rectifiera quelque chose.
— Que l'on fait effectuer sur soi: troubles causés par des irrégularités de quelque ordre.

Massue
— Que l'on tient: on prendra une ferme résolution.

— Avec laquelle on frappe quelqu'un: on essaiera de combattre des ennemis.
— Avec laquelle on est battu: un ennemi médite un mauvais coup.

Mât
— On traversera directement et fièrement l'existence.

Matelot
— Que l'on a ou avec lequel on a des relations: des événements inhabituels.
— Avec lequel on se querelle: des événements anormalement dangereux.

Matériaux
— Que l'on voit ou que l'on utilise: on est collectionneur.

Matin
— Symbole de la vie qui s'écoule: le matin correspond à la jeunesse, midi à la maturité, l'après-midi signifie que l'on s'avance vers l'abîme, le soir que l'on est proche de la fin.
— Aurore: annonce toujours des événements particuliers.
— Étoile du matin: chance en amour.

Maudire
— On sera un mauvais juge.

Mauvaises herbes
— Rêve prémonitoire; prudence à l'égard de son entourage.
— Que l'on voit: on fera la connaissance d'un bon à rien.
— Que l'on arrache: on améliorera ses revenus.

Médaillon
— Que l'on voit ou que l'on reçoit: on recevra les soins d'une personne fidèle.
— Que l'on remet ou que l'on perd: perte d'une personne chère.

Médecin
— Lien avec la notion de père: recherche d'une solution, d'un conseil, d'une aide.
— Le voir: indisposition prochaine.
— Lui parler: des espoirs conservés depuis longtemps vont se réaliser.

— Voir un médecin qui soigne un blessé : un parent ou une connaissance va se marier.
— Se voir sous les traits d'un médecin : les efforts déployés pour gagner davantage ou la situation financière en général conduisent au succès.

Médicament

— Que l'on prépare : maladie.
— Que l'on donne : chance au jeu pour la personne qui le prend.
— Que l'on prend : pertes, qui toutefois peuvent être compensées.
— Voir ou manger des plantes médicinales : les mauvaises affaires prennent fin.

Melon

— Que l'on voit : une douce amourette.
— Que l'on mange : une amourette aura des conséquences inattendues ou indésirables.

Menace

— Annonce des maux auxquels on ne pourra échapper.

Malade

— L'être : on sera consolé.
— Visiter des malades : joie et bonheur.

Mal au ventre

— Avoir mal au ventre : mise en garde contre la démesure.

Malheur

— De tiers : mise en garde contre un projet risqué.
— Dont on est soi-même victime : chance et succès.

Malpropreté

— Il reste encore beaucoup à nettoyer dans la vie pour que tout se passe bien.
— Que l'on voit : gain.
— Dans laquelle on cherche quelque chose que l'on ne trouve pas : on mettra sa situation en danger par une entreprise imprudente.
— Dans laquelle on trouve de l'argent : veiller à ce que des voleurs ne s'emparent pas du portefeuille.
— Dans laquelle on marche : des désagréments.
— Dans laquelle on voit quelqu'un marcher : on causera de l'irritation à quelqu'un sans le vouloir.

Manchettes

— Propres que l'on voit: avantages professionnels ou économiques ou charge honorifique.
— Sales: difficultés professionnelles ou économiques ou perte de prestige.
— Que l'on repasse: contrariété et désagréments avec un homme.

Manège

— Rêve suscité par des facteurs externes faisant remuer le lit; souvent symptôme de troubles des oreilles.
— Que l'on voit ou sur lequel on fait un tour: on jouera un tour bête.

Manger

— Soit rêve de nécessité, soit substitution à l'aversion éprouvée à l'égard de la nourriture à l'état éveillé.
— Manger très vite: santé.
— Manger seul à une table abondamment servie: on se fait détester par son manque d'égards ou de compassion.
— À une table pauvrement servie: on éprouve du repentir.
— Vouloir manger, mais ne rien trouver à manger: changement dans la vie.

Manne

— Que l'on voit: richesse inespérée.

Mannequin

— Que l'on voit : rêve d'homme, on cherche une aventure galante, mais la prudence est de mise, car cela peut revenir cher; rêve de femme, on lui fera cadeau d'une belle robe.
— Que l'on est: on voudrait être ce qu'on n'est pas, ou avoir quelque chose que l'on ne peut pas obtenir.

Manteau

— Instinct de dissimulation, souvent peur d'être percé à jour ou démasqué.
— Neuf que l'on voit: on a des chances dont on devrait profiter.
— Vieux: risque de malchance.
— Neuf que l'on met: amélioration de la situation.
— Neuf que l'on ôte: la situation se détériore.
— Que l'on déchire: une liaison prendra fin.
— Vieux que l'on met: misère et soucis.
— Vieux que l'on ôte: soulagement.
— Que l'on répare: une affaire mal engagée cause des soucis.

— Dont on voit quelqu'un bien enveloppé: danger d'être trompé ou désavantagé par un manque de sincérité; annonce d'un secret également.
— Voir plusieurs manteaux: on tombera dans une situation sans issue ou embrouillée.

Maquignon/Marché aux chevaux
— Faire attention.

Marais
— Dans lequel on patauge et s'enlise: avenir lourd de soucis.

Marbre
— Que l'on voit : tous les efforts seront vains.
— Que l'on manie ou que l'on travaille: on est chargé d'une tâche impossible, ou on aura affaire à des gens au cœur dur.
— Voir une colonne de marbre: on a un désir beau, mais irréalisable, ou un objectif beau, mais inaccessible.
— Voir une table de marbre ou y être assis: un désir que l'on espère réaliser aisément, ou un objectif, que l'on a l'intention d'atteindre facilement, ne le seront qu'au prix de gros efforts.
— Y être assis avec d'autres personnes: les relations avec des personnes au cœur dur susciteront beaucoup d'obstacles.

Marchander
— Acquisition fortuite.

Marché
— Souvent synonyme de bordel; abandon de toutes les valeurs ou appréciation de soi-même seulement d'après l'argent.
— Auquel on se trouve et fait des achats : on tombera dans une situation instable ou incertaine.
— Auquel on offre soi-même des marchandises: affaires ou entreprises incertaines ou changement d'ordre professionnel.
— Se trouver dans le hall d'un marché: on sera placé en face d'un choix ou d'une décision.
— Charlatans: on sera victime de filouteries.

Marcher
— Des journées agitées et riches en changements.

Marcher à grands pas
— On trouvera des chemins aplanis.

Marcheur

— Il ne faut pas se laisser influencer par les difficultés actuelles, les détours permettent eux aussi de parvenir au but.
— Joyeux que l'on rencontre: détente et joie.
— Pauvre: déception, car on ne peut pas faire de progrès dans la voie qu'on a choisie; mais en même temps, promesse que l'on atteindra son but par d'autres voies.

Marécage

— Rêve suscité par la peur que les passions prennent le dessus et qu'on ne puisse plus les contrôler.
— Que l'on voit: un plan ou un projet déjà en cours de réalisation devrait être abandonné avant qu'il soit trop tard, car la voie dans laquelle on s'est engagé ne conduira qu'au malheur, à l'échec et aux soucis.
— Dans lequel on se trouve à l'improviste et n'avance que péniblement: annonce une période de travail fatigant et de durs combats.
— Dans lequel on s'embourbe entièrement: un plan échouera complètement, ou on subira un lourd revers.

Menace

— Expression de l'impuissance, on ne parvient pas à s'imposer.
— Menacer quelqu'un: présage d'énervement.
— Recevoir une menace: peur de l'avenir.

Mendiant

— Le mendiant offre toujours la possibilité de montrer des instincts bons ou mauvais. Quand autrui apparaît sous la forme d'un mendiant, celui qui le voit se sent plus haut placé.
— Voir un mendiant: petite surprise qui causera de la joie.
— Être un mendiant: chance à la loterie ou en affaires.
— Donner quelque chose à un mendiant: on se libère d'une situation désagréable.
— Mendiante: on recevra un cadeau.

Mendier

— Voir mendier: on se livrera à des représailles.

Meneur

— D'une conjuration ou d'une association secrète: héritage et richesse, toutefois sans lendemain.

Menottes

— Réaction nerveuse à des tensions; souvent en relation avec un cauchemar.
— Que l'on porte: revoir un ancien amour fait à nouveau une forte impression.

Mensonge

— On dit ou fait quelque chose qui a des conséquences désagréables que l'on doit accepter avec courage.

Menuisier/Menuiserie

— Que l'on voit pendant le travail: on sera introduit par un ami ou une connaissance dans un nouveau milieu.
— Voir un atelier de menuisier: on n'aura bientôt plus d'emploi.

Mépris

— Que l'on montre: on parviendra à des trésors.

Mer

— Annonce l'approche de quelque chose de nouveau.
— Calme et paisible que l'on voit: on connaîtra des temps beaux et ensoleillés.
— Tumultueuse: un combat difficile est imminent.
— Dans laquelle on prend un bain: on aura l'occasion de se libérer pour une courte période des soucis quotidiens.
— Dans laquelle on tombe: on sera frappé durement par le destin.
— Dans laquelle on coule et se noie: on sortira d'une situation fatidique ou dangereuse.

Mercure

— Que l'on voit: changement de situation.

Mère

— Symbole de la fécondité. Si l'on rêve d'elle rarement, on a envers elle un rapport psychique normal; si l'on rêve d'elle souvent, c'est un signe qu'on manque d'assurance; on n'est pas encore parvenu à l'indépendance.
— Qui est déjà morte, que l'on voit: mise en garde contre un geste irréfléchi.
— Qui est encore en vie, que l'on voit: événement heureux.
— Que l'on voit inquiète à cause de son enfant: on est

exposé au danger d'avoir à souffrir du malheur qui a frappé une autre personne.
— Que l'on voit heureuse et donnant avec amour des soins à son enfant: on profitera du bonheur d'un tiers.
— Qui est encore en vie et que l'on perd: on sera tourmenté par des remords.

Merle
— Le voir ou l'entendre siffler: message heureux.
— En voir plusieurs à la fois: la situation va s'améliorer.

Messager
— Il apporte en général des surprises qui causent des déceptions.
— S'il apporte une lettre: nouvelle désagréable.
— Autre chose: surprise agréable.

Messe
— Que l'on voit dans une église ou à laquelle on assiste: une tentation.

Mesure
— Que l'on voit, peu importent sa nature et sa forme: votre comportement ou vos actions sont soumis quelque part à un examen minutieux ou à une appréciation.
— Que l'on manie: on ne dépassera pas sans inconvénients la limite que l'on a atteinte.
— Voir également « Mesurer ».

Mesurer
— Les dimensions de quelque chose: dans une affaire, on fait preuve à juste raison de prudence ou de méfiance.
— Se mesurer: on sera examiné de fond en comble par quelqu'un, sans que l'on s'en rende nécessairement compte.
— Se mesurer avec quelqu'un: on aura un rival.
— Maladie, querelle.

Métal
— En général, richesse.

Métier à tisser
— Que l'on voit: on devrait s'employer à consolider une relation que l'on est tenté de négliger.

Métro
— Que l'on voit ou prend: dans une affaire, on parviendra à un résultat complètement différent de celui qu'on avait prévu ou espéré.

Meubles rembourrés
— Que l'on voit ou sur lesquels on est assis: la rudesse de la réalité donnera du fil à retordre.

Meule de foin
— On se trouve dans une situation favorable.

Meules de moulin
— Que l'on voit en fonctionnement: accroissement de la famille d'une manière quelconque.
— Arrêtées ou endommagées: décès ou séparation inévitable.

Meunier/Meunière
— Que l'on voit ou avec qui l'on a des relations: on trouvera un ami riche.
— Que l'on est: on aura beaucoup de succès auprès de l'autre sexe.

Meurtre
— Fin violente d'une période de la vie: souvent mort violente du sujet lui-même.
— En rapport avec la vie du sujet : la malchance d'autrui procure des avantages.
— Auquel on participe: on tire profit de la misère d'autrui.
— Dont on est victime: la misère ou la nécessité dont on est la victime est exploitée par autrui.
— Les rêves de meurtre peuvent aussi être des rêves de seconde vue susceptibles de guider les recherches.

Meurtrier
— Que l'on est: longue vie.

Mickey
— Que l'on voit: on s'adonnera à un plaisir enfantin et gai.

Microphone
— Que l'on voit: dans une affaire restée jusqu'ici secrète ou que l'on avait gardée pour soi, on peut sans risque parler ouvertement.
— Dans lequel on parle: on aura l'occasion de dire ce que l'on a sur le cœur.

Midi

— Symbole de la vie qui s'écoule : le matin correspond à la jeunesse, le midi à la maturité, l'après-midi signifie que l'on s'avance vers l'abîme, le soir que l'on est proche de la fin.
— Repas de midi : la misère prendra fin.

Miel

— Que l'on voit avec des rayons : chance en affaires.
— Que l'on mange : on se sentira mal.

Miettes de pain

— Que l'on voit : beaucoup d'argent.
— Que l'on donne en nourriture aux oiseaux : vie de famille heureuse.

Militaire

— Chez les femmes souvent désir sexuel de viol ; tenir particulièrement compte de l'interprétation subjective.
— Analogue à « Soldats », « Uniformes », « Armes ».

Millet

— Que l'on cultive ou que l'on mange : paix.

Million/Millionnaire

— Que l'on voit : illusion ou déception.
— Être millionnaire : pauvreté ou détérioration de la situation.

Minerai

— Gain à la loterie.

Mineurs

— Que l'on voit : porte bonheur.
— Qui sortent d'un puits : amélioration de la situation.
— Être soi-même un mineur : présage d'une situation assurée.

Ministre

— Que l'on voit ou avec lequel on a des relations : un désir sera réalisé.
— Que l'on est : un désir ne sera pas réalisé.

Miracle

— Que l'on voit : on sera très étonné par la conduite d'un ami.

Mirage
— Que l'on voit: des choses inaccessibles.

Miroir
— La tentative de se mettre d'accord avec soi-même échoue ou conduit à des conclusions.
— Que l'on voit: exhortation à se connaître soi-même.
— Dans lequel on se voit: on se découvrira un défaut ou quelqu'un l'indiquera.
— Voir un miroir terne: on se prend pour un ange.
— Un miroir brisé ou briser un miroir: dans une affaire, on apprendra de quelqu'un à corriger son erreur.
— Que l'on voit fabriquer: trahison.

Misère
— On est inquiet et espère que des tiers aideront à parvenir au but.
— Se trouver dans la misère: un événement heureux va arriver incessamment.
— Voir des tiers dans la misère et vouloir les aider: on recevra un concours précieux.
— Voir la misère des autres: on sera envié.

Mission
— En être chargé: annonce une lettre agréable.
— En charger quelqu'un: on se fait détester.

Mitrailleuse
— Que l'on voit ou que l'on entend: quelqu'un parmi les amis ou les connaissances a mauvaise conscience à votre égard.
— Que l'on sert: on veut se libérer d'une pression intérieure ou de remords.

Mobilisation
— Que l'on voit: par rapport à la vie personnelle, le sens est que l'on s'agite à cause d'une affaire concernant des tiers; en relation avec un moment déterminé: début d'hostilités ou danger aigu de guerre à ce moment.

Modèle
— Que l'on voit: mise en garde contre une erreur ou une fausse voie.
— Se voir sous les traits d'un modèle posant pour un artiste: on est amoureux.

Moine

— Que l'on voit ou auquel on parle: on a mauvaise conscience dans une affaire.

Moineau

— On prête trop attention à des commérages et n'est plus capable d'opérer les distinctions qui s'imposent.
— Que l'on voit: des amis fidèles.
— Que l'on entend pépier: rencontre entre amis.

Moisson

— Désir du succès qui couronnera la vie et de voir reconnaître ce qui a été accompli.
— Faire la moisson: récompense du labeur.
— La rentrer: promesse d'héritage.
— Une bonne moisson: réalisation prochaine de souhaits.
— Une mauvaise moisson: insuccès.

Mollets

— Beaux que l'on a ou voit: quelque chose sera couronné par un succès inattendu.
— Laids: un événement contrariant.
— Avec des poils: les choses prendront une tournure bien différente.

Momie

— Que l'on voit: une histoire insignifiante, que l'on croyait oubliée depuis longtemps, est remise sur le tapis.

Monastère

— Que l'on voit: calme.
— Dans lequel on entre: bénédiction.

Monnaies

— Symbole sexuel, surtout chez les femmes qui veulent se vendre; sinon, même signification que « Argent ».
— Voir des pièces de monnaie: mise en garde contre une dépense ou une affaire prévue ou quelque autre entreprise.
— Que l'on encaisse: pertes d'argent ou de fortune.
— Que l'on dépense: reconnaissance d'autrui ou un avantage inattendu dans une affaire.
— Étrangères que l'on voit : on recevra de l'argent ou des valeurs d'un côté inattendu, ou des sommes

d'argent ou des valeurs de tiers joueront prochainement un rôle important.
— Anciennes ou étrangères que l'on collectionne par plaisir: on aura à s'occuper de choses sortant de l'ordinaire; événement extraordinaire.

Monocle
— Que l'on voit porter par autrui: ne pas s'engager dans une certaine affaire sans l'avoir soigneusement examinée auparavant.
— Que l'on porte: on porte un jugement erroné sur une personne ou sur une affaire, parce qu'on n'en voit qu'un aspect.

Monsieur
— Être un monsieur distingué: on devra supporter des offenses.
— Comme patron: bons revenus.

Monstre
— Que l'on voit: une connaissance pleine de risques.

Montagne
— Des difficultés à surmonter.
— Que l'on escalade: annonce de nombreux obstacles, qui seront toutefois une source de joie quand ils auront été surmontés.
— Dont on descend: jouissance bien méritée après un travail dur et fécond.
— En tomber: déception; si l'on voit aussi du sang, présage d'une grave crise dans la situation de la personne qui rêve.
— Que l'on voit vaciller: hostilité et persécution de la part de tiers.
— Voir une montagne cracher du feu: un danger menace.
— Une montagne avec des châteaux: une période positive sur le plan financier commence.
— Avec des ruines: avertissement que l'âge approche.

Montagnes
— Dissensions.

Mont-de-piété
— Que l'on voit: on est exposé à une tentation.
— Auquel on fait appel: on se trouve dans une mauvaise voie, ou cherche à se tirer d'un embarras.
— Que l'on possède ou dans lequel on travaille: on est mêlé aux difficultés de tiers.

Monter

— Symbole du renouvellement: perspective d'avenir.
— L'escalier: on se heurtera au dédain.
— La montagne: on atteindra certainement un objectif élevé.
— Un cheval blanc: chance et succès.
— Un cheval noir: succès sans lendemain.

Monter (un cheval, etc.)

— Pour l'interprétation, voir «Cheval»; sinon, sens sexuel dans la plupart des cas.
— Un âne : moquerie non méritée.
— Un éléphant: une belle aventure en perspective.
— Un chameau: un grand voyage.
— Une vache ou un bœuf: on se sait pas ce qu'on veut.

Montre

— Symbole de la crainte que la vie s'écoule trop vite.
— Que l'on entend battre: il va falloir prendre une décision importante.
— Que l'on voit: une heure décisive approche.
— Arrêtée: fin inattendue d'un état ou d'une bonne connaissance.

Montre-bracelet

— Que l'on porte soi-même: temps très occupé.
— Dont on fait cadeau à quelqu'un: bonheur pour soi-même.
— Que l'on voit porter par un tiers: grands succès imminents.

Monument

— Phase finale d'un travail, d'un plan: souvent, espoirs exagérés de voir ses plans se réaliser.
— Que l'on voit ou que l'on érige: joie de faire des progrès.
— Voir son propre monument: on se rendra ridicule par sa folie des grandeurs et causera sa propre perte.
— Celui d'une connaissance: on participera au succès de quelqu'un.
— D'une haute personnalité: on fera des progrès dans son travail par son propre mérite.

Morceaux (de verre, etc.)

— Que l'on voit: mise en garde contre la témérité; il se pourrait bien que quelque chose casse à nouveau.
— Casser quelque chose: porte chance.

Mordre
— Ou être mordu : hostilité violente.

Morsure
— D'une bête : jalousie.

Mort
— Terme évident d'un chapitre de la vie.
— Que l'on voit sous la forme d'un squelette avec une faux : libération d'une charge.

Mortier
— Que l'on voit : des nouvelles désagréables causent de l'inquiétude.
— Que l'on actionne : à dessein ou sans le savoir, on perturbe le bonheur ou la paix d'une autre personne.

Morue séchée
— Que l'on mange : maladie.

Mosaïque
— Que l'on voit : on s'occupera d'une question compliquée.
— Que l'on produit : on fera naître des complications par son propre comportement.

Moto
— Que l'on voit : une belle excursion dont il ne restera que le souvenir.
— Que l'on conduit soi-même : une belle excursion qui aura des suites.

Mots
— Rêve prémonitoire authentique, interprétation selon les mots dont on se souvient ; si des mots manquent de clarté, interprétation générale seulement.
— Que l'on voit : c'est le sens des mots qui est décisif pour l'interprétation.

Mots croisés
— Jouer aux mots croisés : plaisir de peu de valeur.
— Trouver la solution : on sortira par ses propres moyens d'une situation difficile.
— Ne pas trouver la solution : un secret pèse sur la conscience.

Mouche

— En général, causé par des irritations nerveuses; peut aussi exprimer des humeurs désagréables.
— Que l'on voit: on sera affligé et offensé.
— Qui pénètre dans la bouche: on aura affaire à une personne insolente.
— Que l'on voit coller à un attrape-mouches: beaucoup de succès sans beaucoup de peine.
— Que l'on tue: on éliminera un adversaire.

Mouchoir

— Que l'on voit: on se trouvera dans une situation très gênante.
— Que l'on utilise: séparation imminente.
— Que l'on ne parvient pas à trouver: on sera la cause de la situation gênante dans laquelle des tiers se trouveront.

Moudre

— Des céréales: accroissement de la fortune.

Mouillé

— Se mouiller: perte de prestige.
— Mouiller quelqu'un: prudence dans le jugement qu'on porte sur des tiers, pour ne pas leur faire d'injustice.

Moulin

— Recherche de la sécurité, mais crainte secrète de ne pas parvenir au but.
— Que l'on voit: on vivra quelque chose de beau ou d'avantageux.
— Arrêté: bonheur en amour.
— Qui fait tic-tac: un travail rentable.

Moulin à vent

— Que l'on voit: situation incertaine.

Mourir

— Vouloir faire table rase de quelque chose ou mettre fin définitivement à quelque chose; on n'a plus aucun lien intérieur avec une affaire, quand on en meurt en rêve.

Mousse

— Perte ou gain matériel au centre de tout.
— Que l'on voit: avantages financiers ou matériels.
— Dans laquelle on est étendu: même signification, mais avec plus d'insistance; bonne santé également.

Moustache

— Que l'on voit à un homme: un homme que l'on avait tenu pour un héros se révèle être un pauvre bougre.
— À une femme: dans les rêves d'hommes, on ne sera pas couché sur des roses auprès de sa femme, de sa fiancée ou de son amie; dans les rêves de femmes, il faut se défier d'une certaine amie.
— Si, en rêve, un homme portant moustache donne un baiser à une femme, cette femme aura comme mari ou amant un vantard.

Moustiques

— Que l'on voit: une visite importune ou des ennuis quelconques.
— Par lesquels on est piqué: une hospitalité accordée est utilisée à une mauvaise fin, ou des tiers suscitent des querelles au foyer.

Moût

— Expression des instincts intérieurs, en général dans un sens négatif; exhortation à brider ses passions.
— Que l'on voit: mise en garde contre le dérèglement et les bas appétits chez soi et chez les autres.
— Que l'on produit: on entraînera des tiers à des plaisirs vulgaires qui seront bientôt suivis d'un dégrisement.

Moutarde

— On fera des affaires embrouillées.

Mouton/Troupeau de moutons

— Que l'on voit: une période calme et contemplative.
— Que l'on tond: aisance que procurera le travail allié à l'épargne.
— Laine de mouton: accroissement de l'avoir.

Mugir

— Entendre mugir la mer: le destin vous conduira dans des terres lointaines.
— Entendre mugir le vent: annonce un message heureux (secret).

Muguet

— Que l'on voit: on recevra un cadeau d'une personne que l'on aime, ou bien cette personne satisfera un souhait que l'on a.
— Que l'on arrache, que l'on jette ou que l'on voit fané: séparation d'une personne aimée ou perte d'un souvenir qui est cher.

Mulet
— Que l'on voit: mise en garde contre les demi-mesures.
— Que l'on conduit ou monte: on s'occupe de choses qui ne sont pas vraiment valables.

Mur
— Symbole d'obstacle ou de protection selon la situation de la personne qui rêve.
— Que l'on voit devant soi : des obstacles sur son chemin.
— Infranchissable que l'on voit devant soi: il y a peu de chances qu'un objectif envisagé soit atteint.
— Que l'on escalade: on surmontera des obstacles.
— Sur lequel on est debout: on atteindra son but.
— Dont on saute: entreprise risquée.
— Dont on tombe: on subira un échec.

Muraille
— Que l'on voit: on ne parviendra pas à obtenir ce qu'on voudrait.

Mûres (fruits du mûrier)
— Que l'on voit: joie.
— Que l'on cueille: on fera la connaissance d'une personne qui a de bonnes intentions.
— Que l'on mange: annonce une joyeuse excursion.

Mûrier
— Que l'on voit: bonheur, prestige et prospérité.

Mûrir
— Il faut se soucier des nouvelles relations.

Musée
— Dans lequel on se trouve: on sera admis dans une société ou un milieu dont la fréquentation s'avérera très précieuse ou très avantageuse.
— Dans lequel on voit ses propres créations: on se distancera d'une société ou d'un milieu jusqu'ici très précieux ou très avantageux; d'une manière tout à fait générale, annonce des pertes.

Musée de figures
— Que l'on voit ou visite: on aura une grande frayeur, mais sans conséquences graves.

Musique
— On ressent une inquiétude intérieure et un déséqui-

libre psychique et on s'efforce de trouver une certaine harmonie.
— Belle que l'on entend: compagnie agréable et joie en général.
— Discordante: des connaissances désagréables ou désunion avec les amis ou connaissances.
— Belle que l'on fait soi-même: bonheur au foyer.
— Discordante que l'on fait soi-même: discorde et querelle au foyer.

Musique le soir
— Harmonie exprimée en musique, le soir souvent présage négatif.

Musique nocturne
— Que l'on entend: on est amoureux.

Myosotis
— Que l'on voit ou reçoit en cadeau: un ancien amour se rappelle au souvenir.
— Que l'on cueille ou offre: on se sent négligé ou sera négligé.

Myrte
— Mariage

Myrtilles
— Que lon voit: on peut avoir espoir.
— Que l'on mange: joie qui passera vite.

N

Nacre
— Que l'on voit: une bien mauvaise période va débuter.

Nager
— Soi-même: on parviendra au but.
— Voir des tiers nager: dans une affaire, il faut se concerter avec des tiers.

Nain

— Contraire de « Géant » ; de petits mouvements de l'âme se font jour, souvent aussi des vers, des insectes et de la vermine.
— Que l'on voit : on fera la connaissance d'une personne à l'égard de laquelle on se trouvera insignifiant.

Naufrage

— Se trouver sur un bateau en détresse : on tombera dans une situation dangereuse.
— Couler avec un bateau : on fera, par sa faute, une chute grave ou bien on s'effondrera.
— Être naufragé et sauvé : on perdra tous ses biens.
— Être naufragé et se noyer : des personnes secourables vous préserveront de la détresse la plus profonde.
— Sauver des naufragés : on sera préservé comme par miracle d'un malheur qui se produira.
— Bateau dans la brume : un danger menace.
— Se reporter à « Bateau ».

Nécessaire de couture

— Que l'on voit : exhortation à régler une affaire en instance ou à achever un travail.
— Que l'on perd ou que l'on ne peut pas trouver : on perdra ses revenus.

Nègre

— Lutte intérieure du clair contre l'obscur.
— Que l'on voit : mise en garde contre des exagérations.
— Sous les traits duquel on se voit : exhortation à être sincère et franc dans une affaire déterminée.
— Avec lequel on est lié d'amitié : on se réconciliera avec un adversaire.
— Avec lequel on se querelle : on sera exposé à de graves attaques.

Neige

— Question de puissance sexuelle : la nature dort ou est morte ; froid et froideur ; la saison est le symbole de l'âge que l'on a atteint dans la vie.
— Que l'on voit tomber (ou rafale de neige) : des nouvelles ouvrant la perspective d'un destin meilleur dans l'avenir.
— Que l'on voit couvrant un paysage : bien-être au foyer.
— Tempête de neige : des temps difficiles, mais que l'on parviendra à surmonter.

— Boule de neige ou bataille à coups de boules de neige: on ne devrait pas se laisser entraîner à de mauvaises actions.
— Voir un bonhomme de neige: on aura en amour un partenaire froid.
— Faire un bonhomme de neige: on veut temporairement être glacial jusqu'au fond du cœur.

Nettoyer

— On devrait conserver la pureté de son caractère.

Neuf

— Être vêtu de neuf: satisfaction.

Neuf (nombre)

— Chez les femmes, désir d'avoir un enfant, chez les hommes de fonder une famille.
— Que l'on voit sous la forme d'un chiffre: on aura dans un proche avenir de la chance en toutes choses où un neuf figurera ou jouera un rôle.

Nez

— Question de puissance, dans la plupart des cas, interprétation sexuelle; parfois mise en garde contre une maladie de l'encéphale et des irritations.
— Particulièrement grand ou anormal que l'on voit : équivalent d'une mise en garde de ne pas se mêler des affaires d'autrui.
— Que l'on se voit à soi-même: ne pas se laisser déconcerter dans l'exécution d'un plan ou d'un travail par les bavardages de tiers.
— Qui ne laisse pas passer d'air: des obstacles ou des difficultés dans une affaire.
— Que l'on voit saigner: perte de fortune.

Niche

— Dans laquelle on est debout ou assis ou dans laquelle on entre: affaire secrète d'amour ou passion favorite.

Nid

— Concentration sur une édification modeste de l'avenir.
— Vide que l'on voit: une liaison amoureuse désirée ne se réalisera pas, ou une dissension se produira au foyer, ou un membre de la famille quittera le foyer pour suivre sa propre voie.
— Que l'on voit avec des œufs ou des petits: on fondera ou développera un ménage heureux ou la famille s'accroîtra.

— Que l'on détruit : on perdra par sa faute sa maison et son pays ; s'il s'agit du nid d'une bête dangereuse, on échappera, consciemment ou sans le savoir, à un grand danger.
— Détruit que l'on voit : chagrin d'amour ou soucis au foyer.
— D'une bête dangereuse que l'on voit : on aura affaire à des personnes méchantes.

Nid d'hirondelle
— Que l'on voit : bonheur au foyer.
— Que l'on voit construire : on se mettra en ménage ; chez les personnes mariées, embellissement de leur maison.
— Avec des œufs : un bébé ou même des jumeaux, chez les personnes plus âgées des petits enfants.
— Avec des petits : les enfants seront une source de joie.
— Voir une hirondelle alimenter ses petits : dévoile le désir d'avoir des enfants ou des petits-enfants.
— Que l'on vide ou détruit : on causera soi-même la perte de son bonheur et de sa paix.
— Que l'on voit vider ou détruire par des tiers : le bonheur et la paix au foyer sont menacés par des tiers.
— Empêcher quelqu'un de le vider ou de le détruire : des personnes qui vous veulent du bien vous aideront dans le besoin.

Nid d'oiseau
— Que l'on voit : bonheur au foyer.
— Avec des œufs : de nombreux enfants.
— Avec des petits : beaucoup de travail et de peine, mais on en retirera de la joie.
— Que l'on détruit ou vide : on commettra un faux pas qui causera un grave dommage.

Noblesse
— Recevoir un titre de noblesse : illusion et déception.
— Parler avec une personne noble : un objectif que l'on s'était fixé ne sera pas atteint.

Noces
— Rêve de désir quand des complexes sexuels existent (chez les femmes et particulièrement chez les personnes jeunes).
— Que l'on voit : jalousie.
— Que l'on célèbre : penchant à l'amusement.
— Mettre des vêtements de noces : mésentente dans le ménage.
— Faire un voyage de noces : grande surprise.

— Recevoir les invités pour des noces : on perdra beaucoup d'argent.

Noël

— Que l'on fête : annonce une grande joie.

Noeud

— Que l'on fait : on mettra quelqu'un dans l'embarras.
— Que l'on défait : satisfaction d'un désir.

Noisette

— Que l'on ouvre : succès après un travail pénible.
— Que l'on mange : on perdra des dents.

Noix

— Même signification que « Fruit », mais plus compliqué dans l'application.
— Que l'on voit : mise en garde contre une illusion ; rencontre d'une personne d'abord rude, mais avec un bon cœur.
— Que l'on casse : on aura beaucoup de travail.
— Que l'on mange : on sera récompensé d'une action courageuse et énergique.
— Amère : il se trouve toujours quelqu'un pour rire du malheur d'autrui.
— Creuse que l'on trouve : déception.
— Voir un noyer couvert de noix : il faut s'attendre à des difficultés, mais, une fois qu'elles auront été surmontées, le succès sera beau.
— Un noyer sans noix : des difficultés, des obstacles et des soucis vous attendent.

Noix de galle

— Riche mariage.

Nom

— Doit être interprété comme un appel à soi-même, comme une mise en garde de ne pas perdre sa propre personnalité.
— Entendre son nom : une personne chère est dans la détresse.
— Le lire : on est cité ou connu en public.
— L'écrire : mise en garde de ne pas adopter une attitude définitive dans une affaire.

Nombre

— Rêve de chance : il a souvent porté chance au jeu quand on en a tenu compte.

— Que l'on voit : peut avoir de l'importance à la loterie.

Nombril
— Recherche des causes de l'inquiétude que l'on ressent, d'un secret intérieur.
— Que l'on voit, que l'on sent, ou avoir une hernie ombilicale : danger pour ses proches.

Nonne
— Attention aux exagérations !
— Que l'on voit : mise en garde contre l'hypocrisie d'autres personnes.
— Avec laquelle on a des relations : changement de profession ou, d'une manière générale, de la situation actuelle.
— Que l'on est ou devient : indication consolatrice d'une rémission future ; promesse, en particulier, de mariage heureux ou d'un foyer heureux.

Notaire
— Que l'on voit au travail : événement familial important.

Notes
— Que l'on écrit : de faux amis.

Notre Père
— Le prier : prospérité.

Nouilles
— Soit rêve suscité par une pénurie, soit rêve sexuel.
— Que l'on voit : on sera ennuyé par quelqu'un ou quelque chose.
— Que l'on achète ou prépare : visite ennuyeuse en perspective.
— Que l'on mange : on doit faire soi-même une visite ennuyeuse.

Nourrice
— Voir une nourrice qui allaite un bébé : un grand succès s'annonce dans la situation actuelle.
— Vue par des enfants : mauvaise nouvelle.
— Vue par des femmes jeunes : désir de maternité.

Nourrisson
— Que l'on voit : en général, bon présage.
— Que l'on met au monde : de nouvelles possibilités d'existence.

— Que l'on voit mettre au monde : pour l'homme, séparation de sa femme ; pour les pauvres, bon présage, pour les personnes qui sont dans les affaires et les riches, mauvais présage ; pour les gens en voyage, retour au pays.
— Que l'on voit allaiter : bonheur pour la mère.
— Que l'on porte sur les fonts baptismaux : vie chrétienne.
— Que l'on voit dormir : présage d'un bon avenir.
— Que l'on voit jouer : joie.
— Que l'on voit malade, tomber, ou que l'on entend crier : les affaires connaîtront une régression.
— Maigre : mauvaise période.
— Gros : bonne période.
— Mourant : succès inespéré.
— Que l'on assassine : on se causera soi-même une grave perte.

Nouvel An

— Que l'on fête joyeusement, avec beaucoup de gaieté : l'année apportera sans doute beaucoup de chagrin et de soucis.
— Silencieusement, sérieusement, avec réflexion : beaucoup de joie et de bénédiction au cours de l'année.
— Tristement : un souhait déjà ancien se réalisera au cours de l'année.

Nouvelle

— L'incertitude porte à entreprendre bientôt quelque chose.
— Bonne que l'on reçoit : mauvaise nouvelle.
— Mauvaise que l'on reçoit : on peut compter sur une bonne nouvelle.
— Que l'on apprend : une lettre venant de loin arrivera.

Nouvelle lune

— Se reporter à « Lune ».

Noyer

— Épreuve de courage, qui incite toujours à une prudence particulière.
— Se noyer : chance et joie.
— Être sauvé d'une noyade : on fera la connaissance d'une personne ayant très bon cœur, qui sera prête à de grands sacrifices.
— Être noyé par quelqu'un : perte affectant la fortune.
— Se hâter pour secourir une personne qui se noie : on maîtrisera une situation avec beaucoup de courage et de sang-froid.

— Voir un noyé : plaisir.
— Voir beaucoup de noyés au cours d'une catastrophe : annonce de lourds sacrifices.

Nu

— Sur le plan psychique, quelque chose n'est absolument pas normal ; selon le contenu du rêve, il s'agit souvent d'un rêve sexuel primitif.
— Voir des petits enfants nus : le bonheur le plus beau et le plus pur.
— Voir une belle personne de l'autre sexe nue : satisfaction d'un désir secret et ardent.
— Une personne laide : une affaire d'amour sera une cause de honte et de moquerie.
— Être effrayé par la vue soudaine d'une personne nue : frayeur subite dans la vie également.
— Aller et venir nu : on tombera dans la misère.

Nuage

— Le ciel qui s'obscurcit signifie qu'une situation claire s'obscurcit, etc. ; il faut tenir compte de la forme du nuage.
— Léger et blanc que l'on voit : des heures belles, paisibles et que l'on passe à rêver.
— Sombre et lourd : des journées pleines de soucis.

Nuit

— Symbole des dangers de l'inconscient ; mise en garde intérieure.
— Sombre : des temps troubles et difficiles en perspective.
— Sombre dans laquelle on est en route : un malheur menace.

Nuque

— Qu'on se brise : ne pas se lancer dans des témérités.

Nymphes

— Que l'on voit : promet une belle aventure d'amour.
— Dont on est entouré : on se demande laquelle de deux personnes on aime davantage ou à laquelle on doit donner son amour.
— Que l'on voit s'enfuir ou disparaître, quand on essaie de les saisir : aventure d'amour triste.

O

Oasis

— Que l'on voit: joie de vacances, voyage de détente ou détente de quelque autre sorte.
— Dans laquelle on se trouve: exhortation à ne pas relâcher d'efforts dans l'accomplissement d'un travail.
— Que l'on quitte pour pénétrer dans le désert: il faudra effectuer une démarche pénible.

Obélisque

— Que l'on voit: on mène une vie exemplaire.

Obscurité

— État moral qui peut être modifié par des tiers; on se sent sans défense et cherche un secours.
— Dans laquelle on se trouve: on aura besoin des conseils d'autrui.
— Dans une voûte souterraine: il faut s'attendre à être attaqué physiquement.
— Et avec beaucoup d'autres gens: annonce d'une conspiration contre l'État.

Obsèques

— Agrandissement de la famille ou accroissement des biens terrestres ou autres avantages extérieurs.

Odeur

— Agréable: quelque chose dont on pourra se féliciter.
— Désagréable: contrariétés.
— Perdre l'odorat: on est poursuivi par des ennemis.

Odieux

— Rendre ou être odieux: on obtiendra du prestige.

Oeil-de-perdrix

— Que l'on a: on est tourmenté par un secret.
— De quelqu'un sur lequel on pose le pied: on sera l'objet d'injures non méritées.

Oeillet

— En fleur que l'on voit: promesse d'ami fidèle. La couleur de l'œillet indique le caractère de l'ami:

vert, gaieté et optimisme; bleu, grande franchise; rouge, beaucoup de tempérament; jaune, maussade; noir, renfermé et mélancolique; blanc, altruiste.
— Que l'on cueille: une amitié sera mise en danger par manque de réflexion.
— Fané que l'on voit: une amitié pâlira.

Oeuf

— Plans conduisant au succès.
— Voir ou avoir un œuf: bonne entente au foyer.
— Trouver un œuf: annonce une liaison stable avec quelqu'un; chez les célibataires: fiançailles ou mariage.
— Voir ou tenir dans la main un œuf très gros: événement très avantageux.
— Voir une poule pondre un œuf: bonnes nouvelles.
— Manger un œuf: les soucis relatifs à la nourriture sont éliminés.
— Un bel œuf en chocolat: on fera la connaissance d'un Don Juan ou d'une dame très élégante.
— Voir des œufs coloriés: gros chagrin.
— Des œufs rouges: mort ou colère d'un ami ou danger d'incendie.
— Jaunes: annonce une maladie.
— Laisser tomber un œuf: désunion et commérages.
— Un œuf pourri: on aura mauvaise réputation.
— Ouvrir un œuf et y trouver un poussin: gros gain, surtout à la loterie.
— Voir éclore des poussins: événement heureux dans la famille, qui se traduit par une amélioration de la situation.
— Jeter sur quelqu'un des œufs pourris: une injustice que l'on a commise être vengée.
— On jette des œufs sur vous: contestation ou poursuite.
— Faire un plat avec des œufs: invitation d'une personne intéressante.
— Des plats gâtés avec des œufs: querelle familiale.
— Acheter des œufs: obtenir des avantages.
— Des œufs frits: joie.

Oeufs brouillés

— Que l'on prépare ou que l'on mange: on saura tirer le meilleur parti d'une certaine occasion.

Oeufs de Pâques

— Que l'on cache: séparation passagère d'une personne aimée.
— Que l'on cherche: on est amoureux.
— Que l'on trouve: on est aimé.

— Dont on fait cadeau: on sera conquis par l'amour d'un autre.
— Que l'on reçoit en cadeau: s'attendre à une déclaration d'amour.
— Que l'on mange: un amour trop passionné aura des conséquences inattendues ou importunes.

Offenser
— Être offensé: on perdra une personne chère.
— Par un adulte: une séparation peut se produire.
— Par un enfant: bon présage; on gagnera à la loterie, ou un procès en cour, etc.
— Une personne étrangère: malentendu dans l'activité professionnelle.

Office religieux
— Y assister: bonnes perspectives d'avenir.

Officiers
— Que l'on voit: on fera la connaissance d'une dame.

Offrir à la vente
— Quelque chose: chance dans le commerce.

Oie
— Symbole de naïveté sexuelle; on est exploité et ne s'en défend pas comme il faudrait.
— Que l'on voit: un gain.
— Que l'on entend: commérages dans le voisinage.
— Que l'on garde: on devra se soumettre à une occupation désagréable.
— Que l'on voit voler : pertes.
— Que l'on gave: on confirme quelqu'un dans une intention ou une opinion insensée.
— Que l'on tue: on se débarrassera d'un imbécile.
— Que l'on plume: on remettra la tête sur les épaules à un insensé.
— Que l'on fait rôtir: entreprise couronnée de succès.
— Que l'on mange: succès.
— Que l'on voit d'autres manger: on sera exploité par des tiers.

Oignon
— On a repris courage et recommence à vivre.
— Voir ou couper des oignons crus: des larmes.
— Manger des oignons bouillis ou frits: on surmontera courageusement un petit chagrin.

Oindre
— D'huile: guérison.

Oiseau

- Si ce n'est pas une chevêche (exhortation), en relation avec le sens érotique d'une façon primitive de s'exprimer.
- Que l'on voit ou que l'on entend: se reporter aux diverses sortes d'oiseaux; les oiseaux qui chantent signifient des nouvelles, les oiseaux de passage un changement; les rapaces des ennemis.
- Voir un sorbier: gros gain.
- Voir une cage vide: tromperie, déception ou perte.
- Épouvantail: quelqu'un, si l'on regarde de plus près, n'est pas aussi insupportable qu'on le croit.

Olives

- Symbole de l'érotisme; il faut cueillir les fruits du jardin de l'amour.
- Que l'on voit sur l'arbre: succès en amour.
- Que l'on voit cueillir sur l'arbre ou faire tomber de l'arbre qu'on secoue: mise en garde contre une séduction ou un faux amour.
- Que l'on cueille ou fait tomber de l'arbre en le secouant: exhortation à ne rien précipiter.
- Tombées sur le sol: affaire d'amour de qualité inférieure.
- Que l'on voit dans un magasin ou à un éventaire: affaire d'amour avec une spéculation sur le portefeuille du partenaire.
- Que l'on mange: amour interdit ou secret.
- Pourries: fausseté ou infidélité en amour.
- Olivier: bonheur.
- Rameau d'olivier: progrès.

Olympe

- Que l'on voit: il faut faire confiance à Dieu.

Ombre

- Rêve prémonitoire dans une situation incertaine; on voudrait éclaircir une affaire.
- D'objets que l'on voit: on éprouvera de l'anxiété par suite de dangers que l'on s'imagine.
- Fraîche dans laquelle on marche ou se trouve par temps chaud: annonce d'un événement qui affectera gravement.
- Dans laquelle on est contraint de rester, alors qu'on voudrait se trouver à la lumière: une affaire obscure s'éclaircira.
- Voir son ombre: chagrin.
- Voir des jeux d'ombre: on sera la victime d'une tromperie.

Oncle
— Que l'on voit: discussions dans la famille.

Ongles
— On essaie de retenir quelque chose qui peut échapper; souvent en rapport avec des procès et des discussions animées.
— Que l'on voit: une bonne période au point de vue financier.
— Avoir des ongles d'une longueur exagérée ou les voir croître: on va s'engager dans des spéculations incertaines.
— Que l'on coupe ou que l'on arrache: pertes financières.
— Que l'on lime: ennui.
— Qui se cassent, de sorte que l'objet que l'on voulait tenir échappe: on craint en son for intérieur une perte prochaine.

Opéra
— Presque toujours la représentation de la vie de la personne qui rêve, ou d'épisodes isolés, ou encore d'aspects non éclaircis.
— Que l'on entend : mise en garde contre le manque de sincérité chez des tiers.
— Dans lequel on joue un rôle: on jouera un rôle de premier plan, mais avec de légers revers.

Opération
— Parfois rêve prémonitoire; la vie jusqu'ici n'a pas donné satisfaction; une intervention brutale, douloureuse, est à prévoir.
— À laquelle on assiste: tristes circonstances ou coup dur du destin.
— Que l'on subit: on bénéficiera du secours d'autrui pour sortir d'une situation de détresse.

Opérette
— Que l'on entend: compagnie joyeuse et gaie.
— Dans laquelle on joue un rôle: on construit des châteaux en Espagne.

Opium
— Fuite pour échapper à ce qui est désagréable, souvent aussi épuisement du système nerveux.
— Que l'on voit: mise en garde contre un penchant qui est susceptible d'entraîner votre perte.
— Qui est offert: mise en garde contre un escroc ou un séducteur.

— Que l'on fume : on est trompé.
— Que l'on voit d'autres fumer : mise en garde contre une compagnie frivole.
— Entrer dans une fumerie d'opium : on s'engagera dans une entreprise ou une aventure qui feront courir de gros risques.

Or

— Presque toujours dans le même sens qu'« Argent », mais davantage encore synonyme de ce qui est fugitif.
— Que l'on a ou possède : bonne évolution des affaires.
— Que l'on trouve : on trouvera une personne capable d'un amour sincère.
— Que l'on perd ou que l'on dépense : perte.
— Dont on se voit paré : genre de vie superficiel.
— Porter un vêtement en or : on recevra une promesse belle, mais qui ne sera pas d'inspiration sérieuse.
— Que l'on nettoie ou que l'on lave : on s'élèvera par son travail.

Orage

— En plein champ : annonce d'événements d'une certaine importance en politique générale, sur le plan social, etc., dans le sens d'une aggravation de la situation.
— Dans un ciel très sombre : des troubles dans le pays.
— Pendant lequel on est debout sous un chêne : annonce d'un danger auquel il faut s'efforcer d'échapper.
— On se trouve en un lieu protégé : on évitera un danger.
— Par lequel on est surpris : un désastre menace.
— Violent auquel on assiste : les affaires marcheront bien.

Orange

— En voir une : envie de voyager.
— En cueillir une : le bonheur est mal assuré.
— En manger une : un changement sera bénéfique.

Oranges

— Symbole sexuel.
— Que l'on voit : exhortation à veiller davantage à sa santé.
— Que l'on a : se rapporte en première ligne à la santé.
— Que l'on mange : au point de vue de la santé, une période bonne ou meilleure en perspective.

Orchestre
— Que l'on voit: on participera à une manifestation d'une certaine importance.
— Dans lequel on joue ou que l'on dirige: on entrera dans une organisation ou on en créera une.

Ordonnance
— On recevra des nouvelles fausses.

Ordre
— Que l'on reçoit: on s'adapte à n'importe quelle situation.
— Que l'on donne: bonne position.

Oreille
— Fait partie des zones érotiques.
— Que l'on voit : exhortation à prêter attention à ce qui se dit sur vous, car vous apprendrez ainsi quelque chose d'important.
— Voir quelqu'un avec de grandes oreilles: une demande sera bien accueillie.
— Avoir de grandes oreilles: beaucoup de joie.
— Avoir les oreilles bouchées ou fermées par un pansement ou être sourd: la confiance portée à quelqu'un est mal utilisée.
— Se nettoyer les oreilles: dans une affaire, on fera preuve d'une méfiance justifiée.
— Être tiré par les oreilles: on se voit rappeler une promesse.
— Tirer les oreilles à quelqu'un: on aura du chagrin par suite du faux pas d'une personne chère.
— Parler à des sourds: un désir ou une demande se heurtera à un refus, ou un plan ou une intention subira un échec.

Orge
— Aisance.

Orgie
— Que l'on voit: mise en garde contre une mauvaise compagnie ou contre des plaisirs coûteux et de mauvaise qualité.
— À laquelle on prend part: on aura mauvaise réputation.

Orgue
— Rêve suscité par le désir d'harmonie intérieure.
— Que l'on voit: un événement sérieux ou important.

— Que l'on entend jouer: on prendra part à une cérémonie.
— Dont on joue: bonnes nouvelles.

Ornement
— Que l'on voit: on fera la connaissance d'artistes.
— Que l'on produit soi-même: ce que l'on fait suscitera l'admiration des tiers.
— Que l'on détruit: quelque chose de beau est avili par vous-même ou par des tiers.

Orphelin
— Que l'on voit: on sera abandonné par quelqu'un en qui l'on avait confiance.
— Le devenir: on trouvera une personne fidèle à laquelle on pourra confier tout ce qu'on a sur le cœur.

Os
— Que l'on voit: beaucoup de travail.
— Que l'on ronge: soucis alimentaires.
— Que l'on jette aux chiens: on fera du bien à un ingrat.
— De cadavres que l'on voit: grande misère.

Ostensoir
— Que l'on voit: on est soumis à une épreuve (du destin).
— Que l'on porte ou que l'on baise: on triomphera de cette épreuve.

Ouïe
— L'avoir bonne: on recueillera des expériences
— La perdre: mélancolie.

Ouragan
— Que l'on voit déchaîné: lourde perte (en biens ou en vies).
— Dans lequel on se voit en danger: on se trouvera en danger de mort; rêve prémonitoire.

Ours
— Confusion dans les rapports avec d'autres personnes sur le plan intérieur.
— Voir danser un ours: bavardages et contrariété.
— Voir un ours mort ou la peau d'un ours: bonheur qui ne va pas sans obstacles.
— Voir plusieurs ours: des événements s'annoncent qui exigent la mise en œuvre de toutes les forces.

Ours blanc
— Que l'on voit: déception en amour.

Ouverture
— Que l'on écoute: ascension et succès dans la vie.

P

Paiement
— Que l'on effectue : annonce de l'argent.
— Que l'on reçoit : on recevra une facture.

Paiement complémentaire
— Que l'on doit effectuer : on sera dupé.

Paillasse
— Le voir : on va se trouver dans une situation curieuse.
— Jouer le rôle de Paillasse : souffrance, déception, chagrin.
— Entendre chanter l'air de Paillasse : de bonnes aspirations promettent un succès commercial.

Paille
— Dans la plupart des cas, signe d'inquiétude intérieure, mais bravoure devant le danger.
— Battue que l'on voit en bottes ou en tas : on perdra une récompense méritée par la faute de tiers.
— Sur laquelle on est étendu ou dort ou que l'on utilise à cette fin : des années maigres.
— Hachée pour la nourriture du bétail : faim et misère.
— Sac de paille : on sombrera dans la misère.

Pain
— Selon les circonstances rêve de détresse, de désir ou sexuel.
— Voir, acheter ou manger du pain : amis fidèles.
— Cuire un pain : bonheur.
— Voir quelqu'un manger du pain, pendant que soi-

même on a faim : un ami ou une amie obtiendront un succès que l'on avait espéré pour soi.
— Pain vieux, dur : de grosses difficultés à surmonter prochainement.
— Pain frais, tendre : on recevra des invités.

Paix
— Conclue avec des ennemis : avantage et profit.

Palais
— Rêve de désir suscité par une détresse passagère; le réveil n'est jamais beau.
— Que l'on voit : annonce la perte de la liberté personnelle.
— Que l'on reçoit en cadeau ou dont on hérite : on tombera dans la misère ou dans une situation difficile.
— Dans lequel on habite : dans une affaire, on fera une chute grave ou connaîtra un mauvais réveil.
— Dans lequel on a des relations : on tombera dans la dépendance de quelqu'un et cette dépendance pèsera.

Pâlir
— Soi-même : on sera pris en flagrant délit de mensonge.
— Voir pâlir quelqu'un : mauvaise nouvelle.

Palmier
— Toujours symbole sexuel, souligne particulièrement la force masculine; fréquemment rêve féminin.
— Que l'on voit au dehors : un désir déjà ancien se réalisera.
— Dans une pièce : on sera très mécontent du développement pris par une affaire.

Pansement adhésif
— Que l'on voit : dissension ou offense.
— Que l'on appose à quelqu'un : on se repent d'avoir fait mal à quelqu'un.
— Que l'on s'appose ou qu'un tiers appose : on sera très froissé.
— Que l'on voit sur un œil : pardon.
— Collé sur la bouche : on devrait parler moins.

Pantalon
— On y trouve la protection dont on ne bénéficie pas nu; on attache beaucoup de prix aux choses extérieures.

— Que l'on voit ou que l'on met : tranquillité et sécurité.
— Que l'on perd : on sera l'objet de railleries.
— Que l'on ôte : prudence!
— Déchiré : honte.

Panthère

— Que l'on voit : mise en garde contre des personnes fausses et méchantes.
— Par laquelle on est poursuivi ou attaqué : on subira des dommages du fait de calomnies insidieuses.
— Que l'on abat : dans une affaire, on sera brillamment réhabilité.

Pantin

— On ne sera guère sérieux.

Pantoufle

— Indice d'un état d'esprit matérialiste, qui fait passer les avantages avant les désirs.
— Que l'on voit : exhortation à ne pas se laisser décourager.
— Que l'on achète : on fera une grosse sottise.
— Que l'on reçoit en cadeau : pour les célibataires fiançailles ou mariage sous peu; pour les personnes mariées signe que l'on devra se plier à la volonté du partenaire.
— Que l'on porte : une laide scène de ménage en perspective.
— Sabots : on risque de devenir despotique.

Pantoufles

— On mènera une existence confortable.

Paon

— Symbole originel, proche du feu; recherche d'une voie nouvelle susceptible de donner de meilleurs résultats.
— Que l'on voit : on rencontrera une femme belle qui jouera un certain rôle, mais qui s'efforce de dissimuler son ambition et son égoïsme derrière le masque d'une amabilité charmante.
— Que l'on entend brailler : on recevra une invitation tentante, mais la prudence sera de mise.
— Voir plusieurs paons : on aura des relations avec des personnes haut placées.
— Plume de paon : vanité.

Pape

— Que l'on voit : pardon d'un faux pas et protection contre ses conséquences.

Papier

— Il est urgent de régler des affaires en suspens.
— Que l'on coupe : séparation ou rupture.
— Voir des feuilles de papier vides : prochainement, un écrit important va jouer un rôle.
— Sur lequel on écrit ou peint : une affaire va causer une vive préoccupation intérieure.
— Sur lequel on voit des tiers écrire : une affaire concernant des tiers préoccupera.
— Voir des feuilles de papier écrites : beaucoup de correspondance inutile ou futile.
— Que l'on déchire ou brûle : on fera prompte justice d'une affaire; ou exhortation à procéder ainsi.
— Voir des rouleaux de papier : annonce d'un long procès; si le papier est blanc, on gagnera; s'il a une autre couleur, on perdra.
— Papier monnaie, voir «Argent», «Billets de banque».
— Fabrique de papier : on recouvrera ce qu'on a perdu.

Papillon

— De même que le papillon est le produit d'une métamorphose, un changement important va se produire.
— Que l'on voit : on a un ami ou un amoureux inconstant.
— Que l'on capture : on surprendra son ami ou son amoureux quand il commettra une petite infidélité.

Pâques

— Résurrection, changement, dépassement de l'état antérieur; espoir d'amélioration ultérieure.

Paquet

— Toujours, une interprétation sexuelle s'impose; la nature du paquet revêt de l'importance.
— Que l'on reçoit par la poste : de bonnes affaires.
— Vide : mauvaises affaires.
— Avec de l'or : honneurs et richesse.

Parachute

— Que l'on voit : on s'exposera sans motif à un danger.
— Que l'on utilise : une grande entreprise projetée réussira à la seule condition d'être effectuée au cours de la prochaine période de chance.

— Voir beaucoup de parachutistes sauter : annonce que de grandes masses vont se mettre en mouvement dans le pays.

Parade

— Que l'on voit : exhortation à la discipline intérieure.
— À laquelle on participe : on est sévèrement discipliné par le destin, conduit ainsi au succès et on voit ses mérites reconnus.

Paradis

— On escompte une récompense extra-terrestre pour compenser l'ingratitude de son entourage.
— Que l'on voit : présage d'un temps heureux.
— Où l'on se trouve : mise en garde contre l'exubérance.
— Pommes de paradis : il faut s'attendre à des désagréments.

Paralysie

— Souvent rêve prémonitoire; des difficultés momentanées ne peuvent pas être surmontées. Il vaut mieux être prudent et attendre.

Parapluie

— Rêve suscité par un désir de protection; on a peur qu'une existence paisible soit troublée.
— Que l'on voit : on vivra plus retiré dans un proche avenir.
— Que l'on oublie : on sera tiré brutalement d'une existence paisible.
— Ouvrir une ombrelle : on manque ses meilleures chances, alors qu'on devrait ouvrir largement sa porte au bonheur.
— Que l'on ouvre quand il pleut : on passe à côté de sa chance sans la voir.

Parc

— Rêve suscité par un désir de repos et de détente; forte irritation nerveuse.
— Que l'on voit : des amis aisés.
— Dans lequel on se promène : on se fera des relations ou participera à une jolie fête.

Parchemin

— Vieux que l'on voit ou trouve : annonce une découverte précieuse et inattendue.

Pardon

— Une demande sera écoutée.

Parents

— On rêve de ses parents quand on désire leur appui.
— Voir ses parents ou parler avec eux : gaieté et chance.
— Se quereller avec eux : mauvais présage.
— Les voir morts : annonce de bonnes nouvelles familiales.

Paresse

— En général, réaction nerveuse à trop de fatigue; doit être considéré comme un avertissement sur le plan de la santé.

Parfum

— Que l'on achète ou emploie : on voudrait obtenir la faveur de quelqu'un, mais on ne réussit pas entièrement à cacher ses fautes et ses faiblesses.
— Que l'on reçoit en cadeau ou que l'on sent : on vous cache quelque chose.
— Dont on fait cadeau : les efforts dépensés pour gagner la faveur d'une personne auront du succès.

Pari

— Que l'on fait : on s'engagera dans une affaire peu sûre.
— Que l'on gagne : une affaire peu sûre tournera mal.
— Que l'on perd : dans une affaire peu sûre, on aura une chance non méritée.

Parjure

— Que l'on fait : un grand malheur arrivera par votre faute.
— Que l'on voit faire par des tiers : on tombera dans le malheur par la faute de tiers.

Parrain

— Que l'on voit : on trouvera aide et secours auprès de quelqu'un dans une affaire.
— Que l'on est : baptême d'un enfant; il se peut aussi que l'on prenne un engagement qui causera bien des peines et des soucis.

Parrain (à un baptême)

— Que l'on est : honneur.

Parties honteuses

— Que l'on voit : quelque chose est une source de plaisir.
— Pudeur : on a un bon naturel.

Parties sexuelles
— Rêve de détente ; des complexes, des désirs refoulés, etc. sont libérés.

Passeport
— On se rend compte qu'un certain moyen de se tirer d'affaire est devenu inévitable.
— Voir son propre passeport : on fera un voyage.
— Le passeport d'une autre personne : difficultés avec des administrations publiques ou soucis en relation avec le voyage d'une autre personne.
— Contrôle des passeports : on sera restreint dans sa liberté de mouvement par un cas de force majeure.

Passer à l'ennemi
— On commettra une lâcheté.

Passerelle
— Au-dessus d'une rivière : bonheur et bénédiction.

Pâte
— Que l'on voit ou que l'on prépare : une visite agréable.

Pâté
— Que l'on voit : on aura un plaisir.
— Que l'on prépare : on va se procurer une joie innocente.
— Que l'on mange : santé et bien-être, si l'on sait garder en tout la juste mesure.

Patins à roulettes
— Que l'on voit : dans une affaire, il faut se hâter si l'on ne veut pas arriver trop tard.
— Faire du patin à roulettes : des désavantages causés par des décisions prématurées.
— Voir des tiers patiner : on sera devancé par quelqu'un.

Patins à glace
— Que l'on voit : mise en garde contre une maladresse.
— Savoir bien patiner : en manoeuvrant avec habileté, on obtiendra un beau succès.
— Être mal assuré ou faire une chute : dans un projet, on subira des échecs, parce qu'on s'aventure dans quelque chose à quoi l'on n'entend rien.
— Voir des tiers patiner : il faut prendre exemple sur les autres.

Pâtisserie
— Que l'on voit : on s'ennuiera.
— Dans laquelle on est : maladie de l'estomac.
— Dans laquelle on sert : on perdra son indépendance.

Pâtisserie
— Que l'on mange ou que l'on fait : gros gain.

Pâtre
— Les soucis familiaux incitent à assumer des charges trop lourdes.
— Que l'on voit avec un troupeau : accroissement de la fortune.
— Sans troupeau : perte affectant la fortune.
— L'être soi-même et avoir un grand troupeau de bêtes belles et vigoureuses : bonnes affaires.
— Un petit troupeau de bêtes maigres : soucis matériels.
— D'un troupeau de bovins : chance.
— De porcs : gain.
— D'agneaux : plaisirs innocents.
— De chevaux : on aura une joie tumultueuse.
— D'oies et de canards : on aura beaucoup à souffrir de commérages.

Patron/Patronne/Auberge
— Symbole d'instinctivité naturelle.
— Que l'on voit : on recevra pour un projet le concours d'un ami.

Pauvre
— L'être : vivre des illusions.
— Et pieux en même temps : bonheur et conscience tranquille.

Pavé
— On ne devrait pas avoir le cœur si dur.

Paveur
— On prépare votre voie.

Pavot
— Que l'on voit en fleur : on est mêlé à des commérages ou l'objet de commérages.
— Graines de pavot : excitation novice ou maladie.

Paysage
— On éprouve une nostalgie insatisfaite.

— Aimable et ensoleillé : bonheur, joie et amour.
— Sombre : oppression, chagrin et soucis.

Paysan
— Nostalgie de la nature et de la vie simple.
— Voir travailler un paysan : joyeux avenir.
— Rencontrer un jeune paysan : chance et succès dans des dispositions professionnelles ou privées.
— Un vieux : des obstacles et des difficultés sur la route.
— Se voir sous les traits d'un paysan : on fera de bons progrès sur une base propre.

Pays natal
— On a le désir d'un accomplissement, mais on se tourne trop vers le passé.
— Que l'on quitte : on aura de graves soucis à cause de l'avenir de la famille.
— Que l'on revoit : des heures heureuses.

Péage
— Que l'on perçoit : des espoirs se réaliseront.
— Voir un bureau de péage : on sera exposé à de petites mésaventures.

Peau
— Brune ou noire que l'on voit ou que l'on a : de mauvaises intentions sont dévoilées; chez les femmes, signe d'adultère.
— Jaune : on est trop peureux dans une affaire.
— Toucher une peau délicate : quelqu'un va offrir une résistance vigoureuse.
— Blanche : joie.

Peau de bête
— Signe de contrariété et d'insuccès.
— Que l'on voit : malheur.
— S'habiller de peaux de bêtes : aversion à l'égard de la vie des affaires.
— Dépouiller un animal : aisance.

Peau d'un tambour
— S'attendre à de bonnes nouvelles.

Pêche
— Signification sexuelle; le fruit mûr est l'expression d'un amour parfait.
— Que l'on voit : on peut goûter une fois de plus le fruit doux de l'amour.

— Que l'on cueille ou fait tomber de l'arbre : on ne peut pas attendre en amour que le moment vienne.
— Que l'on offre : on court les filles.
— Qui est offerte : on a affaire à un coureur de filles.
— Que l'on mange : une liaison amoureuse est prise plus au sérieux par le partenaire qu'on le désire.
— Fade : déception désagréable en amour.
— Planter un pêcher : on parviendra à des positions élevées.

Pêcher
— On va au-devant de dangers et d'incertitudes, mais on retrouvera son équilibre.
— Se voir pêcher : on retrouve son équilibre intérieur.
— Voir des tiers pêcher : occasion de bonne camaraderie.
— Pêcher de gros poissons dans l'eau claire : chance et succès.

Pêcher à la ligne
— Voir quelqu'un pêcher à la ligne : on retrouve son équilibre intérieur.
— Voir des tiers qui regardent pêcher à la ligne : l'occasion d'une bonne camaraderie.
— De gros poissons d'une eau claire : chance et succès.

Peigne
— Malpropre que l'on voit : efforts infructueux.
— Que l'on achète : on mettra de l'ordre dans ses affaires.
— Que l'on perd : querelle entre amis.
— Que l'on utilise : combat décisif pour l'existence.

Peigner
— Les cheveux à un enfant : on jouit d'une bonne réputation.
— Des cheveux longs : nouvelle amitié.

Peindre
— Soi-même : flirt ou amourette.
— En utilisant du blanc, du vert, du bleu et toutes les nuances délicates : bonheur sans nuage.
— Du rouge : bonheur troublé occasionnellement par des querelles.
— Du jaune : bonheur troublé occasionnellement par l'envie.
— Du gris : bonheur troublé occasionnellement par des pensées mélancoliques.

— Du noir : bonheur troublé occasionnellement par du chagrin et un deuil.
— Du brun : bonheur troublé occasionnellement par une malchance extérieure.

Peindre
— Quelque chose en noir : maladie.
— Quelque chose en blanc : persécution.
— Quelque chose dans une couleur criarde ou en rouge : joie.

Peine
— À laquelle on est condamné : bonheur prochain.

Peintre
— Symbole de la nostalgie ou de l'espoir d'une vie nouvelle, différente, du désir de changement, de la préparation de changements au point de vue érotique.
— Que l'on voit au travail : d'une manière générale chance et âge avancé.

Pèlerin
— Rêve prémonitoire; on ne peut se fier à rien de ce qui existe; tout passe.
— Que l'on voit : rappelle que tout bonheur terrestre est éphémère.
— Que l'on est : solitude voulue ou imposée.

Pèlerinage
— Que l'on voit ou auquel on prend part : on atteindra un but.

Pelle
— On sera appelé à fournir des services.

Pencher
— Se pencher : humiliation.

Pendre
— On se trouve dans une phase de transition.
— Du linge pour le faire sécher : on désire se trouver dans un milieu meilleur; ce désir se réalise en partie.
— Voir pendre : malheur.
— Se pendre : la situation va s'améliorer.
— Être pendu : chance et honneur.

Pénitence
— Faire pénitence : on sera offensé.
— Voir quelqu'un qui fait pénitence : mauvaises nouvelles.

Pension alimentaire
— Que l'on paie : gros désagréments.
— Que l'on perçoit : moins de soucis.
— Qui est saisie : ennuis avec les autorités.

Perdre
— Quelque chose : on trouvera ou découvrira quelque chose.

Perdre
— Se perdre : on vivra quelque chose d'extraordinaire.

Perdrix
— Que l'on voit : mise en garde contre la jalousie.
— Que l'on tire : la jalousie de tiers causera des ennuis.
— Que l'on mange : on fournira à quelqu'un des motifs de jalousie.

Père
— Chez les jeunes filles et les femmes, révolte ou exhortation de la nature virile; très souvent aussi penchant ou estime à l'égard d'éducateurs, d'enseignants, de prêtres; transposition de l'image du père; chez les hommes, souvent réaction à des contraintes, des prescriptions parfois importunes, dans la plupart des cas désagréables.
— Voir son propre père en vie : on s'apprête à attirer la honte sur la famille, et se voit rappeler ce que l'on doit à ses parents.
— Le voir mort : joie ou aide inattendue.

Père des pauvres
— Ce qu'on désire se réalisera.

Perles
— Faux-brillant qui laisse peu à espérer.
— Que l'on voit : des larmes.
— Dont on fait cadeau : un acte bien intentionné donne un résultat contraire.
— Que l'on reçoit en cadeau : un cadeau précieux porte malheur, il est une cause de chagrin ou de soucis.

— Que l'on porte : on paraît aisé et satisfait, mais on souffrira en son for intérieur.

Perroquet
— Que l'on voit ou entend parler : quelqu'un divulgue un secret que l'on croyait bien gardé.

Perruque
— Que l'on voit : exhortation à ne pas se laisser induire en erreur.
— Que l'on porte : on souffre de complexes d'infériorité.

Persil
— On se rend victime de mauvaises spéculations.

Personne (humaine)
— On s'occupe trop de soi; il vaudrait mieux rechercher la compagnie de tiers et se faire des amis.
— Belle que l'on voit ou avec laquelle on a des relations : un plaisir tout particulier vous attend.
— Laide : on vivra quelque chose de laid.
— Joyeuse : chagrin et soucis.
— Triste : on est mêlé aux soucis de tiers ou on en est affecté.

Pervenche
— Que l'on cueille et dont on fait une couronne : amitié fidèle.

Pesant
— À porter : on aura des malaises.

Petite centaurée
— Une longue vie.

Petit-fils
— Lieu où les enfants se sentent chez eux.

Petit-lait
— Bon pour le cultivateur; pour les autres, dommage.

Petit pain
— Bonheur et bénédiction.
— Miettes de petit pain : beaucoup d'argent.
— Chapelure : prestige et estime.

Pétrole
— Que l'on voit : une connaissance peu agréable s'avérera utile.
— Que l'on renverse : une connaissance maintenue pour des motifs d'utilité va conduire à une rupture.
— Que l'on allume ou verse dans le feu : mise en garde contre une grosse étourderie.

Peuplier
— Que l'on voit : on se trouve sur la bonne voie.

Peur
— Cauchemar causé par des troubles de la circulation et cardiaques.
— Avoir peur : chagrin, insuffisance, et un tournant décisif dans la vie.
— D'un fantôme : beaucoup d'énervement.
— Faire peur à quelqu'un : on va se trouver dans une situation critique.

Phare
— Que l'on voit : on se trouvera dans une situation désagréable.

Pharmacie
— Voir une pharmacie de l'extérieur : possibilité de riche mariage.
— Entrer dans une pharmacie et acheter un médicament : perte d'argent.

Phénomène marin
— Beau que l'on voit : on vivra quelque chose d'un charme rare.
— Horrible : on tombera dans une grande gêne.

Philosophe
— Il vaudrait mieux cesser de réfléchir sans fin.

Phonographe
— Que l'on reçoit en cadeau : on est en quête d'un nouvel amour.
— Que l'on entend : heures agréables passées à deux.
— Au moyen duquel on entend sa propre voix : fort désir d'exercer des activités dans la vie publique.
— La voix d'une personne vivante : il faut suivre un conseil que l'on a reçu ou que l'on recevra.
— La voix d'un défunt : le temps va changer.

Photographie

— Voir sa photo : exhortation à mieux se connaître et à corriger ses défauts.
— Celle d'une connaissance : relation durable et heureuse avec cette personne.
— Celle d'une personne étrangère : on fera une nouvelle connaissance importante, si on ne peut pas l'identifier, c'est qu'il s'agit d'une nouvelle connaissance de peu de durée.
— Que l'on fait faire de soi : longue vie.

Photographier

— Amour et mariage. Voir aussi « Photographie ».

Phtisie

— On se trouvera réduit à de maigres ressources.

Piano

— Que l'on achète : on dépensera plus qu'on ne devrait.
— Dont on joue : on perdra son temps à des choses inutiles.

Pie

— Que l'on voit : annonce d'un vol.
— Que l'on capture : on se défendra avec habileté contre ses ennemis.
— Qu'on voit en grand nombre : on sera calomnié par une femme.
— Que l'on tue : un malentendu sera éclairci.

Pied

— S'il n'y a pas de sens sexuel, plan pour la poursuite de l'existence, dans la mesure où le pied fait des mouvements en avant.
— Avoir un grand pied : on deviendra propriétaire d'immeubles.
— Un pied mince : on a une route fatigante à parcourir.
— Un pied malade : on sera retenu par une affaire.
— Un pied sale : maladie.
— Difforme : signe de mépris.
— Être mordu au pied : jalousie.
— Avoir un pied coupé : honte et raillerie.
— Un gros pied : maladie.
— Laver les pieds : indique une maison propre.
— Les baiser : repentir allant de pair avec une humiliation.
— Se casser le pied : accident.

Pieds nus
— Marcher pieds nus : la santé s'améliore.
— Dans une eau claire : présage favorable.
— Dans l'herbe humide de rosée : très bon présage.
— Sur des pierres qui font mal : des difficultés s'annoncent dans une entreprise.

Piège
— Presque toujours rêve prémonitoire dont il faut tenir compte.
— Que l'on voit : signe que l'on est en sécurité.
— Dans lequel on tombe : on va tomber amoureux d'une personne qui ne le mérite pas.
— Dans lequel on prend quelqu'un : une chose attendue depuis longtemps va bientôt arriver.

Piège à souris
— Vide que l'on voit : des tiers essaient de vous calomnier ou de vous tendre un piège.

Pierre
— Que l'on voit : on aura affaire à un entêté.
— Que l'on lance : on sera irrité par l'entêtement d'une autre personne.
— Par laquelle on est atteint : on est soi-même un entêté.
— Que l'on broie : on imposera sa volonté.

Pierre à aiguiser
— Il faut veiller à son avantage.
— On aura des querelles avec des tiers.

Pierre de taille équarrie
— On n'a pas de cœur.

Pierre précieuse
— Que l'on voit : on sera exposé à une tentation.
— Que l'on achète : perte.
— Que l'on reçoit en cadeau : accroissement de la fortune.
— Que l'on possède : on parviendra à de grands honneurs.
— Que l'on porte : on deviendra orgueilleux.
— Que l'on trouve : on tombera dans la pauvreté.
— Que l'on perd : honte.
— Que l'on vend : amélioration de la situation matérielle.

Pierre tombale
— Bonheur en mariage et aisance.

Pigeon

— Doux et tendre en apparence seulement; symbole de l'approche érotique.
— Que l'on entend roucouler : on recevra un bon conseil que l'on devrait absolument suivre; également, présage de l'union de deux personnes qui s'aiment.
— Que l'on voit perché ou courant : on fera la connaissance de personnes jouissant de beaucoup de considération, chez lesquelles on sera le bienvenu.
— Auquel on donne à manger : il faut faire plaisir, d'une manière ou d'une autre, à des connaissances jouissant de beaucoup de considération, car on en sera largement récompensé.
— Que l'on effraie, capture, tue ou mange : on perdra par sa faute la bienvaillance de connaissances jouissant de beaucoup de considération.
— Que l'on voit voler : grâce aux relations que l'on a avec des personnes jouissant de beaucoup de considération, on se fera de nouvelles connaissances importantes.
— Voir deux pigeons se caresser le bec : amourette ou amitié.
— Voir beaucoup de pigeons : bonheur au foyer.
— Marchand de pigeons : une période de joie approche.

Pigeonnier

— Gain

Pilier

— On défendra un point de vue bien assuré.

Pilules

— Que l'on voit : on fait une faute que l'on devrait corriger.
— Que l'on prend : il faudra tirer les conséquences d'une faute.

Pinceau

— Symbole sexuel et érotique, qui indique sans équivoque des désirs sexuels très forts.
— Que l'on voit : on rencontrera des personnes niaises ou dépourvues de bon sens avec lesquelles il vaudrait mieux ne pas avoir de relations.
— Avec lequel on travaille : il ne faut pas se laisser empêcher de travailler ou de réaliser une idée par des propos niais ou dépourvus de bon sens.

Pincettes de cheminée

— On devra effectuer un travail pénible.

Pinson

— Dont on entend le ramage : bon message.

Piocher

— Récompense de travaux fatigants, ascension et succès professionnels ou dans des affaires personnelles.

Pipe

— Que l'on voit : annonce la visite d'un vieil ami.
— Que l'on fume : on fera la découverte surprenante que l'on peut se trouver très bien à son propre foyer également.

Pis

— On sera contraint de partager ce qu'on possède.

Pistolet

— Que l'on voit : il faut s'attendre à une querelle ou inimitié.
— Avec lequel on tire : un ennemi ou adversaire n'ose pas vous affronter ouvertement, et essaie de mener des intrigues contre vous en vous calomniant.
— Presser sur la détente pour atteindre un adversaire ou quelqu'un qui attaque, sans que le coup parte : on est sans défense et sans pouvoir contre une malchance.

Pivoine

— En fleur que l'on voit : bonheur en amour.
— Que l'on reçoit en cadeau : on a quelqu'un qui vous adore en secret.
— Dont on fait cadeau : on est une poule mouillée en amour et on ne devrait pas être si hésitant.
— Que l'on cueille ou jette : un amour va se terminer par une rupture.
— Fanée que l'on voit : un penchant va s'affaiblir.

Place

— Négation d'obstacles.
— Grande que l'on voit : on recevra des appuis dans ses entreprises.

Plage

— Que l'on voit ou sur laquelle on se trouve : beaucoup de changement dans un proche avenir.

Plaindre
— Se plaindre auprès d'une administration : espoir déçu.
— Faire l'objet d'une plainte : contrariétés et dissentiments imprévus.

Plaine
— Négation des obstacles.
— Voir une plaine : beaucoup de chance et de joie.
— Se trouver dans une plaine : bons progrès.
— Voir une plaine au milieu de la forêt : existence apaisante.
— Embrasser une large plaine à partir d'un lieu élevé : on va accéder dans sa vie à des fonctions plus hautes.

Plaisanter
— De jour : on aura des heures de gaieté.
— De nuit : des heures tristes en perspective.

Planche
— Que l'on achète : apporte l'union avec une autre personne.
— Que l'on coupe : annonce une tracasserie.
— Des planches que l'on fixe ensemble : agrandissement de l'affaire ou de l'aisance familiale.
— Avec lesquelles on se déplace sur l'eau : on sortira indemne et sans perte d'un danger qui menace.

Plancher
— Examiner avec soin les plans concernant l'avenir.
— En feu : observer les nerfs de la tête.

Plante
— Que l'on voit : mariage avantageux.
— Jeune que l'on entretient et arrose : on aura une grande famille.

Plantes vénéneuses
— On est poursuivi de méchancetés.

Plâtre
— On recevra de beaux cadeaux.

Pleurer
— On rira quand on sera éveillé.

Plomb

— Que l'on voit : indique une calomnie.
— Que l'on fond : bonheur en amour ou en mariage.
— Dont on porte une lourde charge sur le dos : gain à la loterie et bonnes affaires.

Plombier

— Que l'on est : on devra se tirer soi-même d'une situation difficile.

Plongeur

— Que l'on voit : on sera appelé à prendre une décision grave.
— Que l'on est : de grands avantages que procurera une décision courageuse.

Pluie

— S'interprète comme «Ciel», «Source» et «Eau»; il faut toujours tenir compte de la couleur et de l'état.
— Que l'on voit : des temps meilleurs reviendront.
— Du fait de laquelle on est mouillé : on trouvera le bonheur quelque part où on ne le cherche ni ne l'attend pas.
— Quand le soleil paraît : bonheur mêlé de larmes.

Plume

— La vanité et l'orgueil se parent en rêve également; les plumes d'un blanc pur seules sont le symbole de l'innocence et d'une volonté pure.
— Voir des plumes blanches : on sera lavé d'un soupçon injustifié.
— Des noires : chagrin qui durera longtemps.
— Voir des plumes voler : espoir vain de bonheur.
— Être paré de plumes : grand voyage.
— Manier un plumeau : vie de famille heureuse.
— Écrire avec une plume : bonne nouvelle prochaine.
— Porter une plume au chapeau : désirs qui seront satisfaits.
— Plumes de lit : contrariétés.
— En acheter : bonne gestion.

Plumes pour édredon

— Les voir : contrariétés.
— Les acheter : économie prospère.

Poche

— Que l'on voit à une robe ou à un manteau : mise en

garde contre trop de négligence dans la garde de choses importantes.
— Dans laquelle on place quelque chose : on perdra quelque chose.
— Dont on sort quelque chose : on retrouvera quelque chose qu'on avait perdu ou mal rangé.
— Dans laquelle on cherche quelque chose que l'on ne trouve pas : surprise désagréable.
— Que l'on perd ou que l'on ne peut pas trouver : on se trouvera dans une situation gênante.
— Perdue ou mal rangée qu'on retrouve : surprise joyeuse.

Poêle
— Symbole sexuel : puissance.
— Voir un poêle qui chauffe : on aura un appartement confortable ou des relations agréables.
— Éteint : entourage prosaïque, inamical ou froid ou relations avec des personnes telles.
— Que l'on allume : si le feu commence bien à brûler, des heures belles au foyer; si le feu ne prend pas, dissentiments et querelle au foyer.
— Auprès duquel on se réchauffe : on trouvera quelqu'un capable de beaucoup d'amour.
— Auquel on se brûle : une liaison amoureuse entraînera de grosses difficultés.
— Auprès duquel on veut se réchauffer, mais qui est éteint : déceptions en amour.
— Que l'on nettoie et du fait duquel on se salit avec de la suie : une affaire d'amour ou d'amitié portera atteinte à la bonne réputation et au prestige.
— Voir un tuyau de poêle : il faudra encore longtemps pour parvenir à un foyer paisible et confortable.
— Nettoyer un tuyau de poêle et de ce fait, se salir avec de la suie : une affaire d'amour ou d'amitié portera atteinte à la bonne réputation et au prestige.

Poêle (casserole)
— Signe de sexualité ouverte sans la moindre restriction.
— Que l'on voit : on rencontrera de vieilles connaissances.

Poêle à frire
— Que l'on voit vide : déception.
— Sur le feu pendant la préparation du repas : gain.
— Que l'on lave ou nettoie : on sera satisfait d'une entreprise.

Poêle de faïence

— Chaud près duquel on est assis : on n'a guère envie de travailler.

Poème

— On recevra une réponse négative.

Poids

— Que l'on voit : les affaires marchent bien.

Poignard

— On se sent faible et espère recevoir du renfort; cet instrument est surtout un présage de malheur.
— Voir un poignard : déboires.
— Être blessé par un poignard : on va apprendre un décès.
— Posséder un poignard : on recevra la nouvelle attendue.
— Avec lequel on blesse quelqu'un : on triomphera d'un adversaire.
— Voir un poignard enfoncé dans le sol : mise en garde contre un danger.
— Taché de sang : on a des ennemis acharnés.

Poing

— Fermé que l'on voit devant son visage : un ennemi prépare une surprise désagréable.
— Que l'on lève contre quelqu'un : on voudrait se trouver au premier plan.
— Que l'on ferme ou que l'on voit : querelle.

Pointe

— Que l'on voit : on aura affaire à un esprit confus.

Poire

— La poire est plus que la pomme un symbole de relations amoureuses; elle indique aussi des relations de caractère général avec d'autres personnes.
— Voir une poire : mariage.
— La manger : deuil.
— Une bonne poire : mariage heureux.
— Une poire véreuse : séparation et tristesse.
— Un poirier en fleurs ou couvert de fruits : une bonne nouvelle va arriver et décider de toute la vie.
— Un poirier avant la récolte : progrès brillants en affaires.

Pois

— Que l'on voit : bon progrès d'une entreprise en cours.

— Que l'on mange : état maladif ou fin d'une affaire.
— Que l'on sème : espoir pour un projet.
— Que l'on mange en soupe : querelle familiale.

Pois de senteur

— Que l'on voit : on sera bientôt las des relations qu'on avait espérées et établies avec une certaine personne; mais on ne peut pas simplement lui tourner le dos.

Poison

— Les pensées sont troublées; il faut être prudent dans ses plans et ses projets.
— Que l'on absorbe : danger en perspective.
— Que l'on donne à quelqu'un : on tombera dans la misère.

Poisson

— Symbole ancien d'espoir et d'essor.
— Que l'on voit : on sera trompé par un malin.
— Voir de gros poissons : on gagnera bien.
— Des petits : insatisfaction.
— D'or : réalisation d'un espoir.
— Manger du poisson : pour les femmes accouchement facile, pour les hommes chances auprès des femmes.
— Capturer un gros poisson : bonnes affaires.
— De petits poissons : tristesse.
— Canne à pêche : gain et espérance.
— Récipient à poissons plein : les affaires marchent bien.
— Marchand de poissons : gain.
— Marché aux poissons : succès.
— Étang à poissons : soucis.

Poissons de mer

— On est tourmenté par de sombres pressentiments.

Poisson rouge

— Que l'on voit : un riche fiancé ou une riche fiancée.
— Que l'on capture : on aura beaucoup de chance.
— Que l'on voit échapper : on manquera une belle chance.

Poivre

— On apprendra des vérités amères.

Poix

— Rêve suscité par la peur que des plans échouent;

en général, conséquence d'une digestion irrégulière.
— Que l'on voit : on est dénigré auprès de quelqu'un dont la bienveillance est précieuse.
— Avec laquelle on se salit ou est sali : le succès et le gain que l'on remportera susciteront l'envie.
— D'autres sont salis : d'autres récoltent ce qu'on a semé.
— Avoir de la «poisse» : un plan ou une entreprise seront couronnés de succès.

Pôle nord

— Que l'on voit : mise en garde contre les exagérations; ne pas surestimer les forces dont on dispose dans une affaire.
— Où l'on veut se rendre : on est chargé d'une tâche qui dépasse ses forces.
— Où l'on se trouve : on trouvera une solution à une affaire qui obligera à se casser beaucoup la tête.

Police

— Exhortation à respecter les lois morales quotidiennes; souvent révolte de l'âme contre une criminalité intérieure et une canaillerie personnelle.
— Que l'on voit : mise en garde contre une incorrection que l'on est en passe de commettre.
— Que l'on appelle au secours : on va avoir une explication avec quelqu'un, mais on devrait l'avoir entre quatre yeux.
— À laquelle on a affaire : des désagréments et des restrictions rendent la vie amère.
— Dont on reçoit une aide : une affaire désagréable se termine bien, mais elle fait l'objet de commentaires superflus.

Pommade

— On se donne un air très indifférent.

Pomme

— Signe d'amour; bonnes relations en vue ou envisagées.
— Voir une pomme : mariage.
— Manger de bonnes pommes : bonheur dans le mariage.
— Manger des pommes véreuses : séparation et tristesse.

Pommier

— Avant la récolte : progrès brillants en affaires.
— En fleurs ou portant des fruits : nouvelle joyeuse sous peu, qui sera décisive pour toute la vie.

Pommes de terre

— Symbole sexuel masculin; expression de la maturité, de la mort, de l'éphémère.
— Que l'on voit dans un champ par un jour ensoleillé : mariage harmonieux; par un jour de pluie : contrariétés chez soi.
— Que l'on récolte : on fera beaucoup pour sa famille.
— Que l'on pèle : on aura un ménage peu dispendieux.

Pompe

— Que l'on voit : incitation à accomplir un acte devant lequel on éprouve des réticences.
— Que l'on fait marcher : on va trop loin dans une affaire.
— Que l'on essaie sans succès de faire marcher : insuccès en amour en dépit de tous les efforts.
— Que l'on voit actionnée par d'autres : on se verra demander aide ou concours.

Pompiers

— Que l'on voit : on tombera dans une grande détresse.

Pompons

— Que l'on voit : honneurs et prestige en perspective.

Pont

— Très bon présage, si le pont est en bon état.
— Voir un pont : on réussira à trouver un compromis entre des intérêts opposés, ce qui constituera un succès.
— Voir plusieurs ponts : contrariété.
— Marcher sur un pont : il faut être sur ses gardes.
— Faire une chute quand on se trouve sur un pont : obstacles en affaires.
— Franchir un vieux pont, n'offrant pas de sécurité : on réussira encore à échapper à un danger.
— Franchir un pont très long : grands progrès dans la vie.

Pont-levis

— Que l'on voit : dans une affaire, tout dépendra de la bienveillance d'un tiers.

Populace

— On tombera dans une bagarre.

Porc

— Déductions sur soi-même, souvent aussi sur des tiers.
— Que l'on voit : chance d'une manière générale et au jeu en particulier.
— Que l'on tue : succès matériel aux dépens ou grâce à la trahison d'un tiers; la paix intérieure en est troublée, ce succès ne procurera pas de vraie joie.
— Dont on mange la chair : bon succès dans une affaire.

Porcelaine

— Que l'on voit : un beau foyer.
— Qu'on laisse tomber : le bonheur est actuellement suspendu à un fil très mince.
— Que l'on casse intentionnellement ou en colère : on ne se rend pas compte combien on est bien.
— Trouver des éclats de porcelaine : chance.

Porcelet

— Que l'on voit ou auquel on donne à manger : chance et succès.

Port

— Que l'on voit : pas de soucis dans la vieillesse.
— Dans lequel on entre : réalisation d'un espoir.
— Dans lequel on fait des achats : bonheur après beaucoup de peine.

Portail

— Rêve suscité par la peur; la carrière est encombrée d'obstacles qui demanderont de la force pour être surmontés.
— Ouvert que l'on voit : une visite désagréable.
— Ouvert que l'on franchit : on sera aimablement reçu par quelqu'un.
— Fermé que l'on voit : on sera reçu d'une manière désobligeante par quelqu'un.

Porte

— D'entrée : organe sexuel; se reporter à « Maison ».
— Ouverte que l'on voit : une visite désagréable.
— Que l'on franchit : on sera aimablement accueilli par quelqu'un.
— Fermée que l'on voit : on sera reçu froidement par quelqu'un.

Portefeuille

— Le portefeuille peut être considéré comme le sym-

bole de l'existence : on lutte pour la conserver, et on ne veut pas la perdre.
— Perdre son portefeuille : un secret que l'on a gardé jusqu'ici sera révélé.
— Trouver un portefeuille : on percera le secret d'un autre.
— Contenant de l'argent : on voudrait se procurer de l'argent sans travailler, mais on n'y réussira pas.
— Se laisser voler son portefeuille : mise en garde contre une personne malintentionnée de l'entourage immédiat.

Porte-monnaie
— Que l'on voit plein : misère et gêne.
— Que l'on voit vide : gaieté et satisfaction.
— Que l'on perd : on aura une grosse perte par suite d'une imprudence.
— Que l'on trouve vide : on reçoit une promesse qui ne sera pas tenue.

Porter
— Quelque chose : il faudra consentir de gros efforts.

Porter plainte
— Contre quelqu'un : des différends.
— Faire l'objet d'une plainte : réconciliation.

Portier
— Que l'on voit ou avec lequel on a des relations : il ne faut pas se soucier des bavardages d'autrui.
— Que l'on est : il ne faut pas fourrer son nez dans des affaires qui ne regardent que des tiers.

Poste
— On devrait vérifier ce qu'on lit et chercher à en améliorer la qualité.
— Rencontrer un facteur : des nouvelles importantes.
— Voir un édifice de la poste ou y entrer : on apprendra beaucoup de nouvelles lors de la réunion prochaine entre amis ou amies.
— Rencontrer le facteur qui distribue les mandats : on sera contraint à faire une dépense très désagréable.
— Voir une diligence avec postillon : on fera un voyage de noces ou quelque chose de semblable.
— Rencontrer la poste qui distribue les paquets : on recevra un cadeau.

Poste de douane
— Que l'on voit ou dans lequel on a affaire : une liai-

son intime — peut-être de vieille date — restée secrète jusqu'ici sera révélée.

Poste d'essence

— Que l'on voit : un amusement qu'on arrosera bien.
— Que l'on possède ou auquel on travaille : on attrapera une belle cuite.

Postérieur

— Voir le sien : honte.
— Celui d'un homme : désagréments.
— Celui d'une femme : des nouvelles.
— Celui d'un enfant : libération de maux de toute sorte.

Postérité

— On aura une vie calme.

Pot

— Que l'on voit : une amie ou un ami se fiancera.

Poteau

— Que l'on voit : on trouvera un concours pour une initiative.
— Que l'on enfonce dans le sol : on jettera les bases d'un bonheur assuré.

Potence

— Rêve dans lequel on désire se débarrasser de cette manière de tous les obstacles et de tous ses adversaires. Veiller à ne pas se surestimer !
— Que l'on voit : on est entouré de faux amis.
— Que l'on monte : un changement inattendu va se produire.
— À laquelle on voit quelqu'un pendu : un adversaire va capituler.
— À laquelle on est pendu : promesse de bonheur.

Pou

— Symbole de l'inquiétude intérieure, très souvent en relation avec des excitations nerveuses et des troubles psychiques ou l'incertitude du cœur.
— Que l'on voit : chance partout.
— Voir beaucoup de poux : gain à la loterie ou recette imprévue ou de nature inhabituelle.

Poudre

— Que l'on voit : mise en garde contre l'essai d'enjo-

liver ou de dissimuler quelque chose.
— Que l'on répand : on voudrait réparer un tort sans y parvenir.
— Que l'on se met : on n'a pas la conscience pure.

Poudre (substance explosive)
— Que l'on voit : mise en garde ne pas s'avancer davantage dans une affaire.
— Que l'on manie : on s'engage dans une aventure très risquée et dangereuse.

Poule
— Que l'on voit : chance en amour.
— Pondre des œufs : accroissement de la famille ou gain matériel.
— Avec des poussins : beaucoup d'enfants, de petits-enfants ou une famille nombreuse.
— Que l'on tue : on se causera un dommage par imprudence.
— Que l'on mange : aisance.
— Que l'on voit montée par un coq : vie de famille heureuse.
— Que l'on voit couver : espoir heureux.

Poumon
— Sain et vigoureux que l'on a : il faudra faire des efforts dans un proche avenir.
— Faible et maladif : on ne sera pas à la hauteur d'une tâche ou d'un effort dans un proche avenir.
— Que l'on mange : mauvaise santé.

Poupée
— Des désirs vitaux veulent prendre corps, ils se fraient une voie.
— Que l'on voit : signifie, d'une manière générale, qu'il ne faut pas jouer avec les sentiments d'autres personnes; chez les femmes accroissement de la famille; chez les hommes exhortation à renoncer à une marotte ou à une habitude qui n'est pas de mise.

Pourboire
— Que l'on donne : on recevra un bon conseil.

Poursuivre
— Quelqu'un : on ne parviendra pas à réparer une faute que l'on a commise.
— Être poursuivi : quelqu'un qui a commis une injustice cherche à la réparer.

Poussière

— On a le désir de la vie simple et naturelle et on accepte en compensation certains désagréments.
— Que l'on voit : des journées déplaisantes et contrariantes en perspective.
— Que l'on cause : on gâtera sa bonne humeur ou celle de tiers.
— Que l'on avale, ou être couvert de poussière : on aura affaire à des personnes maussades et contrariantes.

Poussins

— Que l'on voit : joie.
— Trouver un poussin dans un œuf que l'on ouvre : bonne nouvelle; pour les personnes jeunes mariage prochain en perspective.
— Auxquels on donne à manger : vie de famille heureuse.
— Que l'on tue : on fera assumer une culpabilité par un innocent.
— Que l'on mange : pensées mélancoliques.

Pouvoirs

— Que l'on donne : on veut se soustraire à une affaire, mais on n'y réussira pas.
— Que l'on reçoit : il faudra tirer pour quelqu'un les marrons du feu, ou quelqu'un demandera de le faire.

Prairie

— La tension nerveuse actuelle rend une détente indispensable.
— Que l'on voit : des heures gaies.
— Dans laquelle on est étendu : quelque chose qu'on avait à peine remarqué jusqu'ici va acquérir une importance insoupçonnée.

Prédicateur

— Que l'on entend : querelle.

Prédication

— Que l'on entend : même dans les heures pénibles, il ne faut pas se laisser aller à des pensées troubles.
— Voir une chaire : on se placera à un point de vue élevé.

Prélat

— Que l'on voit : gaieté.
— Voir plusieurs prélats : un avenir quelconque.

Pression
— Que l'on ressent : maladie.
— Sur le cou : peur.
— Serrer la main à quelqu'un : on fera la connaissance d'une personne bonne.

Prestidigitateur
— On sera dupé.

Prêter
— Une tentation à laquelle on a résisté trouve une bonne fin.

Prêter l'oreille
— Des connaissances s'entretiendront des fautes que l'on a commises.

Prêtre
— Que l'on voit : longue vie.
— En voir plusieurs : tout sera révélé.
— D'un monastère que l'on voit : l'honnêteté est décisive pour la vie.

Preuve de la culpabilité
— D'un criminel : des pertes.

Prie-Dieu
— Joie et consolation.

Prier
— La prière est un dialogue marqué par la crainte de Dieu; aujourd'hui en rêve presque uniquement l'expression d'une dissonance intérieure.
— Voir prier : crainte de Dieu.
— Dans l'église : remords de conscience.
— Devant une croix ou un tableau de saint en plein air : angoisse devant l'existence.

Prière
— Signe d'humilité et du besoin d'un secours.
— Que l'on fait : les souhaits seront exaucés.

Prieur
— Que l'on voit ou avec lequel on a des relations : souffrance.

Primevère
— Que l'on voit : chance en amour.

— Que l'on cueille : avec un peu de patience, la nostalgie sera comblée.
— Que l'on offre : un penchant amoureux ne trouve pas d'écho.
— Qui est offerte : on est aimé ou de nouveau aimé, sans le savoir.

Prince/Princesse
— Bonheur inconstant.

Prince (de sang royal)
— Que l'on voit : chance.
— Avec lequel on parle : un souhait se réalisera.

Princesse (de sang royal)
— Que l'on voit ou à laquelle on parle : on aura la faveur d'une femme.

Printemps
— En général, rêve exclusivement de puissance sexuelle, fréquent chez les personnes jeunes et celles qui ont atteint la «seconde jeunesse».
— Se voir rêver du printemps : on a un souhait qui ne se réalisera jamais.

Prison
— On est lié à des circonstances, des choses et des personnes, dont on devrait être délivré.
— Que l'on voit : sécurité.
— Dans laquelle on est enfermé bien qu'innocent : on se heurtera à la méfiance.
— Dont on est libéré : une nouvelle époque de la vie commence.

Prisonnier
— Être fait prisonnier : on obtiendra une bonne position.
— Être prisonnier : on n'aura pas de soucis d'alimentation.

Procès
— Il s'est produit quelque chose de désagréable, et on craint de se faire encore plus d'ennemis.
— Intenter un procès à quelqu'un : après une dure lutte et beaucoup de difficultés, un désir se réalisera.
— Se faire intenter un procès par quelqu'un : du fait de son comportement égoïste, on aura des désavantages et des dommages.

— Que l'on gagne : dans une affaire, le résultat sera différent de celui qu'on avait prévu.
— Que l'on perd : exhortation à se réconcilier avec un adversaire ou opposant.

Procession
— Symbole de justification intérieure; espoir que d'autres agissent exactement de la même façon.
— Que l'on voit : on sera délivré d'une pensée qui tourmente.
— À laquelle on prend part : on se fait rappeler un devoir oublié.

Procès-verbal
— Dont on fait l'objet : on risque d'avoir des désagréments par sa propre faute.

Prodigue
— On perdra son appui moral.

Profit
— Que l'on a : perte.

Projecteur
— Dont on voit le faisceau au ciel : un événement important.
— D'un véhicule automobile que l'on voit : on peut avoir dans une affaire une grave déception.
— Dans le faisceau duquel on se trouve : on sera pénétré plus qu'on ne le voudrait.

Projectile
— On sera mis hors de danger.

Promenade
— Que l'on voit devant soi : de belles heures de loisir.
— Où l'on se promène : on reverra un ami ou une amie.
— Où l'on rencontre une connaissance : un rendez-vous sera manqué par un partenaire.

Prophète
— Que l'on est : on sera méconnu.
— Que l'on voit : révélation d'un secret, ou de quelque chose que l'on désirait savoir; il faut examiner exactement la prophétie, car elle indique en général la direction dans laquelle l'événement aura lieu.

Prosternation
— Se prosterner : humiliation.

Prunes
— Que l'on cueille ou mange : satisfaction.

Psaumes
— Que l'on lit ou entend : on recevra une aide ou un concours inattendus dans une affaire qui cause des soucis.

Puce
— Souvent dans le sens de pensées désagréables, qui agacent, mais qui néanmoins peuvent être repoussées; souvent irritations nerveuses directes.
— Que l'on voit : contrariété.
— Que l'on capture ou que l'on tue : on recevra une somme d'argent inattendue.
— Avoir des puces : querelle.

Puissance
— Que l'on a : il faut essayer de prendre de la distance et de réexaminer ses investissements après qu'on a discerné ses fautes.

Puits
— Mauvais présage, s'il n'a pas d'eau; bon, s'il est plein.
— Voir un puits : ce qui, au début, n'était qu'un flirt devient une grande passion.
— Avec de l'eau claire : spéculation heureuse.
— Voir l'eau couler hors du puits : perte.
— Puiser de l'eau d'un puits : un lien sera établi avec une autre personne; suivant que l'eau est claire ou trouble, cette personne sera fidèle ou fausse.

Pulvérisateur
— Que l'on voit : surprise désagréable.
— Que l'on utilise : un bienfait est mal récompensé.
— Par lequel on est arrosé : dans une affaire, on se jettera à l'eau de peur de se mouiller.

Punaise
— Concerne presque toujours le système nerveux et l'encéphale.
— Que l'on voit ou par laquelle on est mordu : la ténacité sera récompensée.

Pupitre
— Que l'on voit : on aura beaucoup de travail.
— Auquel on travaille : un succès de faible envergure et pénible à obtenir.

Purgatoire
— Malheur.

Purin
— Que l'on voit ou dans lequel on tombe : divers désagréments vont arriver.

Putain
— Dépassement de la monogamie en rêve, parfois rêve de désir sexuel.

Putois
— Que l'on voit : tromperie et vol à main armée.

Pyjama
— Que l'on voit : annonce des intimités.
— Que l'on met ou que l'on porte : on est observé par des curieux dans ses affaires les plus privées.

Q

Quai
— Que l'on voit dans un port : un souhait dont on croit qu'il ne se réalisera que dans un avenir éloigné, sera satisfait bientôt.

Querelle
— Réconciliation prochaine.

Quetsche
— Que l'on cueille ou mange : satisfaction.

Queue

— Fin d'un épisode; dans la plupart des cas, sens sexuel.
— Voir une bête avec une longue queue: dans une affaire, il y aura des ennuis sans fin.
— Saisir une bête par la queue: on s'attaque à une affaire par le mauvais bout.
— Voir une bête frétiller de la queue: joie.

Quilles

— Jouer aux quilles: ne pas assumer de gros risques, car l'issue ne sera pas bonne.
— Voir tomber toutes les dix : entreprise risquée, mais qui réussira.
— Regarder des tiers jouer: on évitera une contrariété.

Quittance

— Libération d'idées accablantes; absolution intérieure.
— Que l'on établit: une dépense sensible d'argent menace.
— Que l'on reçoit: on aura à se ressentir des conséquences d'une sottise que l'on a commise.

Quitter

— Ses vêtements: malheur dont on est soi-même la cause.
— Ses souliers: voyage prochain.
— Son domicile (déménager): changement dans la vie privée.

R

Rabbin

— Que l'on voit ou avec lequel on a des relations: pour un Juif chance, pour un non-Juif mise en garde contre une exploitation ou une diffamation.

Rabot/Raboter

— Que l'on voit: on réglera une affaire.

— Raboter soi-même: deuil.
— Voir des tiers raboter: une personne tente d'assurer sa domination sur une autre.
— Voir ou faire des copeaux: on exécutera ses travaux avec précision.

Raccommoder
— Quelque chose: pauvreté.

Racine
— Instincts refoulés, qui veulent se frayer une voie vers la lumière.
— Que l'on voit: exhortation à aller au fond d'une affaire.
— Que l'on déterre: on dira au fond d'une affaire et sera très étonné du résultat.
— Que l'on mange: santé.
— Qui fait trébucher en forêt: désagréments.
— D'une dent: on sera offensé.

Radiographie/Rayons X
— L'essai urgent de se faire une idée claire de quelque chose.
— Voir la radiographie de quelqu'un: une personne, que l'on croyait bien connaître, se montrera sous un tout autre aspect.
— De soi-même: par sa faute, on se trouvera dans une situation désagréable.

Radis
— La plupart du temps, affaire sexuelle en germe, sur laquelle on n'a pas encore d'idée claire.
— Que l'on voit: un secret confié à un ami ne sera pas gardé par celui-ci.
— Que l'on mange: ennuis et contrariété par suite d'une remarque méchante ou blessante.

Raifort
— On recouvrera ses forces.

Railler
— On sera victime d'un passe-droit.

Raisins
— Que l'on voit ou que l'on mange: des raisins sucrés annoncent un rendez-vous tendre, des raisins aigres la rencontre imprévue d'une personne que l'on aurait bien voulu éviter.

— Que l'on cueille: on fera une connaissance.
— Que l'on presse: signe de vertu.
— Voir un pied de vigne avec des raisins: il faudra se donner beaucoup de peine pour atteindre un certain objectif.

Raisins secs
— Voir «Fruit».
— Ce qui est sec symbolise toujours ce qui est passé, écoulé, mort.
— Que l'on voit ou que l'on mange: restrictions matérielles.
— Que l'on voit dans un gâteau ou que l'on mange avec un gâteau: des occasions favorables.
— Que l'on retire d'un gâteau pour les manger: on ne réussira pas à se limiter aux aspects agréables de la vie.

Rameau
— En tant que partie de l'arbre (de la vie), symbole de force; isolé, symbole de faiblesse.
— Vert que l'on voit: un espoir se réalisera.
— Desséché : dans une affaire, il vaudrait mieux ne pas se laisser aller à de grands espoirs.

Ramoneur
— Symbole de chance.
— Que l'on rencontre: chance, surtout en amour.
— Auquel on se heurte, de sorte qu'on se salit avec de la suie: une aventure secrète d'amour sera divulguée.

Rancune
— Affaires désagréables.

Râpe
— Que l'on voit: la rudesse de la réalité causera une déception.
— Que l'on utilise: à dessein ou sans le vouloir, on blessera quelqu'un.

Râper
— Bonheur en amour.

Raretés
— Que l'on voit: on maigrira.

Raser
— Se raser: on pourra rembourser une dette ou réparer un tort quelconque.

— Se faire raser: on est trompé et induit en erreur.
— Voir un tiers se raser: une injustice commise à l'égard de quelqu'un sera réparée, ou un débiteur remboursera ce qu'on lui a prêté ou ce pour quoi on lui a accordé un délai de paiement.
— Voir un tiers se faire raser: exhortation à ne pas s'engager dans des affaires malsaines ou malhonnêtes et à ne pas donner suite à des offres douteuses.

Rassasié
— L'être: rêve suscité par la pénurie: on a faim.

Rat
— Destruction de la force vitale ou plus encore.
— Que l'on voit courir librement: on est ardemment aimé.
— Que l'on capture ou assomme: querelle en amour ou chagrin d'amour; chez les personnes d'un certain âge, problèmes dans leurs amitiés.
— Que l'on voit captif: ami ou amie infidéle.

Ravin
— Que l'on voit: mise en garde contre une imprudence qui pourrait donner lieu à une situation difficile.
— Dans lequel on voit des tiers: il faut venir au secours d'un ami qui se trouve dans une situation difficile.
— Dans lequel on se trouve: on se trouve dans une voie dangereuse.
— Dans lequel on tombe: dans une affaire ou situation difficile, on doit faire appel au concours de tiers.

Rayons
— Que l'on voit: bonne santé.

Razzia
— Que l'on voit: il ne faut pas s'exposer par étourderie à un danger.
— Dans laquelle on est pris: on se trouve, sans faute, dans une situation critique ou gênante.
— À laquelle on coopère: on tombe dans les filets d'un filou ou d'un imposteur.

Rebelle
— Que l'on voit: quelqu'un ne veut pas faire ce qu'on désire ou réclame.
— Avoir des relations avec un ou plusieurs rebelles ou faire cause commune avec eux: des différends sérieux avec des supérieurs ou des personnalités haut placées.

Récepteur de radio

— Que l'on voit ou que l'on achète: dans un proche avenir, on se déplacera beaucoup et aura beaucoup de changement.

— Avec voix: on apprendra un secret.

— Avec de la belle musique: plaisir d'une joie secrète.

— Avec de la musique grinçante: un danger secret vous guette.

Receveur

— Que l'on voit: on devra remplir une obligation désagréable.

— Que l'on est: on importunera quelqu'un.

Récif

— Que l'on voit: on ne parviendra au succès qu'au prix de beaucoup de travail.

Récipient

— Succès ou échec de la vie; on se fait des soucis, mais on devrait avoir confiance.

Réclame

— Que l'on voit: exhortation à la prudence envers une offre qui peut conduire à un fiasco.

— Que l'on fait pour quelque chose: dans une affaire, on ne trouve pas d'accueil favorable ni de compréhension.

Réconciliation

— On aura un adversaire irréconciliable.

Réconcilier

— Honte.

Réconfort

— Que l'on donne à des malades et à des blessés : on trouvera de bons cœurs.

Recrue

— Que l'on voit: on sera soumis à une discipline sévère.

— Que l'on est: fini pour un temps de la précieuse liberté!

Redevances

— Fiscales ou sur la propriété: gros chagrin.

Réfléchir
— Il ne faut pas se laisser désorienter.

Réfrigérateur
— Que l'on voit: on apprendra un secret.

Réfugiés
— Qu'on voit en grand nombre : grands revirements politiques et danger de guerre.

Réglisse
— On joue avec l'amour.

Regret mélancolique
— Que l'on éprouve: on a une nouvelle liaison et c'est maintenant que l'on se rend compte de ce que l'on a perdu avec la dernière.

Réimprimer
— Copier un livre ou un tableau: honte, ennuis et peur.

Rejet tardif
— On se sent vieillir.

Relation
— Que l'on établit: on ira à la rencontre d'ennemis.

Religieuse
— Que l'on voit: mise en garde contre la tartuferie de tiers.
— Que l'on est ou que l'on devient: mariage heureux ou amour de son chez-soi.
— Avec laquelle on a des relations: changement de situation ou de profession.

Relique
— Que l'on voit ou possède: on ne connaîtra pas de joie pendant longtemps.

Remède
— Ayant bon goût que l'on prend: perte.
— Ayant un goût amer que l'on prend: on viendra à bout d'un adversaire.
— Ayant bon goût que l'on donne à quelqu'un: on donnera à quelqu'un le conseil ou l'aide désirés.
— Ayant un goût amer que l'on donne à quelqu'un: on ne viendra pas à bout d'un adversaire.

Remise
— De quelque chose: une action imprudente.

Renard
— Symbole de la volonté sexuelle de se mettre à la chasse de quelque chose, devrait exhorter à la prudence.
— Que l'on voit: on démasquera un hypocrite.
— Apprivoisé: un ami faux ou un serviteur infidèle.
— Que l'on capture: on découvrira un complot secret.
— Que l'on tue: on va s'installer à son compte.
— Chasse au renard : on va se procurer par ruse un avantage sur une femme ou inversement.
— Porter un renard (fourrure): des intrigues se préparent.

Rengaine
— Que l'on entend chanter: on fera la connaissance d'un journaliste ou d'un écrivain peu appréciés.
— Que l'on chante: on aura la possibilité de déployer ses talents.

Repas
— Soit rêve de nécessité, soit correspondant à l'aversion que l'on éprouve contre l'absorption de nourriture à l'état éveillé.
— Abondant que l'on prend seul: on se fait détester à cause de sa brutalité ou de son manque de compassion.
— Abondant que l'on prend avec d'autres personnes ou que l'on partage avec elles: on se fait apprécier par une complaisance.
— Frugal que l'on prend: on éprouve du repentir.
— Que l'on veut prendre, mais sans rien trouver à manger: changement dans la vie.

Repasseur
— Que l'on voit: des tiers sèment la discorde entre vous et une personne qui vous est proche.

Reporter
— Que l'on voit ou avec lequel on parle: on trouvera un protecteur bienveillant et influent.

Repos
— Se reposer : agitation ou persécution.

Réprimande
— Dont on fait l'objet: on peut compter sur des louanges.

Requête
— La voir: une entreprise tournera mal.
— La rédiger: désagréments en affaires ou sur le plan professionnel.
— La recevoir: perte.

Restaurant
— Fête ou grand voyage.
— Que l'on voit: on reverra des connaissances.
— Dont on est un client: mésentente au foyer.

Restaurateur
— Beaucoup d'argent.

Résurrection
— Être libéré de l'adversité; une transformation intérieure commence.

Retard
— On paraît avoir manqué le bon moment dans la vie, ou on risque de le manquer dans un proche avenir.

Retranchements
— Que l'on creuse: une aventure.

Réunion
— Que l'on tient ou à laquelle on assiste: des discussions désagréables avec ses connaissances.

Réveil
— Que l'on entend: une surprise désagréable.

Révolution
— Que l'on voit: des événements subits et inattendus, qui interviennent dans le cours normal de la vie; comme rêve prémonitoire, annonce de graves événements politiques, de troubles, etc.
— À laquelle on prend part: on perturbe l'ordonnance de sa vie par des querelles injustifiées que l'on suscite.

Revolver
— Que l'on voit: on essaie d'imposer quelque chose par la violence.
— Au moyen duquel on est menacé ou avec lequel quelqu'un tire: par le coup de force de quelqu'un ou un événement subit, on aura dommage ou perte.

— Au moyen duquel on tire sur quelqu'un : dans une affaire, on sera perdant.

Rhum

— Que l'on voit ou que l'on voit boire par des tiers : amélioration de la situation.

— Que l'on boit : des heures agréables à son foyer.

Riche

— L'être : on perdra de l'argent.

Rideau

— Que l'on voit : un secret.

— Que l'on fait glisser de côté : on découvrira un secret.

— Qui s'ouvre ou qui est ouvert par quelqu'un : on se verra confier un secret.

— Suspendre un rideau blanc et propre : des hôtes inconnus vont arriver.

— Avoir des rideaux sombres et sales à la fenêtre : soucis dans le ménage.

Rides

— Que l'on a au visage : on fera une expérience douloureuse.

— Que l'on voit chez d'autres : une affaire jouera un rôle pendant longtemps.

Rigole

— Que l'on voit : dans une affaire, on sortira de la juste voie.

— Que l'on creuse : on trouvera un moyen de sortir d'une situation qui paraît sans issue.

Rire

— Les soucis sont plus graves qu'il ne paraît.

— Soi-même : on a de graves soucis.

— Entendre des tiers rire : on subira la raillerie ou la malignité de tiers.

Rire de quelqu'un

— Des souhaits sots.

Rive

— Changement dans la vie ; on hésite devant la direction à prendre.

— D'un ruisseau ou d'une rivière sur laquelle on se trouve : des heures gaies, mais qui passent rapidement, alors qu'on voudrait suspendre le vol du temps.

Rivière

— Est considérée dans certaines circonstances comme un obstacle; hésitation devant un point important de la voie dans laquelle la vie est engagée.
— Que l'on voit couler avec de l'eau claire et calme: intentions pures.
— Avec de l'eau trouble et tumultueuse: on a de mauvaises intentions à l'égard de quelqu'un.
— Que l'on entend mugir: on sera injurié.
— Déborder: un projet sera freiné.
— Dans laquelle on tombe: malheur.
— Que l'on traverse à la nage : on triomphera d'un ennemi dangereux.
— Voir une cataracte: ruine d'un membre de la famille.
— Voir la rivière qui déborde couler dans la pièce: si l'eau est claire, visite d'une personne distinguée ou gain particulier; si l'eau est trouble, malheur et querelle.

Riz

— Rêve suscité par des déficiences physiques ou intellectuelles.
— Que l'on voit, prépare ou mange: bons revenus.

Rocher

— Symbole originel de la stabilité et de la base de tous les actes.
— Voir des rochers élevés: projet grandiose.
— Vouloir escalader un rocher sans y parvenir: revers.
— Monter sur un rocher: une affaire va se trouver retardée.
— Descendre avec peine d'un rocher: perte d'amis ou de parents.
— En tomber: malheur subit.

Roi/Reine

— Votre propre personnalité s'oriente vers un rôle dirigeant; il peut s'agir aussi de compenser un sentiment d'infériorité.
— Que l'on voit: on fera de bonnes affaires et deviendra riche.
— Que l'on est: on surestime ses capacités.
— Habiter dans le château d'un roi: amélioration générale de la situation.
— Voir des rois se quereller: changement soudain et défavorable de la situation matérielle.

— Assister aux funérailles d'un roi : héritage.
— Voir un couronnement : chance.
— Être couronné : on atteindra un objectif important en peu de temps.

Roman de détective

— Que l'on lit : aventure excitante.

Rome

— S'y rendre en pèlerinage : on a la foi.

Rose

— S'il ne s'agit pas d'un rêve consolateur, symbole de la richesse intérieure. En un certain sens de la perfection.
— Que l'on voit fleurir : on est amoureux.
— Voir fleurir des roses blanches : on éprouve un amour silencieux et pur.
— Des roses rouges : on est sous l'empire d'un amour ardent et passionné.
— Des roses jaunes : un amour est troublé par la jalousie.
— Cueillir des roses blanches : un essai timide de se saisir de son bonheur.
— Des roses rouges : on veut s'emparer d'emblée de son bonheur ou être conquis d'emblée.
— Des roses jaunes : des scènes de jalousie causent des chagrins d'amour.
— Se piquer aux épines : chagrin d'amour.
— Offrir des roses : l'amour sera espéré en vain.
— Recevoir des roses : les souhaits d'amour se réaliseront.
— Roses fanées : déception, désaffection, séparation.
— Voir des églantines : un mariage entre camarades.
— Un rosier fleuri : on assistera à une fête de famille.
— Un rosier avec des roses épanouies : des désirs secrets se réaliseront.

Roseaux

— Que l'on voit : mise en garde contre une indécision exagérée.

Rossignol

— Que l'on voit au dehors : bonheur en mariage, surtout en amour.
— Que l'on entend chanter : on est très aimé secrètement.
— Que l'on enferme dans une cage : mauvaises intentions.

— Que l'on voit dans une cage: mise en garde contre les mauvaises intentions de tiers.

Rossignol (crochet de serrurier)
— Que l'on voit: on sera volé.
— Que l'on trouve: on empêchera un vol.

Rotative
— Que l'on voit: on sera cité en public ou passera au premier plan.

Rôti
— Que l'on voit ou que l'on prépare: on recevra une invitation.
— Que l'on mange: bonnes affaires ou gains d'un autre genre.

Rouage
— Que l'on voit en mouvement: une affaire qui paraît compliquée ira d'elle-même sur la bonne voie.
— Immobile: un beau rêve prend fin; le réveil sera mauvais.
— Endommagé ou hors d'état de fonctionner: quelqu'un vous jette des bâtons entre les jambes.

Roue
— Symbole du cercle que forme l'intemporalité; signe de l'arrondissement de la vie et d'idées également.
— Que l'on voit: changement imminent dans la vie; plus la roue tourne vite, plus le changement sera grand; si la roue est immobile, le changement sera insignifiant ou désavantageux.

Roue de loterie
— Que l'on voit: malheur.
— Que l'on fait tourner: insuccès.

Roue de moulin
— En mouvement : occupation rentable.
— Arrêtée: heure du berger.
— Endommagée: l'heure du berger sera troublée.
— Être happé par la meule ou les ailes d'un moulin: liaison amoureuse qui aura des conséquences graves.

Rouet
— Que l'on voit: annonce un événement qui sera de courte durée, mais qui occupera pendant longtemps encore.

Rouge
— Au sens érotique, toujours l'expression de la virilité et de la passion.
— Comme couleur: symbole de feu, ardeur, chaleur.
— Flammes: très bon présage.
— Voir des personnes à cheveux rouges ou avoir des relations avec elles: on tient pour hypocrite quelqu'un qui a de bonnes intentions pour la simple raison qu'il est un original; mise en garde également contre trop de passion ou l'irascibilité chez soi ou chez des tiers.
— Dans les yeux: présage de joie.

Rougir
— Soi-même : on est tombé amoureux, mais on n'ose pas le dire.
— Voir quelqu'un rougir: on recevra une déclaration d'amour.

Rouille
— Sur du fer: il faut veiller à garder son honneur intact.

Roulette
— Voir des tiers y jouer : on sera tenté.
— Y jouer et gagner: perte imminente.
— Y jouer et perdre: on aura beaucoup de chance dans une affaire.

Ruban
— Voir ou tenir un ruban : bonne amitié.
— Voir un ruban flotter au vent: bonheur et succès.
— Des rubans sans fin: on fait des dettes.
— Bleus: amour fidèle.
— Verts: bons espoirs.
— Rouges: plaisirs.
— Noirs: deuil.
— Blancs: amour pur.

Ruche
— La voir: foyer heureux.
— La voir détruire: malchance et malentendus.

Rue
— Rêve de caractère érotique; exhortation à ne pas se donner.
— Animée que l'on voit dans une ville ou dans laquelle on marche: diverses nouvelles intéressantes.

— Petite, étroite, avec peu de circulation: des commérages.
— Marcher seul dans des rues désertes ou aller à l'aventure dans de telles rues: une mauvaise surprise, à laquelle on ne pourra faire face que par ses propres moyens.

Ruelle
— Que l'on voit: gaieté.
— Que l'on balaie: affliction.

Ruine
— Rêve suscité par la peur; on craint des pertes matérielles; chez les personnes qui vieillissent, peur de perdre la puissance sexuelle également.
— Que l'on voit: un événement réveille certains souvenirs, ou on trouve un souvenir ou reçoit un souvenir en cadeau.
— Dans laquelle on se trouve: on vivra quelque chose d'étrange.

Ruines
— Que l'on voit: bon succès.

Ruisseau
— L'image dans le ruisseau indique, selon sa forme, ce que la vie apportera en richesses et en peines.
— Avec de l'eau claire: de bonnes affaires.
— Avec de l'eau trouble: de mauvaises affaires.
— Avec un courant torrentiel: infortune.
— Avec beaucoup de poissons: beaucoup de chance.
— Se baigner dans un ruisseau : guérir.

S

Sable
— Comme «Sol», mais mort et sans force, les bases manquent.
— Que l'on voit: situation incertaine.

— Dans lequel on est étendu: l'existence est en danger.
— Tempête de sable: ce qui a été réalisé jusqu'ici va s'effondrer.
— Sablier: mort ou séparation inévitable d'un proche.

Sabre
— Que l'on voit: on sera attaqué par des ennemis.
— Que l'on porte: exhortation à la prudence, car un tiers s'apprête à la violence.
— Avec lequel on pourfend des tiers: on tombera dans une situation très difficile.
— Avec lequel on est menacé ou pourfendu: on triomphera d'un adversaire.

Sac
— Rêve de puissance sexuelle, à interpréter selon l'état du sac.
— Vide que l'on voit: pénurie et privations de toute sorte.
— Plein: gain ou succès douteux.
— Vide que l'on charge ou porte: travail ou peine perdus.
— Qui s'ouvre et se vide durant le transport : on échouera près du but.
— Que l'on perd: échec dans une affaire dont le succès était de toute façon incertain.
— Dans lequel on enfonce la main sans y avoir regardé, ou duquel on veut sortir quelque chose, alors qu'on y trouve autre chose que l'on n'attendait pas: déception ou insuccès inattendu.

Sacrifice
— Que l'on fait: on sera apprécié.
— Voir un tronc: rappelle que tout ce qui est terrestre est éphémère.
— Introduire une offrande dans un tronc: dans la détresse, on trouvera un ami.
— Passer à côté d'un tronc sans le remarquer: solitude et abandon.

Sacristain
— Mariage.

Sacristie
— Que l'on voit ou dans laquelle on se trouve: fête de famille.

Safran
— Recherche d'une issue à l'insatisfaction intérieure, qui a entraîné une monotonie exagérée.

Sage-femme
— Que l'on voit: des secrets seront dévoilés.
— Avec laquelle on parle: naissance ou baptême.
— Qui vous examine: on n'a pas la conscience pure.
— Que l'on est: on sera très pressé dans une certaine affaire.

S'agenouiller
— Devant quelqu'un: honneurs rendus.
— Devant une femme: on se rendra ridicule.
— Voir s'agenouiller: on se sent coupable à l'égard de quelqu'un envers qui on a été injuste.

Saignée
— Querelle; également mort d'un parent proche.

Saigner
— Quelqu'un: les joies seront de courte durée.
— Un animal: maladie.

Saints
— Que l'on voit et que l'on adore: bon présage.

Saisie
— Que l'on subit: séparation ou perte imminente.
— Que l'on fait effectuer chez un débiteur: on sera puni d'une imprudence ou d'une bonté exagérée.

Salade
— Même signification que «Légumes»; la salade montée a un sens sexuel.
— Que l'on voit: amélioration des recettes.
— Que l'on prépare ou mange: il faut porter son attention sur les soins à donner à son ménage, dont dépendent le succès et le bien-être.
— Planche de salade: santé.

Salaire
— Que l'on reçoit: on récoltera l'ingratitude.
— Que l'on paie à quelqu'un: on aura des difficultés causées par des tiers.

Saler trop
— Un plat ou manger un plat trop salé: on tombera amoureux secrètement ou sera aimé secrètement.

Salive
— Que l'on voit: tromperie ou querelle.

Salle
- On est seul ; on désirerait toutefois être en compagnie ; prendre garde aux parasites.
- Que l'on voit : on rencontrera beaucoup de gens.
- Dans laquelle on se trouve pour s'amuser ou pour une rencontre : on s'amusera bien aux frais d'autrui.
- Dans laquelle on assiste à une réunion ou à quelque chose d'analogue : querelles et explications avec des tiers.

Salle à manger
- Des initiatives sont en danger.

Salle d'audience
- Que l'on voit : malheur.
- Que l'on quitte : décision favorable dans une affaire qui a été la cause de beaucoup de contrariétés.

Salle de séances
- Que l'on voit : des relations avec un groupe déterminé de personnes revêtiront prochainement une importance particulière.

Salle de séjour
- Que l'on voit ou dans laquelle on se trouve : on ne restera plus longtemps dans son logement actuel.

Salle de séjour paysanne
- La voir : aisance.
- Entrer en hiver dans une telle salle chauffée : position assurée.
- Séjourner dans une telle salle avec beaucoup de monde : une fête de famille s'annonce.
- Sortir d'une telle salle par temps froid : on aura des pertes, la position devient instable.

Salon (exposition industrielle)
- Où l'on se trouve : on établira des relations utiles.

Salon de modes
- Que l'on voit : dans les rêves de femmes, soucis vestimentaires ; dans les rêves d'hommes, s'attendre à des dépenses inutiles ou sortant de l'ordinaire pour des femmes.
- Dans lequel on travaille : on est contraint de jouer le rôle de Cendrillon.

Saluer
— Une haute personnalité: annonce d'une visite agréable.
— Une personne que l'on n'aime pas: annonce d'une visite désagréable.
— Être salué par des enfants : événement heureux dans la vie familiale.

Sanatorium
— Que l'on voit: on se remettra d'une lourde déception, d'un insuccès ou d'une perte plus vite qu'on ne le pensait.
— Dans lequel on se trouve en qualité de patient: on se heurtera à de gros obstacles.
— Dans lequel on exerce des activités: des dispositions avisées ou la preuve que l'on est décidé à porter assistance seront récompensées.

Sang
— Significations très diverses, souvent sens sexuel.
— Voir du sang: on éprouve des craintes pour une personne proche.
— En perdre soi-même: bon présage.
— En cracher: maladie, mauvais présage.

Sangle
— On ne peut pas mettre à profit ses connaissances.

Sanglier
— Signifie (comme le taureau) des plans et des espoirs sexuels.
— Que l'on voit: quelque chose que l'on avait créé et édifié à grand peine sera détruit brutalement par quelqu'un.
— Voir, capturer, tirer: chance.

Sangsue
— Pour des malades : guérison; pour des bien-portants : maladie.

Saphir
— Des ennuis.

Sapins
— Comme tous les arbres, symbole de puissance sexuelle.
— Que l'on voit: une joie paisible, mais profonde.

— Voir des cônes sur l'arbre: joyeuse surprise, le destin alliera l'agréable à l'utile.
— Trouver des cônes sur le sol: le hasard jouera prochainement un rôle dont on se réjouira.

Sarbacane

— Que l'on utilise: malheur.

Satan

— Que l'on voit: on se laissera entraîner par la passion à un acte irréfléchi.
— Par lequel on est menacé ou attaqué: par suite d'un acte irréfléchi, on sera mêlé à de mauvaises querelles.

Satisfaction

— Avoir la conscience pure.

Saucisse

— Que l'on voit ou que l'on mange: une connaissance charmante, mais sans la moindre valeur intérieure.

Saule

— Que l'on voit: on trouvera une personne qui n'opposera pas de résistance.
— Voir ou cueillir des bourgeons de saule: une nouvelle connaissance a suscité des sentiments plus profonds.

Saule pleureur

— Une amie viendra conter son chagrin.

Sauterelle

— Que l'on voit: événement heureux de courte durée.
— Que l'on capture vivante: vengeance exercée contre une personne sans pouvoirs et sans défense.
— Que l'on tue: on causera des désavantages à quelqu'un.

Sauver

— Rêve d'angoisse, disposition nerveuse pathologique qui incite à la prudence.
— Quelqu'un: un mérite sera récompensé par une distinction ou une somme d'argent.
— Être sauvé par quelqu'un: mise en garde contre un danger qui menace, un accident en particulier.

Sauveur
— Toujours très important : compensation de tensions intérieures et de dépressions.
— Que l'on adore: foi assurée.
— Que l'on voit et que l'on entend parler: joie et bénédiction.
— Que l'on loue: bonheur et bénédiction pour tous les temps.

Savon
— On se sent attaqué et cherche à se défendre; attention à la perfidie.
— Que l'on voit: exhortation à veiller à sa réputation.
— Que l'on utilise: on est soupçonné sans motif.

Savonner
— Des trompeurs dans l'entourage.

Saxophone
— Que l'on voit: mise en garde contre des commérages inutiles.
— Dont on entend jouer: quand on rencontrera des connaissances ou recevra leur visite, on apprendra toute l'histoire de leur vie.
— Dont on joue: on ne devrait pas ennuyer des tiers par des choses sans intérêt, ni personnelles, ni concernant autrui.

Scarabée
— Que l'on trouve: gain et succès.
— Que l'on tue: insuccès.

Scarlatine
— Guérison dans tous les domaines.

Sceau
— Que l'on voit: devant le fait accompli, il ne restera qu'à accepter l'inévitable.
— Avec lequel on scelle quelque chose: on mènera une affaire à bonne fin.

Scène tournante
— Changement inattendu de direction dans la vie.

Sceptre
— On parviendra à de grands honneurs.

Scie

— Rêve uniquement sexuel, parfois signe de perversions.
— Que l'on voit: une séparation sera profitable.
— Que l'on utilise: on se débarrassera d'une personne importune ou se libérera d'une situation qui pèse.
— Que l'on voit d'autres utiliser: on aura des pertes dues au fait que des tiers deviennent invisibles.
— Émoussée que l'on manie sans parvenir à scier: on ne parviendra pas à se débarrasser d'une personne importune ou à se libérer d'une situation inconfortable.
— Voir de la sciure de bois: impudicité.

Scie égoïne

— On fera du bon travail.

Scorpion

— Que l'on voit: inimitié secrète.
— Par lequel on est piqué: on subira de graves dommages du fait d'une inimitié secrète.

Sculpteur

— Voir un sculpteur: on va acquérir des connaissances.
— Se voir sous les traits d'un sculpteur: plus de sécurité dans l'existence.
— Voir une exposition de sculptures: on atteindra un objectif important en peu de temps.

Seau

— Récipient de la vie, l'interprétation est fonction du contenu.
— Voir un seau: on sera consolé.
— Porter un seau plein: gain.
— Faire couler de l'eau claire dans un seau: chance dans une entreprise.
— De l'eau trouble: beaucoup de soucis et de désagréments.

Se casser/S'arracher

— Une dent: grosses dépenses et soucis.

Secret

— Que l'on apprend: amitié.
— Que l'on trahit: dommage.

Secrétariat

— La modestie irait bien.

Se déplacer en voiture
— Une heure agréable.

Se promener
— Beaucoup de travail et peu de tranquillité.

Seins
— Signification exclusivement sexuelle.
— Voir de beaux seins d'une femme: surprise agréable.
— D'une jolie fille: les désirs les plus secrets vont se réaliser.
— Des seins d'une grosseur anormale: présage d'aisance matérielle.
— Des seins fanés: soucis.
— Avoir des seins anormalement gros: bien-être.
— Voir un enfant au sein de sa mère: beaucoup de bonheur dans les affaires privées et personnelles.
— Tenir soi-même un enfant sur son sein: nostalgie.

Sel
— Thème originel du sel comme élément vital et base de la santé; il est toujours mauvais d'en manquer.
— Que l'on voit: bon présage pour un projet ou une initiative.
— Que l'on utilise: une vieille habitude recevra d'un événement un charme nouveau.
— Que l'on répand: contrariété ou malchance passagère.

Sel ammoniac/Salpêtre
— Danger.

Selle/Seller
— On recevra un cadeau de prix.

Sellier
— Que l'on voit ou que l'on est: de bonnes affaires.

Semence
— On craint que la récompense de certains travaux soit oubliée.
— Que l'on met en terre: un désir ne se réalisera pas tout de suite.
— Que l'on voit en herbe: exhortation à se montrer prudent et à prendre des précautions avant de s'engager dans un projet sous peine d'échec.
— Se pencher sur un champ ensemencé: par mégarde ou délibérément, on cause la ruine d'un bel espoir que l'on avait formé.

Semoule
— Que l'on mange: surabondance de biens matériels.

S'enfoncer
— Inconsistance morale.

Sentier
— Que l'on voit devant soi: bonheur secret ou gardé secret à l'égard de tiers.
— Sur lequel on marche: sans tenir compte des opinions ni des protestations d'autrui, on suit sa propre voie.
— Que l'on perd: on tombera dans une situation embarrassante.
— Large: chance.
— Étroit: chance à moitié seulement.

Sentinelle
— Que l'on voit: la méfiance que l'on ressent envers une certaine personne est justifiée.
— Être placé en sentinelle: de l'agitation au foyer.

Se reposer
— Avenir heureux.

Serpent
— Symbole originel purement sexuel.
— Que l'on voit: mise en garde contre la rouerie et la perfidie d'une femme.
— Par lequel on est mordu: on aura des difficultés qui seront causées par la rouerie et la perfidie d'une femme.

Serrure
— Que l'on voit: exhortation à se montrer prudent et réservé dans une affaire.
— Que l'on ouvre: de nouvelles perspectives s'ouvrent pour l'avenir.
— Que l'on ne parvient pas à ouvrir: il faut compter sur un obstacle inattendu.
— Que l'on ferme: on gâchera par sa faute une perspective d'avenir.
— Que l'on ouvre par effraction: échec complet d'une entreprise.
— Cadenas: sécurité.

Serrurier
— Que l'on voit: secours inattendu.

Service de l'état-civil
— Que l'on voit: des difficultés familiales en perspective.
— Où l'on voit un mariage (rêve de personnes célibataires): un mariage espéré n'a pas lieu, ou il faudra attendre encore longtemps avant de se marier.

Service religieux
— Auquel on assiste dans l'église: on obtiendra une bonne position.

Serviette de toilette
— Propre que l'on voit: une communication désagréable.
— Sale: soucis ménagers.

Serviteur
— Mise en garde contre la calomnie et la tromperie.

S'habiller
— Soi-même: des secrets seront percés.
— Voir des tiers s'habiller: on ne refusera pas son secours à une personne étrangère.

Sifflement
— Que l'on entend: on aura le plaisir de revoir un ami.

Sifflet
— Que l'on voit ou entend: mise en garde contre un danger.
— Que l'on utilise: on a des craintes au sujet d'une personne proche.

Singe
— Le développement qui doit aboutir à une personnalité mûre se heurte à des difficultés.
— Voir un singe: on est entouré de flatteurs; on leur porte une confiance imméritée.
— Voir un singe grimper: les perspectives en amour sont bonnes.

Sirop
— Ne pas faire de folie.

Ski
— Que l'on voit: mise en garde contre une voie en pente raide.

— En faire : dans une affaire, on dégringole plus vite qu'on ne monte.
— Que l'on voit pratiquer par des tiers : on est amené par de mauvais exemples à sortir du droit chemin.

Smoking

— Que l'on voit dans les rêves d'hommes : un rendez-vous tendre.
— Dans les rêves de femmes : on peut à peine attendre la date d'une tendre rencontre.

Sœur

— Représente chez les femmes leur propre ombre ; chez les hommes, la composante féminine se manifeste sous un jour nouveau.
— Voir sa propre sœur : bonne santé.
— Prendre congé de sa sœur : dans une affaire, on en est réduit à ses seules ressources.
— La voir mourir : détérioration de la situation.

Sœurs

— Que l'on voit : surprise.
— Mortes : longue vie.

Soie

— Que l'on voit : un entourage agréable et aisé.
— Que l'on fabrique : on aura beaucoup d'amis qui viendront très volontiers en visite.

Soie artificielle

— Que l'on voit : bonheur seulement apparent.

Soif

— La plupart du temps, il y a une réaction physique : on désire boire l'élixir de vie.
— Avoir soif : on fait la connaissance de faux amis.
— Étancher sa soif : bonheur.
— Ne pas étancher sa soif : peine inutile.
— Ressentir la soif, sans pouvoir l'étancher : deuil et inquiétude.
— Étancher sa soif plus que de besoin : richesse et prestige.
— Avoir soif et trouver une bouteille vide : déception en amour.
— Donner à boire à quelqu'un qui a soif : procure de la reconnaissance.
— Refuser à boire à quelqu'un qui a soif : on sera poursuivi par de mauvaises pensées.

Soins des mains et des ongles

— Que l'on voit chez des tiers: ne pas se laisser duper, car l'apparence trompe.

— Que l'on se fait donner ou que l'on se donne: dans le cas d'un rêve de femme succès dû à un extérieur brillant; dans le cas d'un rêve d'homme on obtiendra un semblant de succès, ou encore on est porté à simuler un succès qui n'existe pas.

— Que l'on donne à une autre personne: on roule quelqu'un ou essaie de le rouler.

Soir

— Dans toute combinaison un amoindrissement des forces intellectuelles et physiques.

Soirée

— Que l'on donne: on fera des connaissances.

— À laquelle on assiste: situation embrouillée.

Sol

— Que l'on voit et sur lequel on court: joie et peine.

— Sur lequel on est étendu: invitation à veiller à sa santé.

— Sur lequel on est assis: la situation devient de moins en moins sûre.

Soldat

— Mise en demeure intérieure de se ranger dans la vie et de se soumettre à une discipline.

— Que l'on voit ou avec lequel on a des relations: dans les rêves de femmes une amourette passagère; dans les rêves d'hommes, des jours agités s'annoncent.

— Voir beaucoup de soldats à une revue: joyeuse surprise.

— Les voir défiler: un changement qui pèsera.

— Les voir à l'exercice: des désagréments avec des supérieurs, des administrations ou des personnes plus haut placées.

— Les voir à la guerre: violente explication, querelle et dissension avec des tiers.

Soldes

— Acheter bon marché: une occasion avantageuse s'offre de réaliser un souhait ancien.

Soleil

— Fort symbole d'énergie; toutefois, chez les personnes gravement malades, rêver de trop de soleil et de lumière est un mauvais présage.

— Que l'on voit se lever couleur d'or et beau : un événement particulièrement heureux.
— Rouge couleur de sang : on devra soutenir une dure lutte prochainement.
— Que l'on voit briller dans le ciel : de très bons jours à tous égards.
— Rouge couleur de sang : une période difficile s'annonce.
— Que l'on voit briller dans la pièce : des heures heureuses au foyer.
— Se refléter dans l'eau : bonheur factice, succès factice ou promesse vaine.
— Disparaître derrière des nuages : chagrin passager.
— Se déplacer dans le ciel à une vitesse anormale ou dans les deux sens ou tomber : catastrophe prochaine.

Sollicitation

— En rêve, le signe de soucis intérieurs et de craintes secrètes.

Sommier

— Que l'on voit : exhortation à mieux se contrôler.
— Sur lequel on est étendu : on subira un dommage causé par son manque d'assurance, son indécision, sa précipitation, ou son manque de constance.

Somnifère

— Que l'on prend : on mettra rapidement un terme à une relation ou à une affaire ou on sera contraint de le faire.

Sonner

— Trouble acoustique qui indique une surexcitation de la tête ou la possibilité d'une maladie.
— Sonner une cloche : un danger sérieux menace.
— Entendre carillonner : il y a lieu de craindre une perte sensible.
— Entendre sonner le glas : de bonnes nouvelles ou une surprise agréable.

Sonnette

— Que l'on entend : bon présage.
— Que l'on voit sans l'entendre : on dira quelque chose qui ne réussira pas.
— Que l'on actionne soi-même : on causera une joie à quelqu'un sans le vouloir.

Sorcière

— Symbole féminin originel de l'amour éprouvé pour

l'autre sexe.
— Que l'on voit: avenir heureux.
— Avec laquelle on parle: fiançailles ou mariage sous peu.

Sottise
— Présage d'honneur.

Soufflet
— Querelle.

Soufre
— Que l'on voit: maladie.
— Soufrer quelque chose : on mettra de l'ordre dans sa maison.

Soulier
— Symbole sexuel féminin non équivoque.
— Que l'on voit: on aura prochainement beaucoup de courses à faire.
— Mettre et porter des souliers neufs et allant bien: une démarche aura du succès.
— Des souliers vieux et déchirés: une démarche infructueuse.
— Un soulier trop étroit: démarche pénible ou difficile.
— Trouver un soulier perdu: on fera une connaissance.
— Si le soulier trouvé est bon et non endommagé: une connaissance deviendra un bon camarade ou partenaire.
— S'il est vieux et déchiré: on aura peu à se féliciter d'une nouvelle connaissance.
— Acheter des souliers: on vous fera des promesses.

Soupe
— Quand on n'aime pas la soupe, elle symbolise la conscience que l'on a de devoir payer les verres que l'on a cassés.
— Que l'on voit, que l'on prépare ou que l'on mange: des jours exempts de soucis.

Source
— Selon l'aspect de l'eau, clarté ou confusion au point de vue intellectuel.
— Claire et pure que l'on voit jaillir: grand bonheur; si l'eau est trouble, désaccords.
— Claire dont on puise de l'eau ou boit: grand succès qui couronnera des efforts.
— Trouble dont on puise de l'eau ou boit: on aura affaire à des personnes manquant de sincérité.

Sourcils

— Épais : joie.
— Qui tombent, peu fournis, brûlés : annonce d'une perte.

Sourd

— L'être : on apprendra des nouvelles.
— Voir des personnes sourdes : par un comportement avisé, on réalisera un gain.

Souris

— Sens sexuel et érotique ; souvent, rêve prémonitoire qui met en garde contre une exploitation exagérée des forces vitales.
— Que l'on voit courir libre : mécontentement et contrariété.
— Que l'on entend siffler : mise en garde contre un danger.
— Que l'on capture : chance dans la malchance.
— Que l'on voit dans un piège : on réglera une affaire irritante.
— Voir des souris blanches : on se fait des soucis superflus à propos de quelque chose.

Sous-officier

— Que l'on voit ou avec lequel on a des relations : on aura comme ami ou amant quelqu'un qui voudra se faire obéir à la baguette.

Souvenirs

— En recevoir en cadeau : le cœur va être comblé de joie.
— En donner en cadeau : un événement imminent rendra heureux.

Sparadrap

— Que l'on voit : discorde ou offense.
— Que l'on appose sur quelqu'un : on se repentit d'avoir fait mal à quelqu'un.
— Qui est apposé par quelqu'un ou que l'on s'appose soi-même : on sera offensé gravement.
— Que l'on voit sur un œil : pardon.
— Collé sur une bouche : on devrait être plus discret.

Squelette

— Que l'on voit : malheur.

Star

— Du théâtre ou du cinéma : on se montre bien léger.

Stylo

— Que l'on voit ou avec lequel on écrit: on fera la connaissance d'une personne ayant des activités littéraires et qui jouera un rôle important dans la vie du sujet.

Sueur

— Pour les malades, la guérison.

Suie

— Attention aux amis qui cherchent à vous salir.
— Que l'on voit: un travail désagréable.
— Nettoyer un poêle ou une cheminée et se salir: grand succès d'un travail désagréable.

Sureau

— Que l'on voit: le malade guérira.
— En fleurs: belle vie d'amour.

Surface de l'eau

— Calme et unie que l'on voit: des jours exempts de soucis.
— Agitée: des jours remplis de soucis.
— Dans laquelle on se reflète: on se trompera soi-même dans une affaire.
— Voir d'autres objets s'y refléter: illusion ou déception.

Surprise

— La prudence est de mise.

T

Tabac

— La virilité est fortement soulignée; les cigares et les pipes sont des symboles clairement sexuels.
— Voir des plantes, des feuilles ou du tabac brut : on va changer d'opinion.

— Que l'on fume dans une pipe : on fera des plans inutiles.

Tabac à priser

— Que l'on voit ou dont on prend une prise : contrariété.

Table

— Symbole de la vie; on est assis devant sa vie et voit ce qu'elle présente.
— Que l'on voit : on sera en compagnie; si la table est bien mise, on s'amusera bien; si elle n'est pas mise, on s'ennuiera.
— Voir une nappe propre : le proche avenir sera particulièrement favorable à l'agrandissement du ménage ou à en fonder un.
— Une nappe avec des taches ou sale ou que l'on salit : le ménage pour un motif quelconque n'est pas en ordre, ou il faudra attendre longtemps encore pour en fonder un.
— Des nappes : on a un ménage bien rangé.

Table ou règle à calculer

— Que l'on voit : on fera ou a fait une erreur de calcul quelque part.
— Que l'on utilise : il faut se fier à soi-même, et non aux autres.

Tableau (de peintre)

— On est à la recherche d'une vue claire de soi ou des autres.
— Que l'on voit : joie inattendue.
— Que l'on achète : contrariétés.
— Que l'on vend : bonne affaire.

Tableau noir

— Dans la situation où l'on se trouve, on aurait grand besoin d'un bon conseil.
— Que l'on voit : on apprendra bientôt quelque chose à ses dépens.
— Sur lequel on écrit : il y a quelque chose qu'on n'apprendra jamais; on subira de ce fait à nouveau un dommage.
— Sur lequel on voit des tiers écrire : on recevra un bon conseil.
— Que l'on essuie : on entreprendra quelque chose avec plus de réflexion que la dernière fois.

Tablier

— Des désagréments prochains doivent être dissimulés,

ce qui ne se fera pas sans peine.

— Voir le tablier de travail d'un homme : dans les rêves d'hommes, signifie que l'on aura beaucoup de travail; dans les rêves de femmes, qu'on aura beaucoup de tourment avec un homme.

— D'une femme : dans les rêves d'hommes, inconfort au foyer; dans les rêves de femmes, beaucoup de travail et de peine.

— Voir le tablier d'apparat d'une femme : l'homme qui fait ce rêve est un trousseur de filles qui tombera dans le panneau; la femme qui fait ce rêve recevra une visite agréable ou un cadeau.

Taches

— De graisse sur les habits : riche mariage.

— Que l'on fait : on fera un faux pas.

— Laissées par la variole : on fera une bonne connaissance.

Taches de rousseur

— On se sent de quelque manière sous le coup d'une charge et craint que l'entourage se rende compte d'une faute, d'un vice ou d'un délit.

Tailleur/Couturière

— Que l'on voit au travail : remet en mémoire le proverbe « C'est l'habit qui fait le moine ».

— Chez qui on travaille : on ne sait pas comment venir à bout d'une affaire.

— Se faire des vêtements : beau succès, notamment en amour.

— Faire des vêtements pour des tiers : un beau trousseau pour soi ou pour les enfants.

Talon

— Symbole d'une faiblesse connue, dont on a peur que des tiers aient connaissance.

— Que l'on voit : malheur.

— Être blessé au talon : on a une faiblesse qui est mise à profit par des tiers.

Tambour

— Que l'on voit ou entend : une nouvelle qui causera de l'agitation.

— Dont on joue : on veut attirer l'attention d'autres personnes, mais on n'y parvient pas ou on obtient l'effet contraire; également, faire sensation sans motif ou d'une manière importune.

Tamis

— Que l'on voit : exhortation à séparer le bien du mal.
— Que l'on utilise : il faudra rendre compte à quelqu'un de ses actes.
— Avec lequel on essaie de puiser de l'eau ou un autre liquide : on ne réussira pas à atteindre un objectif par des moyens inadéquats.

Tango

— Que l'on danse ou voit danser : on commettra une sottise, mais on n'aura pas à s'en repentir.

Tank

— À liquides que l'on voit vider ou se vider : on sera complètement désemparé devant une situation.
— Que l'on voit plein ou rempli : on avancera bien dans une affaire à laquelle on tient beaucoup.

Tante

— Que l'on voit : annonce d'un cadeau.

Tapage

— Que l'on entend : de l'agitation dans la maison.

Tapis

— Que l'on voit : soucis ou inconfort au foyer.
— Que l'on bat ou nettoie : une visite inopportune.

Tapisserie

— On possédera de beaux appareils ménagers.

Tapissier

— On se distingue par son bon caractère.

Tarin

— On entretiendra des relations avec des personnes peu cultivées.

Tasse

— Symbole clairement sexuel. Tout récipient symbolise un désir.
— Que l'on voit ou dans laquelle on boit : visite d'une amie.
— Que l'on casse : la visite d'une amie procurera un gros avantage.

Taupe

— Que l'on voit : on est méconnu ou sous-estimé par des tiers.
— Que l'on tue : on commettra une erreur ou sera victime d'une erreur.

Taureau

— Le symbole originel le plus fort de la virilité et de la force; chez l'homme, rêve de puissance sexuelle, chez la femme souvent rêve suscité par un désir.
— Que l'on voit, achète ou possède : on aura un ami ou protecteur aisé ou un avantage matériel.
— Que l'on tue, que l'on fait abattre ou que l'on vend : on perdra un ami ou protecteur aisé ou subira une perte matérielle par suite d'une grande folie.
— Voir une corrida : mise en garde de ne pas s'immiscer dans les démêlés de personnes plus fortes ni de se poser en conciliateur, sinon elles régleront leur différend à vos dépens.

Taverne

— Que l'on voit : une invitation à une partie gaie et bien arrosée.
— Où l'on est client : on sera le sujet de la prochaine ronde des habitués.

Teigne

— Sur sa propre tête : richesse.
— Chez des enfants : santé.

Télégraphe

— Que l'on voit ou que l'on utilise : des nouvelles surprenantes en perspective.

Téléphone

— Que l'on voit : on fera la connaissance d'une personne qui masquera son identité.
— Que l'on utilise : on masquera son identité quand on fera la connaissance de quelqu'un.
— Être appelé au téléphone : un rendez-vous sera annulé.
— Communiquer avec un mauvais numéro : annonce que dans la vie également, une communication fausse aura lieu.
— L'abonné ne répond pas : on attendra vainement à un rendez-vous.
— Communication coupée : joie à se revoir.
— Voir couper une communication : on apprendra quelque chose de nouveau.

Témoin

— L'être devant un tribunal : quoi que l'on fasse, on perdra la faveur de l'une des deux personnes.

Tempête

— À laquelle on assiste d'un lieu où l'on se trouve en sécurité : l'existence, une relation ou quelque affaire importante en danger.
— Que l'on entend mugir : de mauvaises nouvelles.
— Dans laquelle on se trouve et contre laquelle on lutte : grosses difficultés et pertes.

Temple

— Joie de vivre.

Ténacité

— On sera opiniâtre au travail.

Tenaille

— Indique une situation dangereuse de contrainte.
— Que l'on voit ou manipule : on sera bien coincé.

Tente

— Que l'on voit : on veut partir au loin.
— Sous laquelle on habite ou dort : on se libérera d'un poids ou d'un préjugé inutile et on pourra ainsi reconnaître la beauté du monde; d'autre part, pour les personnes embourgeoisées, annonce d'incertitude au foyer.

Terrain à bâtir

— Que l'on voit : entreprise qui procurera un gain.

Terrasse

— Que l'on voit : une période favorable pour l'élaboration de plans va commencer.
— Sur laquelle on se trouve : une bonne idée procurera des avantages.

Terre

— Voir de la terre noire : chagrin et tristesse.
— Jaune ou éclairée par le soleil : amis fidèles et chance en général.
— Être assis sur la terre nue et ressentir le froid : faire attention à sa santé.
— Être étendu sur la terre et prendre un bain de soleil : on s'amusera bien au cours d'une excursion.

Terrine

— Vide que l'on voit : l'espoir de recevoir une invitation ou une visite attendue ne se réalise pas.
— Pleine : on recevra une invitation ou une visite.
— Que l'on laisse tomber ou que l'on casse : on aura une nouvelle compagnie qui sera une source de bonheur et d'avantages.

Testament

— On parviendra à un âge élevé.

Tête

— En général, en relation avec des maux de tête ou de la fièvre; se méfier d'autres maladies possibles.
— Que l'on voit sans tronc : chance et libération de tous maux.
— Que l'on porte tournée à l'envers : annonce une étourderie.
— Avoir une tête anormalement grosse : chance.
— La tête d'un chien ou d'un âne : servitude.
— D'un oiseau : nostalgie du vaste monde.
— D'une bête sauvage : on triomphera de ses ennemis.
— Se placer une tête sur les épaules : on est oppressé par quelque chose qu'on s'imagine.
— Blesser quelqu'un à la tête, lui défoncer le crâne, lui couper la tête ou être décapité soi-même : porte malheur.

Tête de mort

— Que l'on voit sous forme d'image : dans une affaire, la lutte sera acharnée.

Thé

— Que l'on voit, que l'on prépare ou que l'on boit : il faudra avoir beaucoup de patience dans une affaire.

Théâtre

— Les représentations que l'on voit sur la scène se rapportent presque toujours à des épisodes ou des moments obscurs de la vie.
— Que l'on voit : on s'abandonnera à une illusion trompeuse.
— Dans lequel on a pris place : une illusion trompeuse se soldera par un échec.

Thermomètre

— Que l'on voit : on fera une triste expérience avec une personne qui ne mérite pas la confiance.

Tige de céréales

— Que l'on saisit : on deviendra agressif à l'égard de quelqu'un.

Tigre

— Attention ! L'instinct, sous sa forme la plus primitive, prend le dessus.
— Que l'on voit : une personne avide de vengeance causera des tracasseries sensibles.
— Par lequel on est poursuivi ou attaqué : une personne avide de vengeance causera un grave dommage.
— Que l'on abat : on mettra une personne avide de vengeance hors d'état de nuire.

Tilleul

— Que l'on voit : la détente, la joie et les relations amicales trouveront bientôt la place qui leur revient.
— Que l'on entend bruire : nouvelles importantes.

Timbale

— Que l'on voit ou entend : des nouvelles.
— Dont on joue : on se fera remarquer dans le mauvais sens.

Timbre-poste

— Que l'on voit, achète ou colle : présage d'une nouvelle connaissance.
— De l'étranger que l'on voit ou que l'on collectionne : on fera la connaissance d'étrangers.

Timon

— Que l'on voit : on fera un voyage.
— Brisé : un plan ne se réalisera pas.

Tirer

— Une voiture ou un chariot : un travail pénible qui est mal payé.

Tirer avec une arme à feu

— Une décision est prise ; souvent, il s'agit aussi d'une réaction sexuelle anale.
— Entendre des coups de feu : des coups isolés signifient des nouvelles importantes ; un tir plus violent indique de l'agitation ou des événements turbulents.
— Tirer soi-même : on pourra enfin dire ce qu'on a sur le cœur.

Tiroir
— Ouvert et vide que l'on voit : mise en garde contre un vol.

Tisser/Tisserand
— Chance et accroissement de la fortune.

Titres
— Que l'on voit : mise en garde contre des spéculations.
— Que l'on achète : des pertes financières ou des dépenses fâcheuses.
— Que l'on perd : on sera préservé d'une mauvaise spéculation ou d'une autre perte quelconque d'argent.

Toile
— Fine : aisance.
— Grossière : on recevra son trousseau.
— Blanche et propre que l'on voit : commencement d'une période favorable.
— Sale et déchirée : insuccès dans le travail ou dans une entreprise.
— Que l'on fabrique : succès dans le travail ou dans une entreprise.
— Que l'on possède : argent et biens.

Toile d'araignée
— Que l'on voit : les fils que l'on a tendus avec tendresse entre soi et des tiers ou que l'on tendra prochainement doivent être dissimulés, sinon ils pourraient bien être détruits.
— Que l'on détruit : par mégarde, on détruira soi-même des fils qu'on avait tendus avec tendresse entre soi et des tiers.

Toit
— Fantaisies illicites : incendie du toit dangereux, souvent encéphalites.
— Monter sur un toit : on s'exposera à un danger.
— Être debout sur un toit : grand honneur.
— Couvrir un toit : vie joyeuse.
— Tomber indemne d'un toit : on échappera à un danger.
— Tomber d'un toit et se blesser : annonce de maladie.
— Regarder par une lucarne : espoirs lointains.

Tôle
— Que l'on voit ou que l'on travaille : on s'occupe de choses sans valeur.

Tomate

— Que l'on voit : amour secret.
— Que l'on cueille, prépare ou mange : une liaison amoureuse secrète aura des conséquences que l'on ne désirait pas.

Tombe

— Symbole de conflits vitaux non résolus; recherche d'une issue; insécurité, désarroi.
— Que l'on voit creuser : nouvelle de la mort d'un proche.
— Dans laquelle on descend : on sera calomnié.
— Que l'on voit s'effondrer : malchance et maladie dans la famille.
— De la mère sur laquelle on dépose des fleurs : on cherche une consolation.
— Sur laquelle on voit son nom : attention à la santé.
— Que l'on voit : discrétion.
— Dans laquelle on est étendu : mort d'une connaissance.
— Voir un tertre funéraire : on se verra rappeler quelque chose que l'on a oublié depuis longtemps, ou l'on se verra rendre quelque chose que l'on avait perdu ou qui avait été enlevé.
— Voir un tombeau : un vieil ami, qui a un grand prestige et qui a été absent depuis longtemps, va revenir.
— Voir une inscription funéraire : on perdra un ami.
— Voir une tombe : on aura un accident de circulation.
— En creuser une : on subira un dommage par sa propre faute.
— Voir une tombe avec un petit pont : tromperie.
— Sauter par-dessus une tombe : on atteindra son but.
— Tomber dans une tombe : on rencontrera beaucoup d'obstacles.

Tomber

— De haut : perte de l'honneur et de la fortune.
— Dans un fossé : on aura mauvaise réputation.
— Par-dessus un objet : on recevra des éclaircissements sur quelque chose.
— Trébucher sans tomber : on sera protégé d'un malheur.
— Soi-même : danger.
— Voir des tiers tomber : on démasquera des ennemis.

Tomber amoureux

— Ou être amoureux : amère déception.
— Quelqu'un devient amoureux de vous : on aura des avantages grâce à des tiers.

Tonneau

— Si des troubles de la santé ne sont pas la cause du rêve, sens sexuel.
— Que l'on voit : peine récompensée.
— Sans fond : peine inutile.
— Que l'on met en perce : on s'adonnera à la boisson.
— Que l'on fait rouler devant soi : on recevra un travail rémunérateur.
— Lourd que l'on porte : détente après un travail fatigant.
— Voir plusieurs tonneaux : augmentation de la fortune.
— En faire rouler plusieurs dans sa cave : avenir assuré et riche.
— Acheter un tonneau de vin : on recevra des invités.
— Tonneau vide : besoin.
— Plein : aisance.
— Qui a une fuite : pertes.

Tonneau de bière

— Que l'on voit : gaieté.
— Qu'on boit : on s'ennuie et on a besoin d'une distraction.

Tonnelle

— Que l'on voit : bonheur en amour.
— Sous laquelle on est assis : on aura des secrets d'amour.

Tonnerre

— La nature qui gronde montre à la personne qui rêve qu'elle exerce une action sur l'issue — positive ou négative — des plans.
— Entendre le tonnerre : querelles et soucis.
— Au théâtre : beaucoup de bruit pour rien.
— Avec un éclair : joie de se revoir.
— Si la foudre tombe : perte.

Torchon

— Propos malveillants.

Tortue

— Que l'on voit : on trouvera un protecteur ou un défenseur.
— Que l'on tue : on perdra par sa faute la faveur d'un protecteur ou d'un défenseur.
— Morte que l'on trouve ou que l'on mange : on perdra par suite de circonstances extérieures un protecteur ou un défenseur.

Torture
— Symbole de la conscience qui pousse à prendre position à l'égard de ce qui se passe.
— Y assister : on a de la compassion pour des amis qui sont dans une mauvaise situation, mais que l'on ne peut pas aider.
— La subir : situation très fâcheuse.
— L'appliquer à quelqu'un : on fera du tort à quelqu'un.
— Voir une chambre de tortures : on a peur des conséquences d'un acte.

Tour
— Que l'on voit : un grand dessein se réalisera.
— S'effondrer : un grand dessein dont on espérait la réalisation va échouer.
— Gardien d'une tour : déception.

Tour émettrice de télévision
— Que l'on voit : rendez-vous.

Tourment
— Que l'on subit : perspective d'un avenir meilleur.

Tourneur
— Que l'on voit au travail : santé.
— Sous les traits duquel on se voit travailler : bonne fin d'un travail.

Tourterelle
— Bonheur en amour.

Toux
— Indique un manque d'assurance et du souci à cause de ce qui reste incertain.
— Que l'on a : on recevra une réponse négative.

Tracteur à chenilles
— Que l'on voit : on avancera bien dans une affaire difficile.

Train
— Que l'on se hâte de prendre : beaucoup de nouvelles.
— Que l'on manque bien que l'on se soit hâté : on veut parvenir à quelque chose d'impossible.
— Que l'on voit : un départ.

— Dans lequel on se déplace : on avancera vite et bien.
— Dont on descend : on parviendra à son but.
— Que l'on voit sortir d'un tunnel : on apprendra un secret par lequel on est concerné.
— Assister à une catastrophe ferroviaire : on recevra de mauvaises nouvelles d'un ami lointain.

Traîneau
— Que l'on voit : si l'on veut connaître le succès, il faut s'adapter aux circonstances.
— Dans lequel on se déplace : présage de succès.
— Qui se renverse, de sorte qu'on tombe dans la neige : dans une histoire d'amour, on subira une mésaventure qui fera la joie de tiers, mais l'amour s'en trouvera accru.
— Faire du traîneau pour son plaisir en hiver : on vivra une belle histoire d'amour.
— Voir une course de traîneaux : mise en garde contre une entreprise téméraire.
— Prendre part à une course de traîneaux : on s'engage dans une entreprise très risquée.

Traire
— Voir traire : il faut apprendre à saisir sa chance là où elle se présente.
— Soi-même : dans toutes ses entreprises, on aura la main heureuse dans un proche avenir.
— Vouloir traire, mais ne pas pouvoir faire jaillir le lait du pis : la volonté d'entreprendre un certain projet mérite des louanges, mais les forces nécessaires à sa réalisation font peut-être défaut.

Tramway
— Que l'on voit : on se voit rappeler une commission importante qui n'a pas encore été faite.
— Dans lequel on se trouve : pour l'instant, rien de changé; le rêve de richesse et d'amour ne se réalisera pas pour le moment.

Tranchée
— Que l'on voit : dans les rêves d'hommes, signifie qu'une convocation sous les drapeaux est imminente ou que l'on doit s'occuper d'affaires concernant la défense nationale; dans les rêves de femmes, le mari ou l'amant doit être soldat ou effectuer un service analogue.
— Voir également « Bataille ».

Trappe

— Il faut tenir compte d'une fourberie pour échapper à un danger.

Travail

— Présage favorable de succès par ses propres forces et sa propre énergie.
— Exécuter un travail : recettes plus importantes qu'auparavant.
— Commander un travail : gain.

Travail de nuit

— Que l'on fait : on sera récompensé de son zèle.

Trébucher

— Sans tomber : on sera préservé d'un accident.

Trèfle

— Que l'on sème ou que l'on voit sur pied : bonheur ménager.
— Se trouver dans un champ de trèfle après la floraison : avenir défavorable.
— Voir une feuille de trèfle sombre : bonheur tardif.
— Claire : bonheur prochain.
— Une feuille à quatre lobes : bonheur en amour.

Tremblement de terre

— Rêve naturel, symbole de l'humanité originelle; souvent mise en garde.
— Voir un tremblement de terre : exhortation à rester inébranlable.
— Se trouver dans la zone qui tremble : changement prochain de la situation.
— Et subir un dommage : pertes causées par l'évolution générale du pays.

Trépied

— Présage de satisfaction dans le travail.

Trésor

— Signifie dans la plupart des cas que l'on se demande si la vie vaut la peine d'être vécue.
— Que l'on enfouit ou cache : on sera trahi et vendu par un faux ami.
— Que l'on trouve : lourdes pertes d'argent ou de biens ou appauvrissement.
— Voir une trésorerie : on trouvera de bons amis.
— Voir un chercheur de trésors : on aura un traître dans son entourage.

Tresse

— On n'a pas le courage de s'affranchir des habitudes traditionnelles.

— Que l'on voit ou fait : il faudra se séparer d'une vieille habitude qui est chère.

Triangle

— Symbole remontant à la plus haute antiquité, qui s'interprète soit sexuellement (féminin), soit sur le plan de la magie.

Tribunal

— On fait ses comptes avec soi-même ou avec son entourage.

— Que l'on voit : on devra chercher à obtenir son droit.

— Recevoir une assignation : on souffrira de poursuites.

— Par lequel on est condamné : on connaîtra l'ingratitude pour un acte dont on pouvait attendre d'être remercié.

— Devant lequel on comparaît comme témoin : on devra aider quelqu'un dans une situation difficile.

Tribune

— Que l'on voit : on se trouvera prochainement au premier plan d'un événement qui suscitera beaucoup de commentaires.

— Sur laquelle on se trouve pendant une manifestation : on sera victime d'un passe-droit désobligeant.

Tricorne

— Comme coiffure : honneur et prestige.

Tricoter

— Voir tricoter : on sera mêlé à une affaire longue et embrouillée.

— Soi-même : on va régler d'une manière compliquée ce qui pourrait l'être simplement.

Tricycle

— Sur lequel on se déplace : on arrivera au but.

Trois

— Nombre qui signifie beaucoup de bonheur.

Trombone

— Que l'on voit ou entend : règlement de comptes imminent.

— Dont on joue : on demandera des comptes à quelqu'un.
— Dont on veut jouer sans parvenir à en tirer un son : on a le dommage, et la moquerie par-dessus le marché.
— Plusieurs trombones : il faudra prendre des engagements.

Trompe
— Bon présage sexuel, sauf si l'éléphant se démène; il ne faut pas exciter ni laisser se développer des forces et des instincts gigantesques.

Trompette
— Que l'on voit ou entend : on sera appelé auprès de quelqu'un.
— Dont on joue : on demandera quelque chose à quelqu'un en vain.

Trou
— Rêve nettement prémonitoire; symbole qu'un piège va être tendu.
— Que l'on voit : mise en garde contre une inadvertance.
— Dans lequel on rampe : on tombera dans un piège ou dans une mauvaise compagnie.
— Dans lequel on tombe : on sera inquiété ou dérangé par des tiers.
— Que l'on a dans son vêtement : s'attendre à une tromperie.
— Que l'on raccommode : tristesse.

Troupeau
— Accroissement de la fortune.

Trouvaille
— Que l'on fait : on se fie trop au hasard et on n'apprécie guère un travail systématique.

Trouver
— On devra modifier ses espérances.
— Quelque chose : faux espoirs.
— Des objets : beaucoup d'argent.

Truites
— Le bonheur est en marche.

Tuer d'un coup de couteau (de poignard)
— Une personne : on surmontera de grands obstacles.

— Une bête : gros gain.
— L'être soi-même : on tombera amoureux.

Tuile
— Que l'on voit : se reporter à « Brique » ; toutefois, il s'agit du ménage plutôt que de l'existence.

Tulipe
— Expression de l'amour et du mariage.
— Que l'on voit : mise en garde de ne pas juger quelqu'un sur son apparence seulement.
— Que l'on cueille : annonce des relations avec une personne jolie, mais sans esprit.
— Que l'on offre : on aime une personne jolie, mais sans esprit.
— Que l'on reçoit en cadeau : on est aimé par une personne jolie, mais sans esprit.
— Fanée : repentir qui vient trop tard.

Tunnel
— On ne sait ce que l'avenir apportera et n'ose pas espérer une amélioration.
— Que l'on voit ou traverse : des jours tristes.

Tutoyer
— Un supérieur : grand avenir.

Tuyau
— Que l'on voit : une vie tranquille.
— Voir beaucoup de tuyaux : on peut compter atteindre l'aisance.

Tyran
— Médisance.

Tzigane
— Que l'on voit ou avec lequel on parle : au point de vue matériel, il faut être prudent envers une personne grâce à laquelle on apprend à connaître beaucoup de choses belles, nouvelles et singulières.
— Dont on est l'ami : on trouvera un ami auquel on pourra faire entièrement confiance en cas de détresse ou de danger.
— Par lequel on se faire prédire l'avenir pour de l'argent : on sera prochainement dupé par quelqu'un.
— Qui prédit l'avenir par amitié : peut être considéré comme un rêve de seconde vue ; il faut en examiner exactement le contenu.

— Avec lequel on fait un marché : on sera roulé financièrement par quelqu'un.
— Par lequel on est aimé sincèrement : pour l'amour véritable de la vie une fidélité à toute épreuve; le partenaire sera fidèle quoi qu'il arrive.
— Avec lequel on a une amourette : un amour triste et lourd de conséquences et un mariage malheureux.
— Entendre de la musique tzigane : on vivra quelque chose de romantique.

U

Un (nombre)
— Que l'on voit: chance.
— Grand et peint en rouge ou que l'on peint soi-même en rouge: gain à la loterie, si on achète un billet comportant beaucoup de 1.

Uniforme
— Exhortation à s'imposer une discipline; déguisement.
— Que l'on voit: on est apprécié par l'autre sexe.
— Que l'on porte: on ne réussira pas à faire impression à quelqu'un.

Univers
— Que l'on voit: on attend en vain la fin d'une affaire, d'un état, etc.

Urine
— Si ce n'est pas un simple rêve de soulagement physiologique, signification sexuelle, mais assez compliquée.
— Uriner: une situation devient moins pesante.
— Au lit: il faut devenir continent.
— Boire de l'urine: on guérira.

Urne
— Que l'on voit: événement triste.

User
— Une nouvelle.

V

Vacarme
— Que l'on entend : de l'agitation chez soi.

Vaccination
— De petits enfants que l'on voit : on protègera une personne faible ou impuissante qui risque d'être lésée.

Vache
— Recherche de la sécurité dans le calme et pour longtemps.
— Que l'on voit : très bon présage.
— Que l'on trait : on gagnera beaucoup d'argent sans beaucoup de peine.
— Par laquelle on est poursuivi : mise en garde contre un ennemi qui pourrait devenir dangereux par sa sottise même.
— Morte : de graves dommages dans son affaire.
— Voir une étable : guérison d'un mal.

Vagabond
— On s'éloigne de la contrainte morale normale, sans savoir où l'on va ; danger possible par suite de conflits.
— Que l'on est ou avec lequel on a des relations : on tombera en mauvaise société.

Vaisselle
— Selon qu'on fait preuve de prudence ou d'étourderie dans ses rapports avec autrui, on peut « casser beaucoup de vaisselle ».
— Neuve que l'on achète : la famille s'accroît.
— Sale que l'on voit : on aura des soucis ménagers.
— Que l'on lave : harmonie en amour et amitié.
— Que l'on casse : chance.

Vaisselle de Chine
— On fréquentera des gens bien.

Valet (de ferme)
— Que l'on voit: escroquerie.
— Que l'on est: on tombera dans la dépendance de gens sans cœur.
— Avec lequel on se querelle: on subira un dommage du fait d'une perfidie.
— Avoir beaucoup de valets: on a des personnes infidèles dans son entourage.

Valise
— Que l'on voit ou que l'on achète: on apprendra un secret.
— Que l'on voit ouvert: attention aux voleurs!
— Recevoir une petite valise en cadeau : surprise agréable.

Vallée
— Signe d'un bas-fond sur la voie que l'on parcourt dans sa vie; contraire de montagne et rocher; souvent aussi indication d'un point de repos.
— Que l'on voit ou dans laquelle on fait une excursion: si la vallée est jolie, des temps modestes, mais heureux en perspective; si la vallée est sombre, des pertes causées par des extravagances.

Valse
— Que l'on danse ou voit danser: un épisode appartiendra bientôt au passé.

Vampire
— Sens opposé à celui de « Vermine »: instincts primitifs, froideur.
— Que l'on voit: on risque de tomber dans les filets d'un exploiteur.

Vantard
— On fera parler de soi, bien qu'il n'y ait rien derrière.

Vapeur
— Que l'on voit: un travail honnêtement accompli s'avère inutile.
— D'une locomotive: on fait des plans trop ambitieux.
— Sur une cuisinière ou sur un poêle: différends familiaux.

Variétés
— Que l'on voit : dans une affaire, on ne sait pas ce qu'on veut.

Variole
— L'avoir ou la voir : on deviendra riche.

Vase
— Vide que l'on voit : un penchant sans espoir.
— Avec des fleurs : un penchant trouve un écho ; il faut tenir compte du sens des fleurs.
— Que l'on casse : un penchant laisse des sentiments affligeants.

Vase de nuit
— On s'arrangera de manière à vivre commodément.

Vaurien
— Que l'on voit ou que l'on connaît : jeune fille, on épousera un brave homme.

Vautour
— Que l'on voit : maladie grave.
— Voler : on sera victime d'une injustice.
— Que l'on abat : victoire sur un ennemi.

Veau
— On a peur d'une existence indépendante et préfère se laisser tenir en tutelle.
— Avec lequel on joue : on passe son temps à des choses vaines.
— Auquel on donne de l'herbe : on rend un service à des ingrats.
— Que l'on voit à côté de la vache : on a peur d'agir à son gré.
— Voir beaucoup de veaux : on joue un tour malavisé.
— Que l'on voit abattre : on guérira d'une maladie.

Véhicule automobile
— Que l'on conduit : succès.
— Dans lequel on est assis : on se rapproche rapidement de son bonheur.

Veiller
— Un malade la nuit : une nouvelle attendue arrivera bientôt.
— Parce qu'on ne peut pas ou ne doit pas dormir : exhortation à bien ouvrir les yeux, car un danger menace.

Vélo
— Voir « Bicyclette ».

Velours
— On présume de ses forces avec des plans et des désirs démesurés.
— Que l'on voit ou dont on fait des vêtements : prestige et honneurs.
— Que l'on porte : mise en garde contre la présomption.
— Que l'on voit des tiers porter : des relations avec des personnalités haut placées procureront des avantages.

Vendange
— Que l'on voit ou à laquelle on prend part : on recevra une mission qui causera beaucoup de joie.

Vendre
— On perdra au change.

Vengeance
— On n'est pas en mesure de se courber devant l'infortune que le destin réserve.

Vent
— Des énergies spirituelles se déchargent.
— Qui souffle en plein visage : des obstacles de quelque nature.
— Dans le dos : on progressera bien.
— Dans lequel on voit quelque chose flotter : des nouvelles.

Ventre
— Sens presque toujours sexuel.
— Le voir : des opinions modernes tendent à passer au premier plan.
— Être couché sur le ventre : la santé va connaître une déficience.
— Voir ou avoir un ventre grand et gros : augmentation de la fortune.
— Maigre : perte d'argent.

Ver
— Signification parfois équivoque ; peut avoir également un sens sexuel et érotique ; si le fruit est véreux, le sens est clair.
— Que l'on voit : à dessein ou sans le vouloir, quelqu'un vous fera mal.

Ver de terre
— Que l'on voit: tant que tout ira bien, on aura des «amis».
— Que l'on utilise pour la pêche à la ligne: on suivra sa voie sans hésitations ni scrupules.

Ver luisant
— Que l'on voit: on est timoré en amour.
— Dans l'obscurité: un secret soigneusement gardé sera livré.

Verge
— Un travail désagréable va causer une foule d'ennuis.
— Que l'on voit: on sera puni d'une mauvaise action.
— Avec laquelle on est battu: réussite d'un plan ou d'un projet.
— Avec laquelle on bat quelqu'un: échec d'un plan ou d'un projet.
— Lier ensemble plusieurs verges: par manque de réflexion, on se suscitera des difficultés.
— Voir un faisceau de verges: le proche avenir donnera de bonnes leçons.

Verger
— Que l'on possède: héritage ou allocations quelconques.
— Voir le verger de quelqu'un d'autre: on sera tenté d'examiner et de vérifier la propriété d'autrui.

Vérité
— Honnêteté.

Vermine
— Que l'on voit: chance au jeu ou recettes imprévues.

Vernis
— Que l'on voit: on veut enjoliver.
— Brillant que l'on étend sur quelque chose: on récoltera de l'ingratitude.

Verre
— Que l'on polit: spéculation.
— Que l'on achète: prodigalité.
— Dont on fait cadeau: on sera estimé par quelqu'un.
— Précieux que l'on possède: on recevra un cadeau.
— Que l'on casse: chance.
— Vide: on ne sera pas un hôte bienvenu.

— Que l'on remplit d'eau: bonne santé.
— Que l'on voit plein: on sera bien vu dans une soirée.
— Que l'on voit déborder: querelle.
— Que l'on remplit de vin: joie et plaisir.
— Dans lequel on boit : prospérité.

Verre à vin

— Vide que l'on voit: du fait que l'on a été empêché de prendre part à une fête, on a échappé à une déception.
— Que l'on casse: on trouvera chez une personne ce que l'on a cherché.

Verre de lampe

— Que l'on voit ou nettoie: dans une affaire, on espère une inspiration qui ne viendra pas.

Verrue

— Souvent la conséquence d'une irritation de l'épiderme ou d'un organe; sinon, annonce qu'on sera couvert de honte ou de ridicule devant tout le monde; parfois aussi signification érotique.
— Que l'on voit: chez un ami ou une amie, on découvrira une faiblesse ou un point obscur dans la vie.
— Que l'on a: on sera surpris au moment d'une faiblesse ou on verra attirer son attention sur une faiblesse, ou quelqu'un s'inquiétera d'un point obscur dans votre vie.

Vert

— Symbole de la croissance des plantes, de la nature intacte, mais aussi de ce qui est d'un vert poison, donc sans valeur.
— Comme couleur: signification positive en général.
— Voir des yeux verts: amis fidèles.
— Un visage vert: on devra donner des soins à un malade.
— Une eau verte: bons progrès.
— Porter un habit vert: chance.

Veste

— DANS LES RÊVES DES FEMMES:
— Que l'on voit: un homme joue un rôle.
— Belle et élégante: on rencontrera un soupirant charmant.
— Râpée et déchirée: déception.
— Avec des taches: on sera compromis par des connaissances masculines.

— DANS LES RÊVES D'HOMMES :
— Que l'on voit belle et élégante : on enregistrera un succès extérieur.
— Râpée et déchirée : des difficultés financières ou matérielles causeront des soucis.
— Qui ne va pas : dans les affaires ou sur le plan professionnel, quelque chose n'ira pas.

Vêtement

— Selon la qualité du vêtement, on discerne combien une situation meilleure est désirée ; on comprend aussi bien des choses.
— D'or que l'on porte : on recevra une promesse belle, mais qui manque de sérieux.
— Brodé d'or que l'on voit : chance et bonheur.
— Que l'on a : gain et bonnes affaires.
— Que l'on porte : des jours tristes et un travail pénible.
— Beau que l'on a : on parviendra à une bonne situation.
— Précieux que l'on met : chance.
— Blanc : on sera reçu d'une manière agréable.
— Bleu : joie.
— Rouge : on deviendra orgueilleux.
— Jaune : hypocrisie.
— Vert : un espoir se réalisera.
— Noir : deuil.
— Laver un vêtement : on fera des économies.
— Le déchirer : on est porté à des accès de colère.
— Porter un vêtement sale : les affaires marcheront mal.
— Brûler un vêtement : on sera offensé ou calomnié.

Veuve/Veuf

— Que l'on voit ou est : on ne parviendra pas à se débarrasser d'un crampon.

Viande de cheval

— On devrait se contenter de moins.

Victoire/Signe de victoire

— Dans un proche avenir, on n'aura guère de chance.

Vierge

— Signe d'un changement intérieur ; la première étape est achevée.
— Le rester : renoncement.
— Offenser une vierge par des propos licencieux : on sera puni.
— Vouloir en faire sa femme : on sera bienvenu.
— En épouser une : bon ménage.

Vieillard/Vieille femme
— Que l'on voit: on deviendra vieux.
— Que l'on est: bonne postérité.

Vieux ou vieille
— Exhortation à réfléchir, mise en garde contre des penchants mauvais; les personnes vieilles peuvent aussi devenir méchantes.
— Voir un vieux ou une vieille : bonheur et satisfaction.
— L'être soi-même : on rajeunit dans sa façon de penser.

Vigne
— Sans raisins que l'on voit : dans une affaire, on parlera à des sourds.
— Avec des raisins : on aura beaucoup de peine à atteindre un certain objectif.

Vilain
— Se conduire vilainement : voyage.

Villa
— Que l'on voit ou dans laquelle on se trouve pour une visite : on fera la connaissance d'une personne riche.
— Dans laquelle on habite : des difficultés pour avancer.

Village
— Désir de retourner à la nature.
— Voir un beau village propre : bons revenus.
— Un village sale et pauvre : détérioration de la situation financière.
— Vivre dans un village : beaucoup d'avantages.
— Se rendre en voiture d'un village en ville : du changement dans la vie.
— Visiter un village : avenir simple.
— Voir plusieurs villages : présage défavorable.
— Entrer dans l'auberge du village : on rencontrera son bonheur.
— Traverser un village à pied : on aura de la joie.

Ville
— On désire avoir des fréquentations plus nombreuses.
— Grande que l'on voit : de l'agitation dans la vie.
— Petite : des temps calmes et paisibles, si l'on se tient à l'abri des commérages.

Vin

— L'esprit va changer ou s'animer.
— Que l'on voit ou boit : s'il est bon et doux : on fera la connaissance d'une personne dont on sera enthousiaste; s'il est aigre : l'enthousiasme que l'on éprouve pour une personne que l'on ne connaît pas encore personnellement s'évanouira rapidement quand on aura fait sa connaissance.
— Acheter un tonneau plein de vin : on recevra des invités.

Vinaigre

— Quelque chose ne se réalise pas conformément aux plans.
— Voir du vinaigre : on aura des ennuis causés par des envieux.
— En utiliser à la cuisine : querelles entre époux.
— En faire des compresses : en essayant de réparer une faute, on aggravera le mal.

Violette

— Souvenir d'événements passés.
— Que l'on voit : on s'apprête à modifier ses conceptions morales dans un sens négatif.
— Que l'on cueille, que l'on offre ou reçoit en cadeau : bonheur discret sans beaucoup de paroles en amour.

Violon

— Rêve sexuel, peut être un symbole de puissance virile.
— Que l'on voit : on s'apprête à faire une faute; attention !
— Que l'on entend : on se fera aimer par son comportement.
— Dont on joue : des jours gais.
— Que l'on endommage ou que l'on voit endommagé : on ruinera son propre bonheur.
— Que l'on achète : on peut s'attendre à quelque chose de bon.

Violoncelle

— L'instrument et toute musique sont un signe bon et anodin d'équilibre intérieur.

Vipère

— Que l'on voit : amour malheureux.
— Par laquelle on est mordu : bonheur ruiné.
— Que l'on tue : réconciliation.

Vis
— Que l'on voit : garder ce que l'on a.
— Que l'on enfonce : on se fera une relation durable.
— Desserrée : une relation utile risque de se rompre.
— Que l'on perd : perte d'une relation utile.

Visa
— Que l'on procure ou utilise : situation forcée dont on ne sortira pas de sitôt.

Visage
— Il faut essayer de trouver la personne à laquelle le visage vu en rêve se rapporte.
— Avoir un beau visage : un espoir se réalisera.
— Voir un beau visage : joie.
— Un visage laid : soucis.
— Le sien : ce n'est pas un bon présage.
— Un visage fardé : des amis sont faux.

Visière
— Que l'on a : gros désavantage.

Visite
— Que l'on reçoit : on aura affaire à un tribunal.
— Que l'on fait : annonce une fête de famille.
— Être mal reçu quand on fait une visite : contrariétés avec des amis et des connaissances.

Vivant
— Le devenir : bonté et confiance.
— Être enterré vivant : on est victime d'une forte angoisse.
— Être brûlé vivant : des obstacles à écarter.

Vœu
— En général, dans la vie, signifie l'inverse; il faut essayer de se comporter d'une manière mieux équilibrée.

Voie
— On se voit avancer dans la vie et espère que la voie ira tout droit.
— Droite que l'on voit devant soi : dans un proche avenir, tout ira à souhait.
— Serpentante : on ne parviendra à un certain but que par des détours.
— Poteau indicateur : on a emprunté une mauvaise voie.

Voile

— Mise en garde contre ceux qui tirent profit de la naïveté ou de l'isolement.
— De la fiancée que l'on voit : chagrin d'amour.
— Déchiré que l'on voit, ou voir déchirer une voile : rupture ou séparation en amour.
— Voir d'autres voiles : on risque de se faire des illusions.
— Porter un voile ou s'envelopper d'un voile : solitude ou abanson.
— Voile de deuil : un événement triste que l'on craignait ne se produira pas.

Voisin/Voisine

— Que l'on voit ou rencontre : la paix risque d'être troublée.
— Avec lequel on parle : explications désagréables.

Voiture

— S'interprète comme «Auto» : on avance, mais doit rechercher la compagnie de personnes distinguées.
— Élégante que l'on voit : on fera la connaissance de personnes distinguées ou aura des relations avec de telles personnes.
— Avec laquelle on est renversé ou qui est démolie : un revers sensible.
— Pour le transport de biens ou de charges : si elle est vide, un travail ou une peine infructueux; si elle est chargée, un travail sera récompensé.
— Voir une voiture chargée se renverser et le chargement tomber : perte d'argent.
— Transport de meubles : un changement de la situation.
— Dont une roue se détache : on sera vivement contrarié par l'entêtement d'une certaine personne.
— Se déplacer dans une voiture traînée par des ânes : on se laisse trop influencer par des personnes étourdies.
— Par des chevaux : chance.
— Par des humains : on parviendra au pouvoir.

Voiturier

— Que l'on voit : discorde.
— Que l'on est : on s'énervera sans cause.

Vol (à main armée)

— Être volé : une forte émotion causée par une maladie menace.
— Être volé pendant un voyage (en chemin de fer) : accident pendant des activités sportives.

Volaille
— On est inquiet et plein de tensions; on devrait se détendre, sinon l'excitation permanente deviendra maladive.

Volcan
— Des instincts profonds risquent de faire dangereusement irruption.
— Que l'on voit : dans une affaire, on suscitera par son comportement une petite tempête, ou on vivra quelque chose qui mettrait en colère une personne même moins irascible.

Voler
— En avion : un plan ambitieux échouera et causera en outre un dommage.
— Et avoir soi-même des ailes : chagrin.
— Sans ailes : joie et bonheur.
— Et faire une chute : on sera mêlé à une mauvaise affaire.
— Voir quelqu'un voler : jalousie.
— Avec un ballon : des souhaits se réaliseront.
— Être victime d'un vol : des transactions avantageuses.

Voleur
— Rapprochement désiré (chez les femmes) ou projeté (chez les hommes); souvent, le rêve porte sur des jouissances interdites à l'occasion de tels rapprochements.
— Voir un voleur : aventure d'amour.
— Le voir procéder à une effraction : présage de bonheur et de calme.
— Attraper ou arrêter un voleur : on aura une aventure d'amour.
— Laisser échapper un voleur : déception.
— Être victime d'un voleur : déception.
— Être victime d'un voleur : transactions favorables.
— Voleuse : on devient insouciant.
— Vol : deuil.

Voleur à la tire
— Prudence.

Vomir
— Chance.

Voûte
— De magasin : les affaires marchent bien.

— De cave : on fera des économies.
— Que l'on voit s'effondrer : malheur.
— Souterraine et sombre sous laquelle on se trouve : s'attendre à une attaque contre sa personne.
— Avec de nombreuses personnes : annonce d'une conjuration contre l'État.

Voyage
— Il faudra poursuivre sa voie sur de nouvelles bases.
— Que l'on fait : des amitiés changeantes.

Voyage aux terres boréales
— Que l'on fait : des circonstances inquiétantes et oppressantes pèsent sur la personne qui rêve; l'atmosphère dans laquelle elle vit est oppressante et lourde.

Voyageurs
— Que l'on voit : on entreprendra un voyage ou recevra des visiteurs venant de l'extérieur.

Vue
— La vue est en général le symbole d'un avenir proche : selon que l'avenir est bon ou mauvais, la vue se situe entre la clarté et la brume.
— Vue belle et large : bonheur et prospérité.
— D'une tour qui découvre beaucoup de montagnes et de vallées : un assez grand voyage va avoir lieu.
— Obscurcie par le brouillard ou la fumée : il y aura de gros désagréments.

W~X~Y~Z

Wagon
— Que l'on voit : on achètera des biens.

Wagon
— De voyageurs : une connaissance fugutive.
— De marchandises : on recevra un objet que l'on désirait.

Wagon-restaurant

— Que l'on voit : des avantages du fait d'un voyage que l'on entreprend soi-même ou qui est entrepris par quelqu'un d'autre pour le compte d'un tiers ou pour rencontrer un tiers.

— Dans lequel on prend un repas : dans une affaire en cours, on peut allier l'agréable à l'utile.

X

— Lettre que l'on voit : on vous racontera des histoires.

Xanthippe

— On a beaucoup de contrariétés et de querelles en amour ou dans son ménage et on désire retrouver tranquillité.

— Que l'on voit : bien-être au foyer et ménage ou amour heureux du moins à court terme.

Xylophone

— Que l'on voit ou entend : un plaisir rare.

— Dont on joue : on se découvrira un talent qu'on n'avait pas encore remarqué.

Yacht

— Comme « Bateau », mais beaucoup plus léger et indépendant; c'est l'état de l'eau dans laquelle il navigue qui est décisif.

— Que l'on voit ou avec lequel on se déplace : relation avantageuse.

— Que l'on possède : une relation tenue pour avantageuse va se révéler sans valeur.

Yankee

— Que l'on voit ou avec lequel on a des relations : succès dû à l'esprit d'entreprise.

Yeux

— Inquiétude intérieure, s'occuper de soi.

— Bleu : grand amour.

— Noir : prudence.

— Malades, qui louchent : manque d'argent.

— Aveugles : bonne nouvelle.

— Ardents : amour.

— Être privé de ses yeux : peine d'amour.

Yogourt

— Si le sens n'est pas érotique, se reporter à « Eau ».

Zèbre

— On verra prochainement par soi-même combien le bon est proche du mauvais.

Zeppelin

— Que l'on voit : ascension brillante.
— Avec lequel on se déplace : on avancera bien.
— Que l'on voit s'abattre : l'existence est en danger.

Zéro

— Chiffre rond qui doit être interprété sexuellement, en aucun cas toutefois comme synonyme de rien.
— Voir beaucoup de zéros : succès professionnels ou en affaires, ou accroissement de la fortune.